"十四五"时期国家重点出版物出版专项规划项目　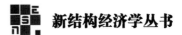新结构经济学丛书

新结构环境经济学初探
理论、实证与政策

林毅夫　付才辉　郑洁 ◎ 著

Preliminary Study on
New Structural Environmental Economics:
Theory, Empirics and Policy

北京大学出版社
PEKING UNIVERSITY PRESS

图书在版编目(CIP)数据

新结构环境经济学初探：理论、实证与政策 / 林毅夫,付才辉,郑洁著. —北京：北京大学出版社,2022.11
（新结构经济学丛书）
ISBN 978-7-301-32727-2

Ⅰ.①新… Ⅱ.①林… ②付… ③郑… Ⅲ.①结构经济学 ②环境经济学 Ⅳ.①F019.8 ②X196

中国版本图书馆 CIP 数据核字(2021)第 235441 号

书　　　名	新结构环境经济学初探：理论、实证与政策
	XINJIEGOU HUANJING JINGJIXUE CHUTAN: LILUN、SHIZHENG YU ZHENGCE
著作责任者	林毅夫　付才辉　郑　洁　著
责任编辑	张　燕
标准书号	ISBN 978-7-301-32727-2
出版发行	北京大学出版社
地　　址	北京市海淀区成府路 205 号　100871
网　　址	http://www.pup.cn
微信公众号	北京大学经管书苑（pupembook）
电子信箱	em@pup.cn
电　　话	邮购部 010-62752015　发行部 010-62750672
	编辑部 010-62752926
印　刷　者	涿州市星河印刷有限公司
经　销　者	新华书店
	720 毫米×1020 毫米　16 开本　18.25 印张　280 千字
	2022 年 11 月第 1 版　2022 年 11 月第 1 次印刷
定　　价	68.00 元

未经许可，不得以任何方式复制或抄袭本书之部分或全部内容。
版权所有，侵权必究
举报电话：010-62752024　电子信箱：fd@pup.pku.edu.cn
图书如有印装质量问题，请与出版部联系，电话：010-62756370

前　言

呈现在读者面前的这部《新结构环境经济学初探:理论、实证与政策》是作者近年来将新结构经济学的思想应用于环境领域的初步成果。新结构经济学是对新古典经济学的结构革命,从新结构经济学视角重构整个经济学学科体系是其发展的必然过程。而环境经济学是经济学的重要分支学科之一,从新结构经济学视角对其重构是构建整个新结构经济学学科体系的必要组成部分。除了学科建设的需要,新结构环境经济学也是时代发展的必然产物。社会主义改造基本完成之后,中国社会的主要矛盾是人民日益增长的物质文化需要同落后的社会生产之间的矛盾。随着中国特色社会主义进入新时代,中国社会的主要矛盾已经转化为人民日益增长的美好生活需要和不平衡不充分的发展之间的矛盾。而美好的生活环境是美好生活需要的重要组成部分。因此,解决环境恶化的问题是化解新时代中国社会主要矛盾的一个重要方面。那么,从新结构经济学视角研究中国环境经济问题,也就具有重大的现实意义。特别是随着我国提出 2030 年实现碳达峰、2060 年实现碳中和的重大战略目标,从新结构环境经济学角度对其进行完整、准确、全面的解读具有重大的政策意义。当然,新结构环境经济学不仅致力于对中国环境经济现象的解释,而且是对传统环境经济学学科的一场结构革命。现有的环境经济学理论大多是总结发达经济体的环境经济现象,基于新古典经济学探讨给定结构状态下的环境资源配置问题,而新结构环境经济学主要研究环境结构及其变迁的决定和影响,从而可以对结构变迁中的环境资源配置问题提出新的看法,并将处于不同发展阶段的环境经济现象纳入统一的分析框架。

本书共 8 章,主要由理论框架、实证分析和政策解读三部分内容构成。

第1章是绪论,旨在从新结构经济学的底层逻辑出发,初步构建一个新结构环境经济学的理论框架。众所周知,一门学科之所以能成为学科,是因为有其特定的研究方法和研究对象。因此,要构建新结构环境经济学的理论框架,就必须首先明确其研究方法和研究对象。该章重点阐述了新结构环境经济学的研究方法和研究对象,即以新结构经济学的研究范式研究环境现象,包括遵循新古典的分析方法(理性选择与均衡分析)和坚持"一个中心,三个基本点"的分析视角;以环境结构(例如自然资源禀赋结构、能源结构、环境污染结构和环境规制结构等环境结构安排)作为其研究对象,从而清晰地界定出什么是新结构环境经济学。根据新结构环境经济学的研究方法和研究对象,我们就可以进一步构建起新结构环境经济学的理论体系,其中理论体系根据研究内容可以划分为最优环境结构理论、环境发展理论、环境转型理论和环境运行理论,至此,新结构环境经济学的理论框架大致构建起来。

在第1章理论框架的基础上,第2章至第4章对理论框架中的几个重要维度加以展开。第2章主要涉及环境发展理论和环境转型理论,以环境污染作为研究对象,探讨在不同发展阶段环境污染的阶段性变迁特征,也即新结构经济学视角下的环境库兹涅茨曲线研究,这主要涉及环境发展理论;以此作为参照系,进一步探讨在每个发展阶段,由违背比较优势的发展战略导致的结构扭曲对环境污染的影响,这就涉及环境转型理论。关于这两部分内容的讨论,既是新结构环境经济学的底层逻辑,也有助于厘清阶段性污染与结构性污染的区别与联系。与此同时,我们利用全球、中国省级和地级市层面的经验数据对主要理论假说进行了实证检验。第3章则从企业自生能力这一微观基础出发,重点阐述了企业自生能力与环境污染的微观机制。该章是对新结构环境转型理论的进一步讨论。新结构经济学认为,一个经济体内的经济主体或企业是否具有自生能力,是界定该经济体存在结构扭曲与否的标准,这不同于新古典经济学理论仅以是否达到最优配置状态来判断是否存在配置扭曲,或流行思潮以发达经济体作为标杆来判断是否存在扭曲。关于企业自生能力的讨论,有利于夯实新结构环境转型理论的微观基础。同时,该章也基于中国省级和行业层面的经验数据,尝试性地识别了两者的因果关系。针对环境污染问题进行治理是解决环境经济问题的应有之义,然而现实中环境治理常常面临软约束问题。第4章以环境治理作为研究对象,从新结构经济学视角分析环境治理软约束的成因。该章认为,违背比较优势发展战略导致的结构扭曲是造成环境软约束的根本原因,从而与前述章节形成一以贯之的理论观点。该章的研究进一步丰富了环境转型理论和环境治理理论。

长久以来,在讨论环境问题时,制度背景是重要话题之一。新结构环境经济学认为,不同的制度安排与环境的关系存在结构性差异,相同的制度安排在不同经济发展阶段与环境的关系也将存在结构性差异。由于环境问题和环境治理具有很强的区域外部性和层级性,央地关系便成为最为重要的制度背景之一。为此,第5章和第6章以财政分权体制作为切入点,重点阐述了财政分权与环境污染和环境治理的关系。已有研究大多认为中国式财政分权体制加剧了环境污染,并识别了诸多不利的影响机制;第5章则从新结构经济学角度出发,认为中国式财政分权体制有利于发展战略遵循地区比较优势,从而为降低环境污染提供了可能。不仅如此,随着经济发展阶段的变迁,财政分权体制对环境治理的影响也将发生变化。第6章就重点阐述了在不同经济发展阶段财政分权体制对环境治理的结构性效应。这两章内容属于新结构环境经济学所要研究的环境变量与其他经济社会变量之间的关联理论。当然,这仅仅是抛砖引玉,正如第1章所论述的,包括金融结构、劳动结构、空间结构、开放结构等上层建筑结构与环境结构之间千丝万缕的关系都有待在新结构环境经济学框架下予以进一步研究,从而不断充实新结构环境经济学的理论体系。

最后,新结构经济学倡导"知成一体"的理念,理论的目的不仅是认识世界,更是改造好世界。因此,需要将新结构环境经济学的理论与政策实践相结合,特别是要回答如何在高质量发展过程中实现我国提出的2030年实现碳达峰、2060年实现碳中和的"双碳"目标。第7章结合前面章节的理论与实证研究成果,初步提出了新结构碳中和经济学分析框架,对我国的"双碳"战略路线图进行了详细解读,以期更好地指导高质量发展下的"双碳"实践。第8章则站在全球的角度提出我国要以发展的眼光应对环境和气候变化问题。

本书旨在为学习、研究以及应用新结构经济学深化新结构环境经济学领域研究的学界人士提供一个初步的参考,为各级政府部门制定环境政策提供基本的理论依据,以及为关心环境问题的读者朋友提供一个新的观察视角。尽管本书对新结构环境经济学的理论框架进行了初步的构建,但仍然浅尝辄止,其中大量的研究议题和理论假说仍有待深入研究和不断完善。新结构经济学作为我国社会科学领域首个自主创新的理论体系,是一座理论创新的金矿,新结构环境经济学则是该理论金矿的重要组成部分之一。欢迎有志之士加入新结构环境经济学领域的研究,在本书的基础上加以深化和拓展。在本书付梓之际,感谢北京大学新结构经济学研究院同事的帮助,感谢北京大学出版社的支持特别是责任编辑张燕的努力,感谢马克思主义理论研究和建设工程重大项目"中国经济发展模式及其特点研究"(2021MZD015)、国家自然科学基金项目"中国经济增长与经济结构转型研究:基于新结构经济学的新范式"(72141301)对本研究的支持。

本书部分章节内容已经发表于《经济评论》《财经研究》《财政研究》《中国人口·资源与环境》《环境经济研究》等学术期刊,感谢这些期刊的匿名审稿人提出的诸多有益建议,也感谢北京大学环境科学与工程学院环境管理系主任戴瀚程老师对第7章有关新结构碳中和经济学分析框架的相关内容提出的有益建议。

作　者

2022年8月于北京大学新结构经济学研究院

目 录

1 绪论：一个新结构环境经济学的理论框架 ………………………… 1
   1.1 引言：从环境经济学到新结构环境经济学 ………………… 1
   1.2 研究范式：结构分析范式 ………………………………… 4
   1.3 新结构环境经济学的研究对象：环境结构及其变迁 ……… 6
   1.4 新结构环境经济学的学科体系 …………………………… 8
   1.5 新结构环境经济学的基本原理与理论体系 ……………… 10
   1.6 新结构最优环境结构理论：环境禀赋结构的供求原理 …… 17
   1.7 新结构环境发展理论：环境结构变迁原理 ……………… 19
   1.8 新结构环境转型理论：环境自生能力与转型原理 ………… 24
   1.9 新结构环境运行理论：环境结构的运行原理 …………… 25
   1.10 结 语 ……………………………………………………… 33

2 发展战略与环境污染：理论假说与实证分析 ……………………… 37
   2.1 引 言 ……………………………………………………… 37
   2.2 环境污染的经验事实与文献回顾 ………………………… 40
   2.3 新结构环境经济学的理论假说 …………………………… 45
   2.4 基本计量模型设定与核心变量度量说明 ………………… 54
   2.5 基于全球数据的实证分析 ………………………………… 57
   2.6 基于全国省级数据的实证分析 …………………………… 67
   2.7 基于全国地级市数据的实证分析 ………………………… 91
   2.8 理性认识环境污染与有为政府的治理之策 ……………… 99

3 自生能力与环境污染：理论基础与实证检验 ································ 111
3.1 引　言 ·· 111
3.2 文献综述 ··· 112
3.3 自生能力与环境污染的理论分析及特征性事实 ············· 116
3.4 自生能力与环境污染的实证设计 ······························· 119
3.5 实证结果及分析 ·· 123
3.6 结论性评述 ·· 141

4 发展战略与环境治理：环境治理软约束的成因 ······················· 146
4.1 引　言 ·· 146
4.2 文献综述 ··· 149
4.3 发展战略与环境治理的理论分析及特征性事实 ············· 151
4.4 发展战略与环境治理的实证设计 ······························· 156
4.5 实证结果及分析 ·· 162
4.6 结论性评述 ·· 182
附　录 ··· 184

5 财政分权与环境污染：分权在发展与污染之间的权衡 ·············· 194
5.1 引　言 ·· 194
5.2 文献综述 ··· 195
5.3 财政分权与环境污染的理论分析及特征性事实 ············· 198
5.4 财政分权与环境污染的实证设计 ······························· 202
5.5 实证结果及分析 ·· 205
5.6 结论与启示 ·· 219

6 财政分权与环境治理：分权在发展阶段中的治理效应 ·············· 225
6.1 引　言 ·· 225
6.2 财政分权与环境治理的理论分析 ······························· 227
6.3 财政分权与环境治理的实证设计 ······························· 231

  6.4 实证结果及分析 …………………………………… 235

  6.5 结论性评述 ………………………………………… 245

7 中国的"双碳"战略路线图：新结构环境经济学的解读 …… 249

  7.1 中国碳达峰、碳中和的战略路线图 ……………… 249

  7.2 高质量发展过程中的"双碳"战略框架 ………… 251

  7.3 各个领域的绿色低碳转型 ………………………… 255

  7.4 推动有效市场与有为政府更好结合，实现"双碳"战略目标 … 270

  7.5 结　语 ……………………………………………… 272

8 中国要以发展的眼光应对环境和气候变化问题 …………… 274

  8.1 引　言 ……………………………………………… 274

  8.2 厘清经济发展与环境污染的逻辑关系 …………… 275

  8.3 认清全球气候变暖问题的根源与责任 …………… 277

  8.4 中国要勇于担负更多的国际责任 ………………… 279

  8.5 解决全球气候变暖问题的措施 …………………… 279

  8.6 结　论 ……………………………………………… 280

1

绪论：一个新结构环境经济学的理论框架[①]

1.1 引言：从环境经济学到新结构环境经济学

众所周知，一门学科之所以能成为学科，是因为有特定的研究方法和研究对象，其研究成果逻辑自洽地构成相对完整的知识体系。一门学科越成熟，其知识体系也就越完善。经济学往往被定义为研究资源配置的一门学科。然而，这只是新古典经济学的定义，更一般的意义上，经济学是研究人类的理性行为，即在约束条件下"最优选择"的学科。按照经济学的命名传统，应用新古典经济学方法研究环境问题则可以称之为（新古典）环境经济学。[②] 人类社会面临的环境问题主要包括两大类：环境污染治理和自然资源管理。如何应对环境挑战在很大程度上依赖于人类的个体或集体行为，而经济学是分析人类行为非常重要的工具，不仅为识别市场失灵提供了基础，也帮助我们更清楚地了解这些行为是如何以及为什么会导致环境退化，进而使我们可以利用经济激励来调节人类的行为。传统新古典经济学的核心

[①] 本章内容曾以《新结构环境经济学：一个理论框架初探》为题发表于《南昌大学学报（人文社会科学版）》2021年第5期（作者：林毅夫、付才辉、郑洁）。

[②] 正如经济学除了主流的新古典经济学派还有其他各种流派一样，目前研究环境问题的经济学学者已经分为两大阵营，除了建立在新古典经济学的标准理性选择范式之上的环境经济学，还有生态经济学。由于研究目的的不同，后者采取的研究方法相对更广泛。

内容是研究资源的最优配置,目前环境经济学最核心的内容或者比较成熟的内容也是研究不同类型的污染和不同类型的自然资源的最优配置(蒂坦伯格等,2016)。①

具体而言,不同类型的污染物一般是生产和消费的残余物,但都减少了人们能获得的环境服务,因此有效率的资源配置需要在考虑生产或消费带来的效用的同时,考虑污染物造成的代价。不过,污染有效配置的方式取决于污染物的性质,因为不同性质的污染物所带来的污染以及控制污染的边际成本不同。例如,对于累积性污染物,由于其污染是持续性的,因此需要考虑跨期动态有效配置,使得任一时点上从生产或消费活动中得到的效益减去产生的累积性污染物对环境造成持续危害的成本的净效益的现值最大化,然而这种类型的污染涉及跨越代际的问题,因而又涉及可持续发展问题。对于环境可以在一定时间吸收的污染物,当下的排放不会造成未来永续的危害,那么污染配置就只需考虑在污染物被吸收时限内的配置效率。如果是当期可吸收的污染物,那么只需考虑当期静态有效配置,即可降解性污染物的有效配置水平是使得污染物的边际危害成本与边际控制成本相等的水平。同样,不同类型自然资源的有效配置方式也不同。管理可再生资源和不可再生资源所面临的挑战迥然不同:可再生资源管理面临的挑战在于如何维护有效的、可持续的资源流量;而不可再生资源管理的困境则在于如何在最终实现再生资源替代前在代际分配日益减少的可耗竭资源存量,即与累积污染物的配置一样,涉及可持续发展的跨期动态有效配置。与此同时,不论是污染物还是自然资源的配置,由于涉及非常广泛的外部性问题,有效市场配置所依赖的排他性产权并不存在,因此其有效率的配置方式又牵扯到非常广泛且复杂的政府作用问题。因此,较之于其他资源配置领域,污染治理和自然资源管理单纯依赖自由市场配置方式会产生更严重的

---

① 传统的教科书往把自然资源经济学与环境经济学的内容放在一起,称之为"自然资源与环境经济学"。本章第1.2节到第1.5节论述的新结构环境经济学的基本范式、研究对象、学科体系与基本原理适用于自然资源经济学与环境经济学,但第1.6节到第1.9节在阐述具体理论时则侧重于环境经济学的主要议题。

不良后果,例如草原过度放牧、物种灭绝、大气污染等众所周知的"公地悲剧"。又比如,丰裕的自然资源并未给一些经济体带来发展优势,反而导致了众所周知的"资源诅咒"。

虽然新结构经济学秉持新古典经济学方法,但在基础理论层面,与新古典经济学是在给定生产结构下求解最优资源配置不同,新结构经济学是在给定要素禀赋约束下求解最优生产结构。因此,新结构经济学其实是新古典经济学的"进阶",目标是使得缺乏结构及其变迁的新古典经济学成为新结构经济学的退化特例(林毅夫等,2019)。而将新结构经济学应用于环境领域,就有望形成新结构环境经济学,使得传统的新古典环境经济学成为其退化特例。在传统环境经济学关于污染物和自然资源配置研究的基础上,新结构环境经济学以要素禀赋及其结构作为出发点,从生产方式(产业结构和技术结构)及其对应的生活方式(消费结构)的环境特征出发,来研究经济发展、转型与运行中的环境污染治理和自然资源管理问题。因此,我们可以给出新结构环境经济学的定义:新结构环境经济学是以新结构经济学"一个中心,三个基本点"的视角,用新古典经济学的研究方法,研究一个经济体的环境结构及其变迁的决定因素和影响的一门学科,是新结构经济学的子学科之一。

本章旨在初步构建一个完整的新结构环境经济学理论分析框架以呈现其学科雏形。本章接下来的内容安排如下:首先,根据新结构经济学的研究范式引出新结构环境经济学的研究范式,从而为后续研究提供一以贯之的研究逻辑;其次,明确新结构环境经济学的研究对象——环境结构,以区别于新古典环境经济学的资源配置;再次,根据研究范式和研究对象构建新结构环境经济学的学科体系;然后,根据新结构经济学的十大原理,总结归纳新结构环境经济学的基本原理,以概括其中心思想;最后,根据以上基本框架和原理构建新结构环境经济学的理论体系,包括新结构最优环境结构理论、新结构环境发展理论、新结构环境转型理论和新结构环境运行理论,而这四大研究内容又包括众多研究议题,从而形成十分丰富的新结构环境经济学研究体系以及相应的较为完善的学科体系。因此,本章并不是这些相关议题的文献梳理,而是旨在勾勒新结构环境经济学的理论框架。

1.2 研究范式：结构分析范式

1.2.1 新结构经济学的研究范式

新结构环境经济学是新结构经济学的子领域或子学科。要弄清楚新结构环境经济学的研究范式，就必须弄清楚新结构经济学的研究范式，因为后者决定了前者的底层逻辑与潜在边界。新结构经济学是用新古典研究方法来研究经济体的经济结构及其变迁的决定因素和影响的一门学科（林毅夫，2020）。新结构经济学的研究范式主要遵循以下三点：首先是遵循新古典研究方法，也就是理性选择与市场供求均衡分析；其次是坚持"一个中心，三个基本点"，也就是以要素禀赋结构作为分析的起点、中心，强调结构的内生性、扭曲的内生性以及在各个内生结构（及内生扭曲结构）下经济运行的内生性这三个基本点；最后是遵循结构分析范式，也就是对现代经济学各子领域进行一场结构革命。①

图1-1大体上展现了新结构经济学的研究范式。首先，从纵向来看，不同发展阶段的经济体处于不同的结构平面，其中存在无数异质的结构平面，这里简化为仅存在发达经济体和发展中经济体两个结构平面。那么，从低水平的结构平面向高水平的结构平面的变迁就涉及经济发展，从有扭曲的结构平面向没有扭曲的结构平面的转变就涉及经济转型，而经济发展与转型的本质便涉及结构的内生性、扭曲的内生性。在这个过程中，要素禀赋结构是结构分析的起点，要素禀赋结构的升级内生驱动生产结构的升级，同时，生产结构的升级又会反向作用于要素禀赋结构的升级，形成一个循环累积的过程。我们可以把要素禀赋结构与生产结构理解为一个阶梯的两侧，不同发展阶段的经济体拾级而上。其次，从横向来看，每个结构平面代表处于某一发展阶段的经济体，其中包括家庭和企业等行为主体的一系列经济活动，涉及经济运行，每个结构平面都可视为新古典经济学的一个循环流量

---

① 当然，第二点和第三点可以合并为一点，因为"一个中心，三个基本点"内含了结构分析范式。为了更充分地体现新结构经济学的研究范式，这里分开加以阐述。

图。最后,已有的主流理论主要是总结归纳来自发达经济体的经济运行规律,而没有很好地总结处于经济前沿内部的大多数发展中经济体的经济发展、转型和运行规律。而新结构经济学试图把主流的、总结于发达经济体经验、以发达经济体的结构为给定的暗含结构的"二维经济学",转变为不同发展程度的经济体内生地具有不同结构的"三维经济学",涉及现代经济学的各个领域。新结构经济学把发达经济体和发展中经济体结构的差异性和内生性引入主流理论以后,等于将现代经济学从"二维"变为"三维",会在各个子领域产生许多新的重要理论见解。所以说,新结构经济学是对现代经济学的一场结构革命。

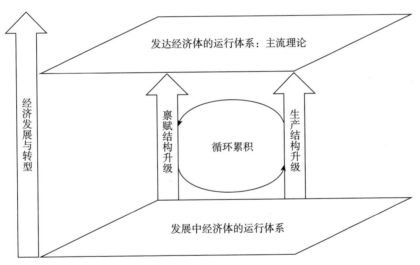

图1-1 "三维经济学":新结构经济学

值得强调的是,新结构经济学以要素禀赋及其结构作为内生化结构分析的核心自变量,以一个经济体的要素禀赋结构作为分析的切入点来内生化产业、技术和软硬基础设施等其他结构并研究这些结构的影响,在此基础上讨论其他禀赋或因素的作用和影响。之所以说要素禀赋及其结构在结构分析中是第一位的、最关键的,是因为经济学理论不管多复杂,在分析一个现象时,不是用收入(预算)效应就是用替代(相对价格)效应来解释。要素禀赋是一个经济在某个时点上的总预算,而其结构则决定了在某个时点上要素的相对价格,即要素禀赋及其结构同时包括了解释社会经济现象的两个最重要的参数。与此同时,虽然要素禀赋及其结构在每个时点上是给定的,但随着时间的变化,它们是内生可变化的,进而形成一个理论体系的闭环。①

1.2.2 新结构环境经济学的研究范式

相对于给定结构下研究环境资源如何实现最优配置的新古典环境经济学,新结构环境经济学是以新结构经济学"一个中心,三个基本点"的视角,用新古典经济学的研究方法研究一个经济体的环境结构及其变迁的决定因素和影响的一门学科。新结构环境经济学作为新结构经济学的子学科,也必然遵循新结构经济学的研究范式,即新古典的方法、"一个中心,三个基本点"的视角和结构分析。将新结构经济学的研究范式应用于环境领域,就可以形成新结构环境经济学的研究范式:新结构经济学是其分析框架,环境结构是其研究对象。

1.3 新结构环境经济学的研究对象:环境结构及其变迁

1.3.1 新结构环境经济学的经济-环境循环流量图

已有的经济循环流量图对于描述经济系统很有效,并且形成了一个封闭的系统,但是这类循环流量图舍象掉了经济系统的原材料投入和废弃物输出,而这些是由环境系统提供的。因此,经济系统的循环流量图仅是理论上的封闭系统,并不是现实中的封闭系统。考虑到这一点,就有必要拓展经济循环流量图,形成经济-环境循环流量图,传统的环境经济学便是旨在探

---

① 赵鼎新在这方面做了个有见地的评论:"用希腊哲学来说,就是一个有力的解释必须自变量少,因变量大。也就是用最简单的东西,来解释的东西越多越好。从这个角度,马克思主义理论是很漂亮的理论。在逻辑上,它用生产方式来解释整个人类历史。用一根小筋挑动全世界。就像杂技演员,他手上要耍五百个球,在下面还能扔着玩,这当然是很厉害。"(赵鼎新,自然科学与社会科学的区别,2014 年 9 月 28 日广东财经大学讲稿,https://www.sohu.com/a/126031393_479698,访问日期:2021 年 6 月 30 日)新结构经济学更进一步,因为生产方式是内生于禀赋结构的,而禀赋结构又是内生于结构变迁系统的,所以,新结构经济学既继承了马克思主义理论,又发展了马克思主义理论。

究现实世界中经济系统与环境系统的运行关系。

尽管新结构经济学刻画了结构变迁的世界,比新古典经济学更为高阶,但也没有重点考虑环境系统的影响。因此,新结构环境经济学在新结构经济学的基础上纳入环境因素,把环境作为整个经济-环境系统的一部分,形成新结构环境经济学的经济-环境循环流量图(如图1-2所示)。环境部门一方面提供能源、矿产等自然资源,即提供经济服务功能;另一方面提供空气、休闲和吸纳污染物等生态系统服务功能。图中的实线表示环境部门进入市场参与资源配置的资源,虚线表示环境部门中因外部性和公共品的属性而未进入产品和要素市场的资源,或者说市场未充分反映环境部门资源价格的部分(例如,有些自然资源直接进入企业,而企业未付费,环境系统提供的生态系统服务直接为家庭所消费,而家庭也未付费;与此同时,企业和家庭产生的污染排放物全部或部分未付费而直接进入环境系统)。另外,与传统环境经济学的经济-环境循环流量图不同的是,新结构环境经济学的经济-环境循环流量图更为高阶,既探讨了在给定结构状态下经济系统与环境系统的运行关系,又探讨了在结构变迁中经济系统与环境系统的运行关系。

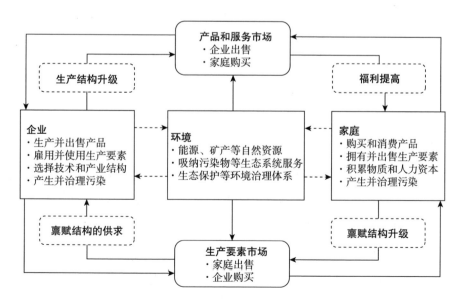

图1-2 新结构环境经济学的经济-环境循环流量图

1.3.2 环境体系及其结构

与金融等其他经济体系不同,环境体系是人类行为和自然环境的复合系统,是自然形成和人类建构的复合体。狭义上,环境体系指环境的供给面。根据环境体系的行为主体,可以分为自然资源体系、环境污染体系和环境规制(治理)体系等。与此同时,环境体系的供给在很大程度上又属于公共品,因此政府往往是环境体系的主角,在人类历史上相当长的时期,自然形成都是环境体系的主导。广义上,环境体系又包括环境的需求面,即经济社会中生产和生活对环境的需求,例如不同产业和技术对环境的需求以及生活消费对环境的需求。

正如禀赋结构是指不同禀赋要素的组合或分布,环境结构也可以定义为环境体系内部各种不同的环境要素和制度安排的比例与相对构成。从不同的维度可以定义出不同的环境结构。例如,自然资源禀赋结构可以表示为能量资源、矿产资源、生物多样性等不同资源禀赋的组合;环境污染结构根据污染物的形态,可以表示为气体污染物、液体污染物和固体污染物等不同污染物的组合;环境规制结构根据市场与政府的手段,可以表示为命令控制型环境规制和市场激励型环境规制等。

1.4 新结构环境经济学的学科体系

所谓学科体系,是指一门学科内部的分支系统。那么,如何构建一门学科的学科体系?需要分为两步:首先,构建学科模型;其次,确定学科分析框架。就经济学而言,首先需要确定经济系统模型,即经济循环流量图;其次需要确定分析框架,而组织分析框架可以有很多种方法,不同的分析框架对经济分析结果有非常大的影响,即不同的分析框架得到的是不同的学科体系和理论体系。因此,前述新结构环境经济学的经济-环境循环流量图(图1-2)完成了第一步,即经济-环境系统模型的构建。在此基础上,需要进一步选择新结构环境经济学的分析框架,而新结构环境经济学遵循新结构经济学的分析框架①,即"一个中心,三个基本点",以此构建新结构环境经济学的学科体系(见图1-3)。从图1-3中可以看出,新结构环境经济学的学科体系主要由两组逻辑链条构成,即纵向逻辑链条和横向逻辑链条。其中,纵向逻辑链条又是新结构环境经济学的底层逻辑链条,也是新结构环境经济学的理论"红线"。以禀赋结构作为结构分析的起点,内生出作为经济基础的生产结构(产业结构和技术结构),根据生产结构的环境特征,进一步内生出与之对应的环境结构。我们以此逻辑链条研究最优环境结构、环境结构的发展和转型等。

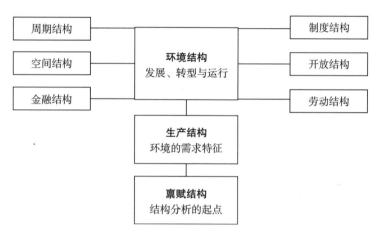

图1-3 新结构环境经济学的学科体系

在纵向链条这一底层逻辑的基础上,结合经济系统运行中其他上层建筑的经济结构,可以进一步内生出环境结构与其他经济结构(包括金融结构、劳动结构、空间结构、开放结构、周期结构和制度结构等)之间的关系,从而形成新结构环境金融的运行体系、新结构环境劳动的运行体系、新结构环境空间的运行体系、新结构环境开放的运行体系、新结构环境周期的运行体系和新结构环境制度的运行体系等。值得一提的是,已有的(新古典)环境经济学对上述各领域的研究都有所涉及,但其潜在假设是在给定结构下研

---

① 关于新结构经济学的分析框架,可参见林毅夫和付才辉,《新结构经济学导论》,高等教育出版社2019年版,第97页,图1-24。

究各领域的经济运行规律和资源配置。与之不同的是,新结构环境经济学是基于新结构经济学视角,在上述各领域引入结构分析范式,属于三维的环境经济学。或者说,已有的基于新古典经济学的上述各领域研究仅是新结构环境经济学的二维特例,因为它们是研究给定结构状态下或处于特定发展阶段的环境资源配置,而不是研究在结构内生变迁状态下或不同发展阶段的环境结构,包括环境资源配置。因此,对横向逻辑链条的研究一方面可以吸纳已有的关于环境结构与其他经济结构的研究成果,另一方面可以对已有研究进行重构和补充,为已有上层结构关系奠定经济基础,并寻找更底层的逻辑。

基于上述"一纵一横"的研究脉络,我们便可以形象地勾勒出新结构环境经济学的"结构树"。"结构树"的主干是"禀赋结构—生产结构—环境结构","结构树"的分支是环境结构与其他一系列经济结构的关系。主干决定了整个"结构树"的主体和基础,同时分支会影响"结构树"的运行。

1.5 新结构环境经济学的基本原理与理论体系

1.5.1 新结构环境经济学十大原理

原理是指具有普遍意义的最基本规律。新结构经济学十大原理(林毅夫等,2019)具有一般性、普遍性。① 将新结构经济学十大原理通过演绎和归纳的方法应用于环境领域,便可以形成新结构环境经济学的基本原理,从而构成新结构环境经济学理论体系的中心思想。

(1)环境禀赋结构的供给原理——在给定时点,任何分析单位的环境禀

---

① 由于新结构经济学十大原理揭示的是经济系统结构变迁、转型和运行的一般规律,将其与经济系统中各子系统的特殊性相结合,通过演绎和归纳的方法便可以形成新结构经济学各子学科的基本原理。例如,本章是将新结构经济学的原理通过演绎和归纳应用于环境领域,从而形成新结构环境经济学的基本原理。以此类推,将新结构经济学的原理通过演绎和归纳应用于金融系统、劳动系统、空间系统、开放系统和制度系统等,就可以形成各子系统相应的基本原理,进而有利于实现新结构经济学对各子领域的结构革命。

赋及其结构是给定的,但会随时间而变化。例如,自然资源禀赋是大自然外生给定的、有界限的,但随着时间的推移,自然资源禀赋也会变化,一方面是自然资源自身的积累变化,另一方面是人类的生产生活活动对自然资源供给的影响。有些自然资源是可再生的,有些自然资源是不可再生的。环境污染物作为一种具有负功能的环境禀赋,根据环境对其的吸收能力,可分为累积性污染物和可降解性污染物。环境治理作为一种制度供给,在给定时点不变,但也可能随时间的推移而发生制度变迁。

(2) 环境禀赋结构的需求原理(也可以称之为环境的门槛原理)——不同生产结构(产业结构与技术结构)对环境禀赋及其结构的需求不同。例如,以传统农业为主的产业结构,对土地、水和气候等自然生态环境的需求更大;以工业为主的产业结构,对矿产资源、能源等环境要素的需求更大,且对环境承载力(如对环境污染物的吸收能力)的需求也更大;以服务业为主的产业结构,对文化、生态旅游等环境禀赋的需求更大。对于技术结构而言,同样是农业,现代农业与传统农业对环境的需求也不一样,相对而言,传统农业对土地的需求更大,而现代农业对环境承载力(例如,对农药、塑料薄膜等的吸收降解能力)的需求更大。绿色技术和污染性技术对环境的需求显然不同。总之,人类在不同发展阶段的不同生产生活方式对自然界的直接影响是不同的。

(3) 环境禀赋结构的相对价格原理(也可以称之为环境禀赋的约束原理)——环境禀赋结构的供求均衡决定了环境禀赋结构的相对价格。例如,自然资源禀赋结构的供给相对缺乏弹性,生产结构对自然资源禀赋的需求越大,自然资源禀赋的价格就越高,这是很直观的。尽管由于环境禀赋的外部性和公共品属性,其价值(或污染物的负价值)难以量化评估,但是生产结构对环境的需求越大,受到环境禀赋的约束就会越强。当今世界资源匮乏、环境污染等现象也说明了这一点。

(4) 最优环境结构原理——由于不同生产结构的环境特征不同,不同的环境结构安排产生的影响也就不同,或者可以说不同的生产结构对应的环境结构安排的需求不同,也就是环境结构安排的收益不同;①在给定环境禀赋结构供给的情况下,不同的环境结构安排的成本不同。由于不同环境结构安排选择的收益与成本不同,环境体系中所有理性的环境决策者会做出最佳的环境结构选择,并形成相应的环境结构均衡,即最优环境结构。这一原理也可以称为新结构环境经济学关于环境的比较优势原理。例如,不同生产结构对能源结构的需求不同,结合能源禀赋结构的供给,不同的能源结构安排产生的成本与收益就不同,能源体系中的能源决策者会做出最佳的能源结构选择并形成能源结构均衡。当然,由于大多数环境禀赋结构的供给以及生产结构的环境禀赋结构需求的外部性和公共品属性以及其自然供给的主体特征,最优的环境结构难以在市场上自发形成,从而会出现市场失灵问题;同样,由于信息不对称,政府干预也会出现政府失灵问题。这也是环境治理的难题,但是最优环境结构原理为各种治理模式提供了基准。这可以解释现实世界中环境的多样性。

(5)环境结构变迁原理——随着禀赋结构的变迁,最优生产结构随之变迁,则最优生产结构的环境特征也将发生变化,环境禀赋的供求均衡也将发生变化,从而与之对应的最优环境结构也将变迁。例如,自然资源的利用结构的变迁、环境污染的阶段性变化(即环境库兹涅茨曲线)以及环境治理的制度变迁等。

(6)企业环境自生能力原理——前面的五条原理都没有涉及环境结构的扭曲,这一原理揭示了环境结构扭曲的规律:如果环境主体的环境结构安排偏离了最优环境结构,就会失去自生能力。根据前面的最优环境结构原理,这种偏离有两个基本的来源:其一是作为底层逻辑的生产结构对要素禀

---

① 由于在新结构经济学看来,由要素禀赋结构所内生的最优生产结构比消费结构更根本,除了相对比较稳定的偏好结构,决定消费结构的不仅包括收入水平也包括供给结构。当然,环境变量(无论是污染还是美景)可能直接进入消费者的效用函数,在收入水平和其他非环境消费束价格的约束下,消费者的环保意识和生活方式对环境偏好有重要的影响,从而也会通过消费驱动影响环境结构安排的收益。但是,我们认为消费者的环境偏好可能相对稳定,而且即便是影响环境偏好的环保意识也是随着发展阶段而变化的,对发展阶段有决定性作用的则是供给面的要素禀赋结构及其内生决定的生产结构。因此,在归纳基本原理时我们侧重从生产结构对环境安排的需求出发,当然我们并不排斥环境偏好的作用,后者同样可以纳入新结构环境经济学的分析框架,只是其不具有根本性。

赋结构的偏离,这样的生产结构中的企业是没有自生能力的,那么对应的环境结构安排不论如何也都是"歪曲的";其二是生产结构是符合要素禀赋结构所决定的比较优势的,但是环境结构不符合环境禀赋结构所决定的比较优势,出现这种扭曲只有两种可能:一是环境主体的决策失误或者未能根据最优生产结构或环境禀赋结构的变化调整最优环境结构决策,二是环境主体不能控制的外部干预。环境结构扭曲如果是环境主体的一次性决策失误造成的,那么优胜劣汰法则会消除这种"失误"的决策,长期来讲不会存在这种自发的扭曲。注意,这不同于前面已经提到和后面将进一步讨论的由于外部性而出现的诸如环境"公地悲剧"这样的个人理性而集体不理性的问题,因此只能源于外部的干预,比如政府对环境结构的强制性要求偏离了环境主体选择的最优环境结构;这也不同于后面将讨论的政府对环境"公地悲剧"的规制或治理问题。政府很多超越了发展阶段的过高环境结构要求就是这种情况,不妨称之为环境赶超。其实,前一种由于生产结构赶超产生的环境结构扭曲可能比单纯的环境赶超更严重。在这种状况下,企业自生能力则是企业环境自生能力的基础和必要条件。具有自生能力意味着企业在市场上能够获得正常的利润,其生产成本是最低的。这些具有自生能力的企业在面临环境约束时,尽管总成本增加了,在短期内可能会亏损,甚至部分企业会被淘汰,但长期来看,这些具有自生能力的企业有能力采用绿色环保的生产要素(例如,调整能源消费结构)和节能减排技术,加大绿色技术创新和环境治理水平,降低环境污染排放,从而实现企业的环境自生能力,获得"绿色比较优势"。[①] 典型的企业环境自生能力案例是我国白色家电产业中海尔集团的绿色环保自主创新之路。与之相关,如果由于实际生产结构偏离要素禀赋结构所决定的最优生产结构而使得其中的企业缺乏自生能

---

① 至少在短期内,政府实行的资源环境管制措施总是会增加企业的内部成本。企业必须有能力消化这些成本,并且不使其竞争力受到难以承受的不利影响,才能生存下去。而企业以及整个相关产业是否有能力消化资源和环境成本(包括资源环境管制成本)上升所产生的压力,又取决于企业竞争力的强弱。一般来说,如果政府实施一项资源环境管制措施,例如,提高环境保护标准或者增加资源和环境税,竞争力较强的企业不仅可以在短期内承受成本的提高,而且有能力尽快实现技术和管理调整,以适应高标准的管制要求,但竞争力较弱的企业就可能因成本提高的冲击而难以为继。所以,资源环境管制强度的提高,特别是环境保护标准的提高,对产业和企业群体都是一种强制性的"精选",会产生优胜劣汰的作用。

力,政府为了使这些缺乏自生能力的企业得到投资和继续经营而内生的系统性扭曲,不仅会阻碍发展,而且也会带来环境结构扭曲,例如能源要素市场扭曲、结构性污染①和环境软约束问题,这类环境结构的扭曲是内生于违背比较优势的发展战略。例如,我们前期的一些探索性实证研究发现,赶超战略或企业缺乏自生能力其实还会引发更严重的环境污染。

(7) 环境结构转型/改革原理——由于扭曲的环境体系中的环境主体缺乏自生能力,消除扭曲的环境结构必然导致其"破产",不但不能回归到最优环境结构状态,而且还会引发更严重的环境问题,产生更大的环境结构扭曲。那么,由于环境结构扭曲是内生的,即由于环境自生能力的约束,消除环境结构扭曲的转型方式或改革方式应该是渐进式的,具体程度取决于扭曲的环境体系中缺乏环境自生能力的主体的多寡。由于前一条环境自生能力原理所讨论的,环境结构扭曲有不同的来源,改革的对象也会有所不同。特别是第一种状况之下,环境结构的扭曲内生于违背比较优势的发展战略,因此,根本的转型和改革之策是遵循比较优势发展,使得生产结构最优,从而环境结构最优。

由于大多数环境禀赋属于公共禀赋,具有外部性和公共品属性,单纯依赖于自由市场配置方式会产生严重的不良后果,如资源过度消耗、环境污染等,市场难以处理这些问题,从而会阻碍整个经济系统的结构变迁和运行。因此,环境禀赋的有效配置方式广泛地涉及政府作用,这也是传统环境经济学的重要命题。新结构环境经济学关于环境结构变迁中政府作用的一般原理包括政府因势利导原理和政府最优环境治理原理。

(8) 政府因势利导原理——环境禀赋具有的潜在比较优势②需要政府发挥因势利导作用,降低交易费用,使其转变为现实的比较优势。例如,使一个地区丰富的自然资源发挥出"资源祝福"、避免"资源诅咒",将一个地区

---

① 结构性污染是指经济系统中的某些结构不合理导致的污染。与之对应的是,阶段性污染是指每个发展阶段由于产业的污染特性而客观存在的污染排放量。阶段性污染更多的是刻画环境库兹涅茨曲线。

② 潜在比较优势是指生产方式符合要素禀赋结构所决定的比较优势,但该比较优势因各种交易费用太高而无法实现。

的"绿水青山"之势利导为"金山银山",以及使一个资源型城市成功地转型升级,都需要发挥政府的因势利导作用。

(9) 政府最优环境治理原理——环境结构变迁与转型中政府最优的环境治理强度和结构是在边际收益与边际成本之间权衡的结果。例如,环境治理强度过大,可能抑制经济增长,阻碍经济结构变迁,反而使得环境问题得不到解决;环境治理强度过小,起不到治理环境的作用,导致资源过度开发、环境污染加剧,得不偿失。因此,最优的环境治理强度是在边际收益与边际成本之间权衡的结果。在不同的发展阶段,由于生产结构的环境特征不同,最优环境治理强度也需要动态调整。同时,基于不同的生产结构环境特征,最优环境治理结构也不同。例如,有些产业和技术适合命令控制型环境规制工具,有些产业和技术适合市场型环境治理工具,其中命令控制型和市场激励型环境规制工具又可以进一步细分为更加具体的环境治理政策。动态地看,在不同的发展阶段,随着生产结构的变迁,最优环境治理结构也会随之变迁。

(10) 环境结构的运行原理——除了生产结构对环境结构的决定性作用,环境结构也会反作用于生产结构,例如环境结构对产业结构和技术结构的反作用。不仅如此,环境结构与其他经济结构之间也存在各种关联影响,例如环境结构与金融结构、劳动结构、空间结构、开放结构、周期结构和制度结构等的相互影响。遵循新结构经济学的底层逻辑(禀赋结构和生产结构),厘清环境结构与各类经济结构的关系,便是环境结构的运行原理。一般而言,在不同的结构状态下,环境结构与各类经济结构的运行关系不同;在任一给定的结构状态下,环境结构与各类经济结构存在最优运行关系。具体而言,环境结构的运行原理可以包括新结构绿色产业的运行原理、新结构绿色创新的运行原理、新结构环境金融的运行原理、新结构环境劳动的运行原理、新结构环境空间的运行原理、新结构环境开放的运行原理、新结构环境周期的运行原理、新结构环境制度的运行原理等。

1.5.2 新结构环境经济学的理论体系

基于前述的研究范式、研究对象和基本原理,我们便可以构建新结构环境经济学的理论体系。根据研究范畴,大体上可以将其分为四大理论体系,即新结构最优环境结构理论、新结构环境发展理论、新结构环境转型理论以及新结构环境运行理论。新结构最优环境结构理论主要是讨论在给定时点上环境禀赋结构的供给与生产结构对环境禀赋结构的需求相匹配的内生形成过程。新结构环境发展理论主要是研究环境结构的变迁。由于环境结构的内涵与外延以及环境结构的层次和维度都非常复杂,因此涉及的具体议题也非常广泛,例如对自然资源禀赋结构变迁(能源结构变迁)、环境库兹涅茨曲线、环境规制结构变迁的研究等,不一而足。新结构环境转型理论主要是研究环境结构扭曲的原因及其改革,例如能源等要素市场的扭曲、"资源诅咒"、结构性污染和环境软约束等。新结构环境运行理论主要是研究环境结构与其他经济结构的关系,例如环境结构与金融结构、劳动结构、空间结构、开放结构、周期结构和制度结构等的关系。这些关系错综复杂,需要从新结构经济学的底层逻辑予以抽丝剥茧。尽管四大理论体系各有侧重,但是每个理论体系都具有统一的内在逻辑,图1-4概括了新结构经济学一以贯之的理论体系。

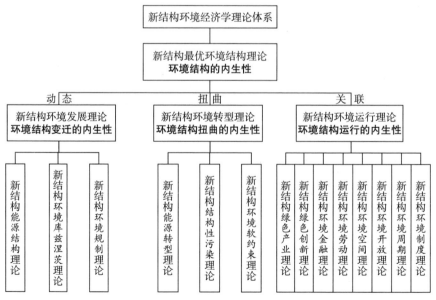

图1-4 新结构环境经济学的理论体系

简言之,新结构最优环境结构理论探讨的是在给定状态下环境结构的内生性,新结构环境发展理论探讨的是动态中环境结构变迁的内生性,新结构环境转型理论探讨的是环境结构扭曲的内生性,新结构环境运行理论探讨的是环境结构运行的内生性,而环境结构各研究范畴均是内生于要素禀赋结构决定的生产结构这一底层逻辑的。下面我们就对新结构环境经济学理论体系的内容分别展开阐述。

1.6 新结构最优环境结构理论:环境禀赋结构的供求原理

本小节根据环境禀赋结构的供给原理、环境禀赋结构的需求原理、环境禀赋结构的相对价格原理和最优环境结构原理,阐述新结构最优环境结构理论。

1.6.1 环境体系与环境供给

环境体系决定了环境功能,即环境供给。环境体系中不同的环境结构提供不同的环境功能或以不同的成本提供相同的环境功能。例如,自然资源体系不仅为人类提供生产生活要素(如矿产、能源等),还为人类提供各种生态系统服务。具有代表性的生态系统服务是千禧年之际联合国启动的"千年生态系统评估计划"(MA),该计划将生态系统服务简要地划分为四类:供应服务,即提供直接效益,比如水、木材、食物和纤维;调节服务,即防洪、水质调节、疾病预防和气候调节;支持服务,即包括光合作用、养分循环、土壤形成等在内的基本过程;文化服务,即提供休憩、审美和精神上的效益。环境污染体系是一个比较特殊的环境子体系。污染物是人类在生产生活中向环境排放的对人类有害的物质,其对人类提供的是一种负向的功能(或负效用的产品),但环境污染体系又是人类生活和产业发展不可避免的、客观存在的一类体系。环境治理体系是针对自然资源体系和环境污染体系而人为构建的一个环境子体系。尽管大自然为人类提供了环境服务功能,但是自然环境体系相当脆弱,而且不断衰退,加之环境污染的加剧,就要求人类有意识地保护生态系统并构建人为环境治理体系。当然,由于分析单位设置的不同,环境禀赋结构的供给体系涉及的内容也就不同。比如,宇宙的环境体系就不同于银河系,银河系的环境体系也不同于太阳系,即便在地球上,不同国家与地区的环境禀赋结构供给体系也千差万别。

1.6.2 生产结构与环境需求

新结构环境经济学最关键的一点是考虑生产结构对环境的派生需求,不同的生产结构(产业结构与技术结构)对环境禀赋及其结构产生的需求不同。以传统农业为主的产业结构,对土地、水和气候等生态环境的需求更大;以工业为主的产业结构,对矿产资源、能源等环境要素的需求更大,且对环境承载力(例如,对环境污染物的吸收能力)的需求也更大;而以服务业为主的产业结构,对文化、生态旅游等环境禀赋的需求更大。即便是在更细分的传统农业中,种植业和畜牧业对环境禀赋结构的需求也是不同的,不同的种植物类型以及不同的牲畜类型对环境禀赋结构的需求也有差异。对于技术结构而言,同样是农业,现代农业与传统农业对环境的需求也不一样,相对而言,传统农业对土地的需求更大,而现代农业对环境承载力(例如,对农药、塑料薄膜等的吸收降解能力)的需求更大。绿色技术和污染性技术对环境的需求显然不同。新结构经济学所秉持的结构分析方法就是要深入分析这些环境结构安排的细节。

1.6.3 最优环境结构:环境禀赋结构供给与需求的匹配

一个经济体的要素禀赋结构决定有竞争力的产业和技术结构以及有自生能力的企业的特征。与此同时,环境体系中不同的环境结构具有不同的环境功能。因此,要有效地实现环境体系的基本职能,处在一定发展阶段的经济体应当具有与其要素禀赋结构所决定的最优生产结构相适应的"最优环境结构",即环境体系中各种环境结构需要与该经济体的要素禀赋结构所内生决定的生产结构和企业的特征相匹配,以支持有比较优势的产业和有自生能力的企业的建立和成长,以及实现适合于其发展阶段的最优环境状况。例如,最优能源结构是由给定的要素禀赋结构内生决定的生产结构所产生的能源禀赋结构需求与能源禀赋结构供给的最佳匹配;"最优"环境污染结构是生产结构带来的环境污染物与环境承载力相均衡的结果;最优环境治理结构是生产结构与环境治理结构相匹配的结果。

1.7 新结构环境发展理论:环境结构变迁原理

根据新结构环境经济学的环境结构变迁原理,我们便可以得到新结构环境发展理论。随着要素禀赋结构的变迁,最优生产结构随之变迁,与之对应的最优环境结构也随之变迁,从而形成最优的环境结构变迁轨迹。下面我们以环境系统的输出端(能源结构变迁)与环境系统的输入端(环境污染的变迁及其环境治理的变迁)为主要议题,讨论动态的环境结构变迁。

我们首先利用几何图示来阐述新结构环境发展理论的基本逻辑框架。新结构经济学的分析切入点是要素禀赋及其结构。要素禀赋及其结构在每个时点上是给定的,但可以随着时间的推移而变化。因此,两者决定了行为者的总预算与相对价格,是经济分析中最根本的参数。如图 1-5 所示,假设在某一给定时点,要素禀赋为 A 图中的 (K_1, L_1),则根据要素禀赋的相对丰裕程度可以得到 B 图中的要素相对价格 (w_1/r_1);在此预算约束和相对价格下,技术结构和产业结构的最优选择是 C 图中的 Y_1,根据该最优生产结构的环境特征,形成与之对应的最优环境结构,即 D 图中的 K_1/L_1 点。从动态来看,随着经济的发展,如果资本存量增长率高于人口增长率,那么以资本劳动比表示的要素禀赋结构会逐渐升级,例如由 A 图中的 (K_1, L_1) 升级到 (K_2, L_2) 或进一步升级至 (K_3, L_3);相应地,资本相对劳动的价格会变低,于是等成本线的位置会发生改变,例如由 B 图中的 w_1/r_1 降低到 w_2/r_2 或进一步降至 w_3/r_3;相应地,等成本线的移动会使生产结构向更加资本密集的生产方式移动,等成本线将更加接近资本密集型的等产量线,例如由 C 图中的 Y_1 移动至 Y_2 或 Y_3;因此,禀赋结构升级驱动生产结构升级。与此同时,伴随着生产结构的变迁,对应的生产结构的环境特征将发生变迁,与之对应的最优环境结构也将发生变迁。以生产结构的环境污染特征为例,就会形成 D 图中的"倒 U 形"变迁特征。

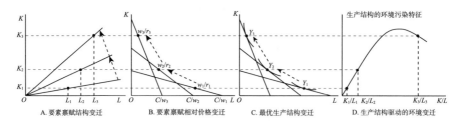

图 1-5 禀赋结构变迁、生产结构变迁与环境结构变迁：
新结构环境经济学最优环境结构及其变迁的几何图示

注：图中 K 代表资本，L 代表劳动，C 代表成本，w 代表工资，r 代表利息，Y 代表等产值线。

1.7.1 新结构能源结构理论：能源结构及其变迁

能源是自然资源体系进入经济系统的主要原材料，煤、石油和天然气等不同的能源供给与不同产业对不同能源的需求决定了最优的能源利用结构。随着要素禀赋结构的变迁，最优生产结构也将随之变迁。随着最优生产结构发生变化，其中的产业和技术对各类能源的需求也将发生变化。与此同时，要素禀赋结构发生变化导致对能源供给的技术发生变化，从而使得对各类能源的供给也发生变化。需求和供给的变化最终导致最优的能源利用结构也发生变迁。因此，新结构环境经济学认为，能源结构变迁本身也是由要素禀赋结构所驱动的，并且政府可以在其中起到因势利导的作用。例如，Wang et al.(2019)基于新结构经济学的理论框架分析了 1978 年改革开放以来中国能源结构变迁的原因，研究结果表明，在长期中能源结构内生于经济体的禀赋结构，即资本深化是能源结构变迁的原因；中国的能源转型是由资本深化（即禀赋结构变化）驱动技术进步偏于资本密集型的新能源所导致的，产业政策的冲击可以促进这个过程。

1.7.2 新结构环境库兹涅茨理论：环境污染结构及其变迁

从动态的视角讨论环境的经典议题莫过于 Grossman 和 Krueger 等学者提出的环境库兹涅茨曲线(EKC)(Grossman et al.,1991,1995)，相关研究十分丰富。基于新结构环境经济学的前五条原理，我们可以重新推导出环境库兹涅茨曲线，其基本逻辑如下：由于禀赋结构的不同，对应的最优产业结构也不同;由于不同的产业结构有不同的能耗强度与污染排放密度特征,对应于最优的产业结构就会有一个"最优的污染排放程度"。随着发展阶段的变迁,最优产业结构存在一条最优的结构变迁轨迹,那么相应地也存在一条最优的阶段性污染曲线。具体到三次产业结构变迁而言,农业的比重会持续下降,工业的比重会呈"倒U形"变化,服务业的比重会持续上升。由于传统农业的能耗强度低,除了用化肥和农药,其污染排放密度是相对低的;进入制造业阶段,其能耗强度和污染排放密度是相对高的;然后进入服务业阶段,其能耗强度和污染排放密度又是相对低的。这就是由产业结构变迁引致的环境污染变迁,也就是所谓的环境库兹涅茨曲线(付才辉等,2018)。当然,这个解释侧重于经济体系的供给侧,也有从需求侧来解释环境库兹涅茨曲线的理论假说。不论基于何种模型设定,基本的原理都是相通的,即消费品和环境质量之间的权衡取舍随收入水平的变化而变化。在经济发展的早期阶段,收入水平低,可消费的产品数量少,污染排放也比较少,且以可降解的农产品为主,环境质量比较高。因此,此时消费品的边际效用较高,而环境质量的边际效用较低,最优的选择便是降低环境质量、增加消费品,这就导致随着收入的增长,环境质量下降。但是,当经济发展到一定程度时,随着收入的增长,消费品增多,消费品中工业品的比重上升,生产的能源消耗和污染排放也增加,而且,消费品产生的污染中有许多是不可降解的累积性污染,导致环境质量下降。此时,消费品的边际效用会逐渐下降,而环境质量的边际效用则逐渐上升,最优的选择是减少可产生累积性污染的消费品的消费,以改善环境质量,这就导致在经济发展的后期阶段,随着收入的增长,环境污染会出现下降趋势。因此,新结构环境经济学的解释同时包含了不同发展阶段上供给侧和需求侧的解释。此外,有必要进一步指出的是,围绕环境库兹涅茨曲线的理论和实证研究存在很多争议。在经验实证上,绝大多数回归结果支持环境库兹涅茨曲线假说,但是样本选择、控制变量、污染指标类别和计量方法的不同都有可能影响环境库兹涅茨曲线结论的稳健性(王芳等,2020)。实证结果之所以存在这样的不稳健性,从新结构经济学理论来看,恰恰是因为环境结构的特征。由于不同发展阶段不同产业的能耗与排污特点不同,对应的能耗类型及污染物类型的收敛性也必然不同。

因此,环境库兹涅茨曲线只是一个总体的变迁趋势,具体变迁轨迹取决于不同能耗与污染物的结构特性。

1.7.3 新结构环境规制理论:环境规制结构及其变迁

关于环境规制强度变迁,新结构环境经济学认为,在经济发展的不同阶段,最优的环境规制强度不同,即最优环境规制强度是一个动态变迁的过程,随着经济发展阶段的变迁而变迁。一般而言,在经济发展的早期阶段,最优环境规制强度相对较弱;而到了经济发展的后期阶段,最优环境规制强度相对更强。本质上,最优环境规制强度内生于要素禀赋结构所决定的生产结构和消费结构。具体而言,在经济发展的早期阶段,要素禀赋及其结构处于低级水平,劳动相对丰裕,资本相对稀缺,所对应的产业结构大多是以劳动密集型产业为主,即使是污染密集型产业也大多以劳动要素为主,而且消费的产品以可降解的农产品为主。由于经济发展水平和产业大多处于初级阶段,环境问题相对较轻,此时环境规制强度也不需要太高,对应的最优环境规制强度也就较低。随着经济发展阶段的变迁、要素禀赋结构的升级,与之对应的最优生产结构和消费结构也随之升级,此时的产业以工业为主,污染密集型产业和技术也较多,产业和技术能耗与污染排放强度增加,消费品中不可降解的比重上升,环境问题变得更为严重。与此同时,环境规制强度应该提高,与之对应的最优环境规制强度也更高。同样,在一个产业内部,在经济发展的不同阶段,最优环境规制强度也有所不同。例如,随着经济发展阶段的变迁,农业由传统农业变迁到现代农业。在传统农业阶段,所使用的大多为农家肥等自然资源,对环境的污染少,几乎不太需要环境治理;进入现代农业或农业工业化阶段后,随着化肥、塑料薄膜等的投入,造成的环境问题变得严重,此时需要的环境规制程度就更高。

关于环境规制结构变迁,新结构环境经济学认为,在经济发展的不同阶段,最优的环境规制结构不同,即所需采取的最优环境规制工具不同。一般认为,在经济发展的早期阶段,以命令控制型环境工具为主、市场激励型环境规制工具为辅的规制结构更优;而当经济发展进入高收入阶段,以市场激励型环境规制工具为主、命令控制型环境工具为辅的规制结构更合理。具体而言,在经济发展的早期阶段,资本相对稀缺,劳动相对丰裕,导致资本的相对价格较高,劳动的相对价格较低,要素禀赋结构处于相对较低的水平,此时产业结构大多是以劳动密集型或土地密集型产业为主。由于生产力水平低,经济剩余较少,市场交换往往也不正规,市场机制尚不健全,想要把环境的外部性纳入市场体系就更为困难,况且市场本身并不是免费的,而是昂贵的公共品(文一,2016),而市场激励型环境规制工具对市场体系的要求较高,国家和政府在要素禀赋的约束下,没有足够的财政资金进行环境市场体系的建设,无法提供健全的市场体系。因此,市场激励型环境规制工具无法有效运转。例如,中国正在建设的碳排放交易市场、绿色金融、PPP(政府和社会资本合作)等市场化机制都处于起步阶段,且都需要投入大量的人力和物力。而命令控制型环境是政府直接干预,干预成本相对较低且易于执行,在经济发展的早期阶段,采用命令控制型环境工具效果可能会更好。随着经济发展进入高收入阶段,要素禀赋结构升级,资本变得相对丰裕,其相对价格较低,构建市场激励型环境规制工具的成本降低,且市场激励型环境规制工具的运转效率提高。因此,在高收入阶段,以市场激励型环境规制工具为主的规制结构更优。关于这一点,已有研究给出了很好的佐证。涂正革等(2015)基于2002年中国工业SO_2排放权交易试点制度的研究发现,该试点政策在我国未能产生"波特效应",原因在于低效运转的市场不足以支撑排污权交易机制的"完美"运行。而齐绍洲等(2018)基于2007年排污权交易试点政策的研究发现,"波特效应"在我国存在。两项实证结果的差异说明,相比于2002年的排污权交易机制,2007年的排污权交易机制更有效,这在一定程度上支撑了市场激励型环境规制与发展阶段有关的结论。当然,我们还需要考虑环境结构的复杂性,比如污染外部性的结构差异。例如,陈仪等(2017)的研究发现最优环境政策确实具有阶段性:在经济发展的早期阶段,侧重价格管理的庇古税是更有效率的政策手段;而当经济发展到一定阶段时,特别是跨过环境库兹涅茨曲线的拐点后,侧重数量管理的可交易排污权将成为更有效率的政策手段,并且其比较优势会随着经济的继续增长而进一步强化。基于欧盟26国数据的实证分析不仅确认了环境库兹涅茨曲线的存在,而且发现可交易排污权政策的相对重要性与人均实际产出的相关性为正。

1.8 新结构环境转型理论:环境自生能力与转型原理

根据新结构环境经济学的企业环境自生能力原理和环境结构转型原理,我们下面阐述新结构环境转型理论,即讨论环境结构扭曲及其改革。由于实际生产结构偏离禀赋结构所决定的最优生产结构而使得其中的企业缺乏自生能力而内生的系统性扭曲,不仅会阻碍经济发展,而且会带来环境结构扭曲,例如能源结构扭曲、结构性污染和环境软约束等问题。在新结构环境经济学看来,这类环境结构的扭曲在很大程度上是内生于违背比较优势的发展战略的,因此转型和改革的根本之策是遵循比较优势发展,使得生产结构达到最优,企业具备自生能力,从而消除环境结构扭曲。

具体而言,首先,从微观来看,具备自生能力的企业意味着在市场上能够获得正常的利润,其生产成本是最低的。这些具备自生能力的企业在面临环境约束时,尽管总成本增加了,甚至部分管理比较差的企业会被淘汰,[①]但长期来看,这些具备自生能力的企业有能力采用绿色环保的生产要素(例如,调整能源消费结构)和节能减排技术,提高绿色技术创新和环境治理水平,从而降低污染排放。相反,如果企业缺乏自生能力,在此情况下,企业自身都难以维持生存,还需要政府的保护补贴,更不可能将污染成本内部化。此时,即使政府出台严格的环境法律法规,企业也将无法执行,从而导致环境约束失效,出现环境软约束问题。[②] 由此可知,环境结构扭曲的根源以及诸多环境治理难题其实都源于企业自生能力的缺乏(郑洁和付才辉,2020)。其次,从发展战略角度而言,如果产业结构变迁违背比较优势,每一个时点

[①] 自生能力是指一个正常管理的企业在开放竞争的市场中不依靠政府的保护补贴就能获得社会可接受的利润率水平的能力。一个企业具备自生能力的前提是所在的行业和所用的技术符合要素禀赋结构所决定的比较优势。具备自生能力的企业,其利润率水平取决于企业的管理水平,即使企业具备自生能力,管理差的企业也可能亏损。另外,从一般均衡来看,环境约束提高并真正落实会增加企业的成本,导致一部分管理较差但具备自生能力的企业的退出。所以,在均衡的情况下,产品价格会提高,供给和企业数量会减少,但是不会减少太多。

[②] 不具备自生能力的企业之所以会存在是因为有政策性负担,政府会给予企业或明或暗的保护补贴。为了减轻政府的补贴负担,就会出现环境软约束问题。

上的产业结构就会偏离最优产业结构,进而使污染排放偏离最优污染排放;由于违背比较优势的产业结构中的企业不具备自生能力,无法创造剩余、积累禀赋、促进产业升级,从而延缓环境库兹涅茨曲线收敛,阻碍环境污染收敛,甚至加剧环境污染。尤其是发展中经济体采取违背比较优势的重工业赶超战略而优先发展的重工业本身就会导致更严重的环境污染。能源结构中的碳比重越大、产业结构中的重工业比重越大,污染排放密度也就越大。与此同时,违背比较优势的产业中的企业不具备自生能力,除了劳动和资本等要素的价格会被扭曲,资源环境和能源的价格也会被扭曲,以保护不具备自生能力的企业(郑洁等,2019)。由于重化工业的能耗强度和排污密度较大,如果政府采取违背比较优势的重工业赶超战略,产业的污染强度就会直接被加大。除了重工业赶超战略下重工业本身的超高排放特征以及环境和能源价格扭曲导致的过度污染,对于这些不具备自生能力的企业,即便政府出台了严格的环境保护法律法规,这些法律法规也不会得到有效执行,从而出现环境软约束问题。此外,这些不具备自生能力的企业不但不能贡献税收收入,反而需要大量的政府保护补贴,由此还会导致环境治理方面的公共财政支出短缺,从而导致环境污染得不到有效防范和治理。这些便是违背比较优势的发展战略导致更加严重的环境污染的中间扭曲机制。由此可知,这一发展战略与环境污染的理论假说貌似简洁,但其背后的理论机制其实涉及了新结构环境经济学的几乎所有基本原理,是很好的理论概括。

1.9 新结构环境运行理论:环境结构的运行原理

前述的新结构最优环境结构理论、新结构环境发展理论和新结构环境转型理论均是将环境变量作为内生变量,阐述禀赋结构和生产结构对环境结构的决定性作用。然而,根据环境结构的运行原理和马克思历史唯物主义基本原理——"经济基础决定上层建筑,上层建筑作用于经济基础",在此过程中,环境结构也会反作用于禀赋结构和生产结构,进而影响整体的经济结构及其变迁。环境结构对生产结构的反作用主要涉及环境结构对产业结构的倒逼机制以及环境结构对技术结构的影响。这也是传统环境经济学研究较多的领域。对此,基于新结构环境经济学视角也会有许多新的理论见解,并从底层逻辑上对既有理论研究加以重构。除了环境结构对作为经济基础的生产结构的反作用,环境结构也会与其他上层建筑结构产生关联影响。以环境结构与产业结构、技术结构、金融结构、劳动结构、空间结构、开放结构、周期结构和制度结构等之间的关系为研究对象,我们便可以得到相关的新结构绿色产业理论、新结构绿色创新理论、新结构环境金融理论、新结构环境劳动理论、新结构环境空间理论、新结构环境开放理论、新结构环境周期理论和新结构环境制度理论等。这也是新结构环境经济学理论框架的一大特色。当然,这些领域已经有丰富的研究,我们需要按照新结构经济学的底层逻辑对其加以重构和梳理。这里我们不打算做详细的文献梳理,而侧重于讨论这些议题的底层逻辑。

1.9.1 新结构绿色产业理论:结构变迁中环境与产业的运行原理

新结构环境经济学认为,尽管产业结构对环境结构起到决定性作用,但是环境结构对产业结构也会起到反作用,形成倒逼机制,倒逼产业结构绿色发展。新结构绿色产业理论的基本观点是:在经济发展的不同阶段,环境结构对产业结构的影响不同。其基本理论逻辑是:在经济发展的早期阶段,由于要素禀赋结构以土地、劳动为主,其内生决定的最优产业结构以土地、劳动密集型产业为主。这类产业的环境特征是能耗和污染强度低,因而环境约束对产业的约束较弱、影响较小。随着经济的发展和要素禀赋结构的变迁,资本越来越丰裕,最优产业结构也相应变迁为资本密集型产业。由于这类产业的环境特征是能耗和污染强度高,环境约束对产业的影响较大,从而会倒逼该类产业实现绿色转型。其中的机制在于环境约束使得现有产业结构中企业的环境治理成本提高,使得企业的成本结构发生变化,从而使得产业结构发生变化。已有大部分研究发现,环境结构会对产业结构产生影响。例如,原毅军等(2014)认为,由于不同行业具有不同的边际治污成本函数,当环境规制对排污企业施加严格的环境约束时,具有较低边际治污成本的企业获得了绿色发展的比较优势,而边际治污成本较高的企业则因较差的成本上涨承受能力而导致所在行业的规模逐渐萎缩。严格的环境规制得以淘汰污染密集型的落后产能和过剩产能,从而驱动产业结构调整。童健等(2016)以清洁行业总产值与污染密集行业总产值之比来度量工业行业结构,研究发现,环境规制对工业行业转型升级的影响呈现"J"形特征,且存在较明显的区域差异。邓慧慧等(2019)基于2006—2016年30个省份PM2.5浓度数据的实证研究发现,雾霾治理能显著推动当地工业绿色转型。余泳泽等(2020)研究发现,地方政府的环境目标约束能显著推动城市的产业转型升级。

1.9.2 新结构绿色创新理论:结构变迁中环境与技术的运行原理

新结构环境经济学认为,环境结构对技术结构同样会产生反作用,这就涉及新结构绿色创新理论。关于环境结构与技术结构的研究,主要围绕"波特假说"(Porter et al.,1995)展开。基于新结构经济学的底层逻辑,我们可以得出许多新的理论见解,并将其总结为"新结构波特假说"。

关于环境规制与技术创新的关系,新结构环境经济学认为,在经济发展的不同阶段,环境规制导致的技术创新结构不同。在经济发展的早期阶段,环境规制主要影响以模仿性创新为主的技术创新行为;而随着经济发展进入高收入阶段,环境规制主要影响以自主性创新为主的技术创新行为。具体而言,提升生产率的生产结构升级是由禀赋结构升级所驱动的。在工业革命后,处于全世界产业和技术前沿的国家,在给定的产业和技术条件下,实现了资本积累和禀赋结构升级,使得资本回报率下降。为了克服这个趋势,就会有企业家把资本投向新的技术和产业的研发,凭借"熊彼特创新"内生出新的技术和产业,推动世界产业和技术前沿的外移以提升生产率,克服资本回报率的下降。然而,处于世界产业和技术前沿内部的发展中国家,通过资本积累和禀赋结构升级,可以在现有的产业和技术集中,升级到新的与要素禀赋结构相符合的产业和技术,以克服资本回报率的下降。现有的产业和技术集的存在是发展中国家后发优势的来源。因此,在经济发展的早期阶段,发展中国家的产业和技术大多处于世界前沿内部,其产业在面临环境约束时,基本上可以从发达国家引进技术,包括生产性技术和绿色技术;而随着经济发展进入高收入阶段,随着产业和技术趋向世界前沿,在面临环境规制时,大多仅能依靠自主性技术创新。

环境规制与技术创新结构的关系,属于"新结构弱波特假说"的内容;对"新结构波特假说"中环境规制与TFP(全要素生产率)之间关系的进一步研究,属于"新结构强波特假说"的内容。传统的"强波特假说"主要是围绕技术创新机制展开,这对于发达国家而言是合理的,但对于发展中国家而言则是缺乏结构视角的表现。因此,新结构环境经济学更加强调结构变迁机制对发展中国家的作用。在经济发展的早期阶段,环境规制促进TFP的主要机制是结构变迁机制;而随着经济发展进入高收入阶段,环境规制促进TFP的主要机制转变为技术创新,特别是自主性技术创新机制。具体而言,在经济发展的早期阶段,发展中国家的产业和技术处于世界前沿内部,后发优势明显,在面对环境规制时,可供发展中国家选择的路径较多,从成本、风险角度考虑,自主性技术创新高投入、高风险的特点不符合发展中国家的要素禀赋情况,而模仿性创新低投入、低风险的特点则符合发展中国家的阶段性需求。与此同时,产业结构也由高能耗、高污染和低附加值的产业逐步升级到附加值更高、能耗和污染更低的产业,实现生产率的提高。

关于环境规制结构与技术创新的关系,新结构环境经济学认为,在不同的经济发展阶段,环境规制结构对技术创新的影响不同。例如,命令控制型环境规制工具与市场激励型环境规制工具在经济发展的不同阶段,对技术创新的影响不同。一般而言,在经济发展的早期阶段,命令控制型环境规制工具对技术创新可能更有效;而到了经济发展的中后期阶段,市场激励型环境规制工具对技术创新的效果可能更明显。原因在于,在经济发展的早期阶段,要素禀赋结构水平较低,也就是资本相对于劳动更为昂贵,市场激励型环境规制工具的制度安排成本高,不利于市场激励型环境规制体系的运行或者运行效率低下,从而对企业的环境约束能力就弱,起不到促进技术创新的作用;相比之下,命令控制型环境规制工具的执行成本较低,对企业的环境约束强且作用直接,能够起到促进技术创新的作用。而到了经济发展的高收入阶段,由于资本相对于劳动更为丰裕,构建市场激励型环境规制体系的成本较低,且市场激励型环境规制体系更有利于企业选择最优的环境治理手段,降低企业的环境治理成本,从而有利于促进其技术创新。这一点与新结构环境规制理论的逻辑是一致的,是其在技术创新效应方面的拓展。

1.9.3　新结构环境金融理论:结构变迁中环境与金融的运行原理

环境体系结构与金融体系结构的交叉催生了一门新兴学科:绿色金融。但是,现有的绿色金融理论更侧重于运用新古典金融学的工具来解决环境问题,因此可以称之为新古典绿色金融理论(陈诗一等,2019)。在新古典经济学范式下,绿色金融的实质是经济资源的配置,作为环境经济学的分支而成立。因此,在此范式下,绿色金融的产生是为了调整人类发展和自然环境之间的失衡关系,解决传统经济体系无法解决的环境外部性问题,使得具有正外部性的经济活动得到有效的资源分配,具有负外部性的经济活动得到制约。与现有的绿色金融理论有所不同,新结构环境金融理论具有更为丰富的研究内涵,不仅包括已有的对环境体系与金融体系运行关系的探讨,而且侧重于剖析两者的结构及其变迁关系。在新结构环境经济学看来,在经济发展的不同阶段,环境结构与金融结构的运行关系不同。由于不同地区和不同发展阶段存在的结构性差异,环境结构与金融结构的相互作用也因要素禀赋结构和生产结构的差异而不同。换句话说,禀赋结构的地区和发展阶段差异内生出生产结构的差异,生产结构的差异进一步内生出环境结构与金融结构的运行差异。因此,我们不能仅运用金融工具来解决环境问题。在新结构环境经济学看来,环境结构与金融结构都是内生的,解决环境问题的最优金融设计既要随环境结构的变迁而变迁,也要随金融结构的变迁而变迁,而这两者的变迁又内生于要素禀赋结构和生产结构的变迁。以下关于环境结构与其他上层建筑结构安排之间的底层逻辑关系也是如此,只是不同的结构安排之间的关系除了一般性也有其特殊性。

1.9.4　新结构环境劳动理论：结构变迁中环境与劳动的运行原理

目前,关于环境问题对劳动力供给、工资、劳动力流动、劳动生产率等影响的研究比较丰富(Graff et al.,2012;杨振兵等,2015;孙伟增等,2019),也大致形成了一门环境与劳动经济学,但并不是所有关于环境与劳动的研究都属于新结构环境劳动理论的范式。与现有的环境与劳动经济学理论相比,新结构环境劳动理论更强调内生于禀赋结构的生产结构对环境与劳动运行的影响。新结构环境劳动理论的底层逻辑是,环境结构与劳动结构的相互影响通过要素禀赋结构和生产结构机制产生。从横向和纵向来看,由于不同发展阶段存在结构性差异,环境结构与劳动结构的相互作用也因要素禀赋结构和生产结构的差异而不同。换句话说,要素禀赋结构的地区和发展阶段差异内生出生产结构的差异,生产结构的差异进一步内生出环境结构与劳动结构运行的差异。即使在给定的产业结构状态下,若劳动结构与产业结构内生决定的最优劳动结构不匹配,也会扭曲劳动结构与环境结构的运行关系。例如,劳动结构与产业结构的不匹配会导致能源效率低下、环境污染加剧等环境结构扭曲问题。究其原因,新结构环境经济学认为,政府违背比较优势的发展战略是导致劳动结构与环境结构扭曲的关键因素。违背比较优势的发展战略使得产业结构偏离禀赋结构内生的最优产业结构,从而使得产业结构与最优劳动结构不匹配,进而加剧环境问题。

1.9.5　新结构环境空间理论：结构变迁中环境与空间的运行原理

由于空间是人类经济活动的载体,任何经济活动都不能离开空间而存在(郝寿义,2016),因此环境与空间具有内在的关联。由于要素在空间上的非均质分布,不同空间点满足人类经济活动的要素禀赋条件不同,因此理性选择的结果就是不同空间点的最优生产方式不同,即不同空间的比较优势不同,从而与之对应的环境结构也就不同。与此同时,由于环境禀赋在不同空间的分布不同,其对生产结构的作用也就不同,从而也会影响空间结构的分布和变迁。新结构环境空间理论的基本假说是:在经济发展的不同阶段,环境与空间的运行关系不同。其本质是在经济发展的不同阶段,要素禀赋结构不同,内生的最优产业技术结构不同,不同的产业技术结构的空间特征和环境特征不同,从而导致环境与空间的运行关系不同。在给定的发展阶段下,若空间结构与该发展阶段的产业技术结构相匹配,则空间结构有利于减少污染、优化生态环境;反之,则会加剧污染、恶化生态环境。而发展战略违背比较优势是空间结构扭曲的主要成因,使空间结构的环境效应恶化。

1.9.6 新结构环境开放理论:结构变迁中环境与开放的运行原理

关于环境与对外贸易的已有研究十分丰富,即便在国内也有海量的研究,可参见代富强等(2021)对过去二十年来这一议题的文献计量分析。然而,这些研究思路主要聚焦于外贸或外资对环境的影响(Copeland et al., 2004;许和连等,2012),对于中国这一发展中国家与其他发达国家的研究结论之间的诸多不同之处却没有给出很好的解释。对此,需要从新结构经济学的底层逻辑予以解释,即不同发展阶段的产业结构不同,对应的贸易结构与环境结构不同,贸易结构与环境结构的关系也自然不同。除了外贸或外资对环境的影响这类老生常谈的议题,新结构环境开放理论侧重于讨论区域产业转移和全球价值链(GVC)分工与环境的关系。区域产业转移和全球价值链分工地位的变化都是禀赋结构变迁导致的必然结果。伴随区域产业转移和全球价值链分工地位的变迁,对应的环境问题也会发生转移和变化。不同发展阶段的经济体所处的全球价值链分工地位不同,对于碳排放水平的影响也会不同。例如,徐博等(2020)以全球主要经济体为研究对象,在EKC模型的基础上,将全球价值链分工地位指数和二氧化碳信息分析中心(CDIAC)碳排放数据库进行匹配组成面板数据,检验全球价值链分工地位对碳排放水平的影响,研究发现:与EKC模型相类似,全球价值链分工地位的提升对碳排放的影响呈"倒U形"关系。其机制可能在于,全球价值链分工地位的提升可以通过提高绿色能源使用率来降低碳排放量。

1.9.7 新结构环境周期理论:结构变迁中环境与周期的运行原理

经济周期波动作为经济运行的一种常态,其与环境也将产生各种关联。新结构环境经济学认为,在经济发展的不同阶段,经济周期波动的特征不同,环境特征也不同,因而经济周期波动与环境也将呈现不同的运行关系。由于在经济发展的不同阶段,要素禀赋结构不同,内生决定的产业结构不同,因此不同产业的经济周期波动特征也不同。已有研究发现,欠发达经济体经济增长波动性更大的来源是其产业波动性更大;随着经济发展水平的提高,生产结构从波动性更大的产业向更稳定的产业转型,经济总波动趋于稳定。例如,标准差比较低的行业包括:印刷出版业,标准差为2.5%;金属制品(机械、电力除外)以及机械、电力行业,标准差为2.6%;专业科学设备业,标准差为2.9%。标准差比较高的行业包括:钢铁和有色金属业,标准差为7.2%;纸业,标准差为6.2%;皮革业,标准差为4.9%;木制产品业(家具除外),标准差为4.3%(Tenreyro,2007)。与此同时,不同产业的环境特征不同,农业的能耗和排污强度低于工业,而服务业的能耗和排污强度又低于工业。因此,在不同的产业结构状态下,经济周期波动与环境的运行关系不同。不仅如此,若政府的发展战略违背要素禀赋结构决定的比较优势,会导致产业结构扭曲,造成经济发展的不稳定,从而影响经济周期波动与环境的运行关系。例如,违背比较优势的发展战略会导致经济周期波动扩大,造成经济运行不稳定,增加企业的运行风险和成本,从而影响环境治理投入的增加,加剧环境污染等。

1.9.8 新结构环境制度理论[①]:结构变迁中环境与制度的运行原理

制度结构作为一个复杂的体系,既包括环境体系中的环境规制等制度结构安排,也包括经济系统中的金融制度、劳动制度、空间制度、开放制度等。新结构制度经济学从一般原理层面对制度安排的内生性和变迁做了探讨(林毅夫等,2019)。事实上,前述新结构环境经济学也对环境体系中的制度安排及其变迁做了探讨。因此,新结构制度经济学的新结构环境制度理论侧重于探讨经济系统中其他制度安排对环境的影响。新结构环境经济学

---

① 需要注意的是,"新结构环境制度理论"中的"环境制度"是指环境结构变量与制度结构变量之间的关系,是基于新结构经济学视角研究这两个变量之间的关系而得到相应的理论,而不仅仅指环境体系中的环境规制等制度安排。

认为,不同的产业发展需要不同的制度安排,且不同的产业具有不同的环境特性,因此在不同的产业结构下制度安排与环境的关系不同。例如,一般而言,农业的交易服务需求低于工业,工业的交易服务需求又低于服务业;与此同时,农业的能耗和排污强度小于工业,而服务业的能耗和排污强度小于工业又大于农业。因此,在不同经济发展阶段,制度与环境的关系就有所不同。如果在某个经济发展阶段制度体系提供的制度安排与其要素禀赋结构决定的产业技术结构不匹配,就会增加产业发展的交易成本,从而降低经济的运行效率,减少经济剩余,既不利于增加环境治理投入,也不利于减少环境污染。进一步地,新结构环境经济学认为,政府违背比较优势的发展战略是制度与环境运行关系扭曲的主要成因。具体地,以财政分权体制为例,郑洁、付才辉和刘舫(2020)基于新结构环境经济学视角的研究认为,财政分权在不同经济发展阶段对环境治理的影响不同。当经济发展水平较低时,财政分权对环境治理的影响以负向的替代效应为主;而当经济发展水平较高时,财政分权对环境治理的影响以正向的收入效应为主。在此过程中,财政分权程度的提高有利于地区发展战略遵循其比较优势,而遵循比较优势发展战略的地区能够有效地抑制财政分权对环境污染的负面冲击(郑洁等,2018)。

1.10 结　语

新结构经济学秉承马克思唯物辩证法和历史唯物主义,以要素禀赋及其结构这一在每一时点给定、随时间可变的物质存在作为理论分析的出发点,将不同发展阶段所具有的产业技术、软硬基础设施的结构差异及其内生性引入现代经济学之后,开启了一场经济学的结构革命(付才辉,2017)。环境结构本就是新结构经济学要研究的复杂结构系统中的子系统。本书初步从新结构经济学的底层逻辑勾勒了新结构环境经济学的主要逻辑架构,围绕主要议题探讨了新结构环境经济学的理论体系。当然,本书还仅仅是抛砖引玉,旨在为后续的深入研究提供路线指南,其中的大量研究议题假说有待深入的理论和实证研究。正如新结构经济学是新时代中国特色社会主义政治经济学的重要组成部分一样,新结构环境经济学也是新时代中国特色社会主义思想中关于美丽中国研究的重要内容。正如习近平总书记深刻指出的那样："生态环境保护和经济发展不是矛盾对立的关系,而是辩证统一的关系。……生态环境保护的成败归根到底取决于经济结构和经济发展方式。经济发展不应是对资源和生态环境的竭泽而渔,生态环境保护也不应是舍弃经济发展的缘木求鱼,而是要坚持在发展中保护、在保护中发展。"①"推动长江经济带探索生态优先、绿色发展的新路子,关键是要处理好绿水青山和金山银山的关系。这不仅是实现可持续发展的内在要求,而且是推进现代化建设的重大原则。"②

参考文献

[1] 陈诗一,李志青,2019.绿色金融概论[M].上海:复旦大学出版社.

[2] 陈仪,姚奕,孙祁祥,2017.经济增长路径中的最优环境政策设计[J].财贸经济(3):99-115.

[3] 代富强,张霞,2021.基于 CNKI 和 Cite Space 的我国贸易与环境关系研究文献计量分析[J].重庆工商大学学报(社会科学版)(2):47-56.

[4] 邓慧慧,杨露鑫,2019.雾霾治理、地方竞争与工业绿色转型[J].中国工业经济(10):118-136.

[5] 蒂坦伯格,刘易斯,2016.环境与自然资源经济学[M].北京:中国人民大学出版社.

[6] 付才辉,2017.新结构经济学:一场经济学的结构革命——一种(偏)微分方程思路下内生(总量)生产函数的解读[J].经济评论(3):81-103.

[7] 付才辉,郑洁,林毅夫,2018.发展战略与环境污染——一个新结构环境经济学的理论假说与实证分析[Z].北京大学新结构经济学研究院工作论文(No.C2018008).

[8] 郝寿义,2016.区域经济学原理[M].上海:格致出版社.

[9] 林毅夫,付才辉,2019.新结构经济学导论[M].北京:高等教育出版社.

[10] 林毅夫,2020.如何做新结构经济学的研究[J].上海大学学报(社会科学版)(2):1-18.

[11] 齐绍洲,林屾,崔静波,2018.环境权益交易市场能否诱发绿色创新？——基于我国

---

① 中共中央宣传部,《习近平新时代中国特色社会主义思想学习纲要》,学习出版社和人民出版社,2019年,第170页。

② 习近平,《在深入推动长江经济带发展座谈会上的讲话》,求是网,http://www.qstheory.cn/dukan/qs/2019-08/31/c_1124940551.htm(访问日期:2019年12月1日)。

上市公司绿色专利数据的证据[J].经济研究(12):129-143.

[12] 孙伟增,张晓楠,郑思齐,2019.空气污染与劳动力的空间流动——基于流动人口就业选址行为的研究[J].经济研究(11):102-117.

[13] 童健,刘伟,薛景,2016.环境规制、要素投入结构与工业行业转型升级[J].经济研究(7):43-57.

[14] 涂正革,谌仁俊,2015.排污权交易机制在中国能否实现波特效应？[J].经济研究(7):160-173.

[15] 王芳,曹一鸣,陈硕,2020.反思环境库兹涅茨曲线假说[J].经济学(季刊)(1):81-100.

[16] 王坤宇,2017.国家发展战略与能源效率[J].经济评论(5):3-13.

[17] 文一,2016.伟大的中国工业革命[M].北京:清华大学出版社.

[18] 徐博,杨来科,钱志权,2020.全球价值链分工地位对于碳排放水平的影响[J].资源科学(3):527-535.

[19] 许和连,邓玉萍,2012.外商直接投资导致了中国的环境污染吗？——基于中国省际面板数据的空间计量研究[J].管理世界(2):30-43.

[20] 杨振兵,张诚,2015.中国工业部门工资扭曲的影响因素研究——基于环境规制的视角[J].财经研究(9):133-144.

[21] 余泳泽,孙鹏博,宣烨,2020.地方政府环境目标约束是否影响了产业转型升级？[J].经济研究(8):57-72.

[22] 原毅军,谢荣辉,2014.环境规制的产业结构调整效应研究——基于中国省际面板数据的实证检验[J].中国工业经济(8):57-69.

[23] 郑洁,付才辉,2020.企业自生能力与环境污染:新结构经济学视角[J].经济评论(1):49-70.

[24] 郑洁,付才辉,刘舫,2020.财政分权与环境治理——基于动态视角的理论和实证分析[J].中国人口·资源与环境(1):67-73.

[25] 郑洁,付才辉,张彩虹,2018.财政分权与环境污染——基于新结构经济学视角[J].财政研究(3):57-70.

[26] 郑洁,付才辉,赵秋运,2019.发展战略与环境治理[J].财经研究(10):4-20+137.

[27] Copeland B R, Taylor M S, 2004. Trade, growth, and the environment[J]. Journal of Economic Literature, 42(1): 7-71.

[28] Craff Z J, Neidell M, 2012. The impact of pollution on worker productivity[J]. American Economic Review, 102(7): 3652-3673.

[29] Grossman G M, Krueger A B, 1991. Environmental impacts of a North American free

trade agreement[Z]. National Bureau of Economic Research Working Paper #3914.

[30] Grossman G M, Krueger A B, 1995. Economic growth and the environment[J]. The Quarterly Journal of Economics, 110(2): 353-377.

[31] Porter M E, van der Linde C, 1995. Toward a new conception of the environment-competitiveness relationship[J]. Journal of Economic Perspectives, 9(4): 97-118.

[32] Tenreyro K S, 2007. Volatility and development[J]. The Quarterly Journal of Economics, 122(1): 243-287.

[33] Wang D, Mugera A, White B, 2019. Directed technical change, capital intensity increase and energy transition: Evidence from China[J]. The Energy Journal, 40(1): 1-20.

2 发展战略与环境污染：理论假说与实证分析

2.1 引 言

中国从 1978 年到 2019 年实现了年均 9.2% 的经济增长速度，摆脱了贫穷落后的状态，一跃成为仅次于美国的全球第二大经济体。如果按照购买力平价计算，中国目前已是世界第一大经济体。如果这种态势能够持续，那么到 2030 年左右，中国将有望步入高收入社会。中国在如此短时间内史无前例地完成这一历程，堪称人类历史上的发展奇迹（林毅夫等，1994）。但是，由于中国的发展还存在诸多问题，更准确地说，它还是一个未完成的奇迹（世界银行和国务院发展研究中心联合课题组，2013）。习近平总书记在党的十九大报告中指出："中国特色社会主义进入新时代，我国社会主要矛盾已经转化为人民日益增长的美好生活需要和不平衡不充分的发展之间的矛盾。"收入不平等和环境污染就是发展不平衡不充分的两个表现形式。为解决上述矛盾，"共享"与"绿色"已是中国"十三五"期间五大发展理念的重要组成部分。无独有偶，按照库兹涅茨曲线的基本法则，收入不平等和环境污染都会随经济发展先恶化而后逐步改善（Kuznets，1955；Grossman et al.，1995）。然而，事实并不完全如此，而且收入不平等和环境污染问题并不是可以由库兹涅茨曲线自动解决的。因此，如何理性认识以及化解这些问题不仅仅关乎理论创新，更关乎现实的经济发展。

尽管中国在环境治理方面做出了巨大努力,但由于所处的经济发展阶段,环境问题仍较为严重。以碳排放为例,尽管中国的人均二氧化碳[①]排放量较低,但就排放总量而言,中国从 2008 年起已超过美国,成为世界上第一大二氧化碳排放国,每年排放的二氧化碳占全球的四分之一。尽管中国的环境问题较为严重,但是要解决这个问题,还是要弄清根本原因并对症下药。一种流行的看法认为环境恶化是由于我国发展得太快了。这种看法不见得正确。其原因是,我国现处于以制造业为主的发展阶段,能耗强度和污染排放密度必然都很高。如果按照上述看法,放慢经济增长速度,其实将使我国停留在制造业阶段的时间更长,进入绿色制造与服务业阶段更慢,而这只会让环境污染更加严重。以印度为例,1978 年我国人均国内生产总值(GDP)是 155 美元,印度是 209 美元,比我国高 35%,即我国的人均 GDP 是印度的三分之二左右;经过这四十多年的发展,2019 年我国的人均 GDP 超过 7 500 美元,而印度的人均 GDP 只有 1 600 美元,还不到我国的四分之一。而从 1978 年到 2019 年,我国的年均经济增长率为 9.2%,印度的年均经济增长率正好比我国低 3.5 个百分点,只有 5.7%。但是,2012 年世界卫生组织公布的数据显示,印度的雾霾和环境污染问题比我国还严重。从这个比较来看,事实上,环境污染可能更多地源自一国所处的发展阶段。通常来说,低收入阶段主要是发展农业,高收入阶段主要是发展服务业,而中等收入阶段则是以制造业为主。制造业与服务业、农业相比,最大的特征就是能耗强度和污染排放密度高,带来的环境压力也就比农业和服务业更大。因此,任何一个国家,当它的产业结构以制造业为主时,环境问题都比较严重。老工业化国家,如英国、德国、美国,在处于与中国类似的发展阶段时,其环境问题也是比较严重的。新兴工业化国家中,日本在 20 世纪五六十年代时、韩国在 20 世纪 80 年代时的环境问题也比较严重,这与发展阶段有关,图 2-1 显示

[①] 二氧化碳(CO_2)作为主要的温室气体,受到了诸多环境污染研究的关注(盛鹏飞,2014)。美国最高法院在 2007 年根据《清洁空气法》裁定二氧化碳是一种污染物,《低碳经济蓝皮书:中国低碳经济发展报告(2015)》也指出二氧化碳已被一些国家列为大气污染物,因此本书将二氧化碳作为环境污染物纳入分析。同时,二氧化碳也是碳中和经济学的研究核心,专门的新结构碳中和经济学分析见本书第 7 章。

了日本和中国10个最大城市的年均二氧化硫(SO_2)和二氧化氮(NO_2)浓度。总的来说,环境问题会伴随我们很久,要解决环境污染问题,除了加大执法力度以及多使用清洁能源,釜底抽薪的办法是要保持比较快速的增长,以较快地进入以绿色制造业和服务业为主的高收入阶段。

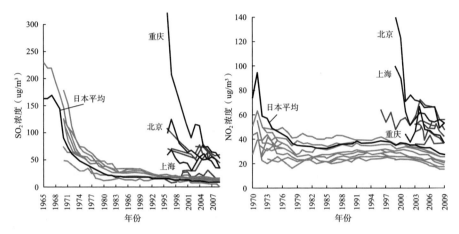

图2-1 日本和中国10个最大城市1970—2009年观测到的年平均SO_2和NO_2的浓度

资料来源:世界银行和国务院发展研究中心联合课题组(2013),第260页。

作为中国本土颇具代表性的经济发展学说,新结构经济学在研究中国奇迹方面已经取得了大量的研究成果(林毅夫等,1994,2016;林毅夫,2012)。如何解释诸如收入不平等和环境污染等中国和其他发展中国家面临的严峻现实问题并提出解决思路,也是其作为一个完整的理论体系无法回避的研究内容。目前,与新结构经济学在研究收入分配问题上有较多进展形成鲜明对比(林毅夫等,2003;Lin,2003,2009;陈斌开等,2012,2013;林毅夫等,2013;付才辉,2017a),从新结构经济学角度考察环境污染问题的研究还较为欠缺(林毅夫等,2016;王坤宇,2017;郑洁等,2020)。因此,基于林毅夫关于经济发展与环境问题的上述初步论述,本章旨在推进新结构经济学在环境污染问题上的理论、实证及政策研究。本章的研究除了有助于理性认识和解决目前严峻的环境问题,还有助于为新结构经济学在环境问题上的后续研究提供一定的理论和实证研究参考。

本章接下来的内容安排如下：第 2.2 节以回顾全球雾霾简史为例，说明环境污染的发展阶段性，以环境库兹涅茨曲线为线索回顾环境污染的研究脉络，从而指出从新结构经济学视角理解环境问题的重要性；第 2.3 节在概述新结构经济学基本原理的基础上，运用其基本原理推演新结构环境经济学的主要理论假说；第 2.4 节构建检验理论假说的基本计量模型，并讨论关键指标与模型的动态性和内生性；第 2.5 节基于全球数据展开实证分析；第 2.6 节基于全国省级数据展开实证分析；第 2.7 节基于全国地级市数据展开实证分析；第 2.8 节总结本章并提出政策建议。

2.2 环境污染的经验事实与文献回顾

2.2.1 从全球雾霾简史看环境污染的经验特征事实[①]

今天的中国被称为"世界工厂"，但在 19 世纪末，英国才是全球的工业中心。英国首都伦敦汇聚了纺织、煤炭、钢铁、化工等各类产业，生产出大量商品，再由港口的蒸汽船运往世界各地。大量乡下人口涌入伦敦，使伦敦成为当时最庞大的都市，人口数量超过 500 万。正如索尔谢姆(2016)所言，毫不夸张地说，英国之所以崛起成为世界有史以来最强大的制造和贸易帝国，都是化石燃料烧出来的。英国作为工业革命的发源地，每天燃烧大量的工业和生活煤炭，19 世纪末伦敦周边大型的火力发电站每天排放超过 1 000 吨的烟雾颗粒、2 000 吨二氧化碳、140 吨盐酸、370 吨二氧化硫等。[②] 不列颠岛受海洋性气候影响，本来就水汽充沛，容易起雾。而在伦敦城，工厂排放废气，家庭燃烧煤炭，更是加重了伦敦的雾霾，"雾都"就成了伦敦的别名。如此大规模的环境污染在人类历史上还是头一次。然而，当时人们的环境意

[①] 关于洛杉矶和伦敦等发达国家工业城市污染的更多详细史料，可参考一些历史学家新近的著述：Chip Jacobs, William J. Kelly, *Smogtown: The Lung-Burning History of Pollution in Los Angeles*, Overlook Press, 2008；彼得·布林布尔科姆，《大雾霾：中世纪以来的伦敦空气污染史》，启蒙编译所译，上海社会科学院出版社，2016 年。本小节的内容主要根据这些相关资料整理而成。

[②] 彼得·索尔谢姆，《发明污染：工业革命以来的煤、烟与文化》，启蒙编译所译，上海社会科学院出版社，2016 年。

识尚不强,就像一些经典作品描述的:维多利亚时代的人还在为机器和烟囱而骄傲,甚至把雾霾视作进步的象征。直到1952年12月5日开始的一星期内,伦敦市民开始感到呼吸困难、眼睛刺痛,出现哮喘、咳嗽的症状,伦敦医院因呼吸道疾病患者剧增而一时人满为患,伦敦城内到处都可以听到咳嗽声。短短几天时间内,英国有4 000人突然离世,超过10万人感染呼吸道疾病,波及儿童、老人,很多逝者都是因为支气管和肺部重度感染。当时因为严重大雾,救护车都没法正常工作,数周后又有几千人死亡,共计死亡12 000多人。这是英国历史上著名的"毒雾事件",也成为20世纪十大环境公害事件之一。随着公众的关注,丘吉尔政府的压力增大,相关提案也不时出现在国会。经过四年的讨论,英国在1956年颁布《清洁空气法案》。这也是世界上第一部空气污染防治法案,强制伦敦市区的工业电厂等全部关闭,只能挪到郊区,城市里设立无烟区,无烟区里禁止使用产生污染的燃料。然而,1957—1962年,伦敦又发生了12次严重的雾霾事件。英国1968年扩充了《清洁空气法案》,并于1974年颁布了《污染控制法》。到了1975年,伦敦的雾霾日已由之前的每年几十天减少到15天,1980年则进一步减少到5天。至此,英国成功治理雾霾花了二十多年。

与"雾都"伦敦的遭遇一样,随后大多数发达国家在工业化过程中都出现了严重的环境污染问题。在美国,从1943年开始,雾霾就开始袭击洛杉矶。空气中飘着烟雾,泛着棕色和浅蓝色,能把眼睛刺激得流眼泪。学校因此而停课,运动员转移到室内训练,而庄园的农民们只能惋惜地看着农作物烂在地里,市民对空气质量的抱怨越来越强烈,一些好莱坞明星也加入抗议的行列。从1943年洛杉矶第一次出现雾霾到1970年《清洁空气法案》出台,美国的空气污染防治立法遇到了各种各样的障碍,包括来自汽车公司、石油公司的阻力,以及政府和立法者的不作为。在德国,20世纪五六十年代,其创造了举世瞩目的"经济奇迹",而鲁尔区就是德国的机械制造及重化工业中心,煤炭、钢铁、化学、机械制造等行业高速发展,鲁尔区雾霾不断肆虐,成了空气和河床污染的重灾之地。除了鲁尔区,联邦德国的多数地区也未能幸免,著名的莱茵河一度成为鱼类无法生存的"死河",慕尼黑、斯图加特、法兰克福、科隆等城市上空也一直为雾霾所笼罩。1971年,大气污染治理首次被纳入德国联邦政府的环保计划。1974年,德国颁布《联邦污染防治法》,对二氧化硫、硫化氢、二氧化氮开始执行严格的污染限值。该法经过多次修改和补充,已成为德国最重要的法律之一。1991年之后,德国再也没有响起雾霾警报。与欧美国家一样,日本在快速工业化的阶段也没能避免雾霾的侵扰。在高速工业化时代,日本的一些重工业城市(如东京和大阪)成为"东方雾都",愤怒的市民对公害提起了诉讼,这迫使日本在20世纪六七十年代密集出台了一系列环境保护立法,80年代公害教育出现在日本的小学生教材里。此外,如本章引言所述,即便在能源结构和环保技术日新月异的今天,中国和印度等新兴工业经济体也未能避免雾霾等环境污染。

总之,回顾以雾霾为代表的全球环境污染的历史,我们可以看到几个基本的经验特征事实:但凡经历过工业化的主要经济体,都未能避免"雾霾围城"。环境污染是一个绕不过去的发展阶段性问题,只是污染程度和污染快慢的问题,而鲜有经济体在成为高收入经济体之后雾霾还不被治理的——背后的原因可能包括:收入水平提高后人们对环境质量需求的提高以及环保意识的增强(需求侧的原因);产业结构的转型升级、能源结构的改变与环境技术的改善(供给侧的原因);环保立法与环保政策(政策侧的原因)。

2.2.2 环境污染研究主要脉络的简要回顾

相较于环境污染的悠久历史,经济学界开始对经济发展过程中的环境问题进行学术研究也仅仅是20世纪90年代初以来的事。世界银行1992年发布的旗舰报告《发展与环境》(*Development and Environment*)以及Grossman et al.(1995)的开创性研究发现了环境库兹涅茨曲线,即环境污染和人均收入之间呈现出"倒U形"曲线的关系:在经济发展初期,环境污染程度会随着人均收入的增加而提高;但是随着经济发展到一定阶段,环境污染程度会随着人均收入的增加而下降。其后二十多年,关于环境问题的研究汗牛充栋,但围绕环境库兹涅茨曲线的理论和实证研究却莫衷一是。在实证研究方面,绝大多数回归结果支持Grossman et al.(1995)的环境库兹涅茨曲线假说,但是样本选择、控制变量、污染指标类别和计量方法的不同都有可能动摇环境库兹涅茨曲线结论的稳健性(Stern et al.,2001;Harbaugh et al.,2002;王敏等,2015)。① 相比之下,在理论研究层面,环境库兹涅茨曲线的机制则明确得多,大致可以归纳为与前述回顾环境污染历史时总结出的几个特征事实相对应的几个方面:需求侧、供给侧与政策侧的环境库兹涅茨机制。② 从需求侧来解释环境库兹涅茨曲线,不论基于何种模型设定,基本原理都是相通的,即消费品和环境质量之间的权衡取舍随收入水平的变化而变化。在经济发展初期,收入水平低,可消费的产品数量少,污染排放量也比较少,环境质量比较高。因此,消费品的边际效用较高,而环境质量的边际效用较低,此时的最优选择便是降低环境质量、增加消费,这就导致随着收入的增长,环境质量下降。但是,随着经济发展到一定程度以及收入水平的增长,消费品增多,环境质量下降。因此,消费品的边际效用会逐渐下降,而环境质量的边际效用则逐渐上升,此时的最优选择是减少消费、改善环境质量,这就导致在经济发展的后期,随着收入的增长,环境污染呈现下降趋势。从供给侧与政策侧对环境库兹涅茨曲线的解释则零散得多:有从资本配置角度解释环境污染的"倒 U 形"转变的(John et al.,1994;Selden et al.,1994),有从技术(包括污染减排技术)进步角度解释环境污染的"倒 U 形"转变的(Stokey,1998;Andreoni et al.,2001;Brock et al.,2005),有从政府和私人部门之间的讨价还价博弈角度生成环境库兹涅茨曲线的(López et al.,2000),有从环境税收或管制的角度生成环境库兹涅茨曲线的(Jones et al.,2001),等等。

2.2.3　从新结构经济学视角理解环境问题的重要性

从需求侧的角度能够很好地解释人们对环境的偏好以及环保意识的兴起,甚至环保运动和环保教育对环境法律政策的敦促,但是影响这些变化的收入水平在相关理论中是外生的。然而,收入水平的提高取决于经济增长,而且环境污染不仅仅来自生活消费性排放,更多地来自工厂等固定源

---

① 可以参见 Dinda(2004)和 Stern(2004)的综述。
② 这里仅简要回顾主要的理论机制,关于环境污染具体影响因素的文献,我们将在后面的实证部分予以评述。

和交通运输等移动源产生的生产性排放。① 因此,从供给侧角度解释环境问题更为根本。从供给侧角度,Brock et al.(2005)在《经济增长手册》(*Handbook of Economic Growth*)中关于经济增长与环境的系统综述将环境污染的影响因素归纳为三个:经济总量、产业结构和技术水平。一个经济体的污染总排放 E 为:

$$E = \sum_{i=1}^{n} E_i = \sum_{i=1}^{n} \gamma_i s_i Y \qquad (2.1)$$

其中,E_i 代表产业 i 的排放,s_i 代表产业 i 占 GDP(国内生产总值)的比重(反映产业结构),γ_i 代表产业 i 的单位 GDP 污染排放量(反映能源效率或技术进步),Y 代表 GDP。将式(2.1)对时间求导,可以将污染排放增长率分解为三种效应:

$$\frac{\dot{E}}{E} = \sum_{i=1}^{n} \frac{E_i}{E} \left(\frac{\dot{\gamma}_i}{\gamma_i} + \frac{\dot{s}_i}{s_i} \right) + \frac{\dot{Y}}{Y} \qquad (2.2)$$

其中,$\dfrac{\dot{\gamma}_i}{\gamma_i}$ 代表技术进步效应,$\dfrac{\dot{s}_i}{s_i}$ 代表产业结构升级效应,$\dfrac{\dot{Y}}{Y}$ 代表经济增长效应。

分别假定其他因素不变,促使单位 GDP 污染排放量下降的技术进步会降低污染,低污染产业比重增加会减少污染,经济增长也会影响污染。所以,政府可以通过影响绿色技术进步或环境管制、产业结构以及经济增长等方式增加或降低污染。因此,Grossman et al.(1995)在最早发现"倒 U 形"环境库兹涅茨曲线证据的时候,就特别强调经济发展本身不会自动改善环境,环境污染"倒 U 形"曲线的出现是经济发展过程中的产业结构变迁、技术进步或者环境管制所致。如前所述,简单地将经济增长与环境污染对立起来的观点是不正确的,对于以高排放的制造业为主的经济体而言,要釜底抽薪

---

① 原中国环境保护部的一项研究指出,中国环境污染物的来源主要包括生产性污染、生活性污染及交通运输性污染,其中生产性污染是最主要的来源(中国环境保护部科技标准司,《大气污染的主要来源》),http://www.zhb.gov.cn/hjjc09/xcd/200604/t20060421_76042.htm,访问日期:2014 年 2 月 10 日)。

地解决环境污染问题,就要将产业转型升级到以绿色制造和服务业为主的低排放型产业,采用更多的绿色低排放技术,实施更严格的环境管制。

然而,在新结构经济学看来,如果一个经济体由其禀赋结构决定的比较优势恰好是高污染排放的制造业,那么相应的污染是无法避免的;但是如果一个经济体按照比较优势选择产业和技术,则其创造的经济剩余是最多的,促进禀赋结构升级的速度是最快的,从而促进产业和技术升级的速度也是最快的,收入水平提升的速度也是最快的;再进一步,收入水平的提高也会提高人们对环境质量的需求,增强人们的环保意识,甚至引发环保运动,促使政府出台严格的环境政策。因此,采取符合比较优势的发展战略是一个经济体走出雾霾等环境污染困境的最快方式。反之,认识不到这一规律,采取违背比较优势的战略或者抑制经济发展,反而无助于环境的改善,使经济体停留在雾霾等环境污染困境中的时间更长。所以,既然雾霾等环境污染问题无法避免,与其长期停留在这一阶段,还不如通过快速发展走出困境。

2.3 新结构环境经济学的理论假说

这一部分先简要地阐述新结构经济学的基本原理,然后将其应用于分析环境污染问题,揭示新结构环境经济学的理论机制,并提出待检验的理论假说。

2.3.1 新结构经济学的基本原理概述[①]

新结构经济学是关于经济结构及其变迁的新古典分析框架(林毅夫等,2019)。具体而言,新结构经济学用新古典的分析方法,以禀赋结构作为切入点来研究经济结构及其变迁,其主要的理论要点可以概括为旨在揭示发展与转型(改革)以及市场和政府关系的三条基本规律——结构变迁的规律、结构转型的规律、结构变迁与转型中政府作用的规律——的十大原理(林毅夫等,2019)。

[①] 本小节内容参照付才辉(2017a,2017b)的概述,更详细的内容可参见林毅夫等(2019)。

解释经济结构及其变迁规律的结构变迁原理包括：(1)禀赋结构的供给原理——在给定时点，任何分析单位的要素禀赋及其结构是给定的，但会随时间而变化。(2)禀赋结构的需求原理——不同生产结构（产业结构与技术结构）会产生不同的要素禀赋及其结构需求。(3)禀赋结构的相对价格原理——禀赋结构的供求均衡决定了禀赋结构的相对价格，后者是禀赋结构与生产结构的函数。禀赋结构水平越低、生产结构越是资本相对劳动密集，禀赋结构的相对价格就越高。(4)最优生产结构原理——生产结构水平越高，边际产出越高，但是边际成本也越高，最优生产结构的条件是生产结构选择的边际价值等于边际成本。新结构经济学中的最优生产结构（产业结构与技术结构）原理实际上就是常说的比较优势原理。(5)生产结构的供求原理——除了不同生产结构对禀赋结构的需求不同，由于不同生产结构的金融需求特征（如风险特征、资金规模、投资期限等）、人力资本需求特征（如教育、经验、技能等）、空间布局需求特征（如城市化、集群、区域布局等）、开放需求特征（如国际贸易结构、国际资本流动等）、周期需求特征（如不同产业的波动特征、模仿创新与发明创新的随机冲击）、制度需求特征（如不同产业或技术的资产专用特征或契约密度）、人口资源环境需求特征（如劳动与闲暇、生育、能耗与污染排放等）等性质维度是不同的，从而对应的结构安排的需求也是不同的，给定这些供给面的结构安排，其相对价格也就随生产结构的不同而不同。在供求均衡时，便产生了最优金融结构、最优人力资本结构、最优区域结构、最优开放结构、最优周期结构、最优制度结构、最优人口资源环境结构等最优的结构安排。(6)结构变迁循环累积因果原理——禀赋结构与生产结构互为循环累积关系，禀赋结构升级促进生产结构升级，生产结构升级又促进禀赋结构升级；经济发展的本质便是禀赋结构与生产结构相辅相成的结构变迁所推动的劳动生产率不断提高的过程。在快速的结构变迁阶段，即生产结构对禀赋结构富有弹性时，禀赋结构的回报率不会随禀赋结构的累积而降低，从而出现高储蓄、高投资高速推进禀赋结构升级，进一步推进生产结构升级，通过快速的循环累积实现高速增长。随着生产结构的改变，其他相应的最优结构安排也需要随之变动，即所谓的"经济基础决定上层建筑"。

实际上，在结构变迁过程中，任何经济体在任何时点都不可能严格遵循最优结构变迁轨迹，违背比较优势的结构变迁情景是普遍存在的。过去最优的结构安排在新的禀赋结构条件下已经不是最优安排了，也需要转型调整。结构变迁违背比较优势就不可避免地产生扭曲，结构扭曲阻碍结构升级成为发展的根本障碍，这就延伸出一条至关重要的结构转型原理：(7)自生能力原理——能够在开放、自由的完全竞争市场上获得正常利润的生产者具备自生能力，违背比较优势（或偏离最优生产结构）的生产结构中的生产者不具备自生能力。生产结构中缺乏自生能力的生产者的多寡是结构转型最重要的约束条件，这也延伸出转型（或改革）规律中最基本的一条原理：(8)最优转型速度原理——消除结构扭曲便是转型的收益，然而由于扭曲的生产结构中的生产者不具备自生能力，消除扭曲会迫使其破产并带来相关代价，这便是转型的成本。最优的转型速度是使转型的边际成本等于边际收益的速度。任何违背比较优势的政府干预均会对结构变迁产生扭曲。然而，在存在具有外部性的公共禀赋结构、具有溢出效应和协调困难的生产结构的变迁过程中，市场自身难以处理这些问题。这些问题如果得不到有效解决，就会成为结构变迁的障碍，由此得到以下原理：(9)结构变迁与转型中政府作用的定位原理。与前述结构变迁不可能自始至终按照最优结构变迁轨迹行事一样，在市场自身能够在每一阶段都充分利用连续但不一定平滑的结构变迁的后发优势的状况下，现实中的政府往往需要越过在结构变迁与转型过程中的理想定位，激励市场充分利用后发机会，但也可能引起不良后果。由此得到以下原理：(10)结构变迁与转型中政府作用的最优干预原理——最优的政府干预程度和最优干预结构是在边际收益与边际成本之间权衡取舍的结果。

2.3.2 新结构经济学基本原理在环境问题上的应用：理论假说的提出

运用上述新结构经济学的基本原理对环境问题进行系统研究，可以形成逻辑自洽的新结构环境经济学[①]。本章侧重于应用新结构经济学的基本

---

① 付才辉(2015)较早提出"新结构环境经济学"这一名称。新结构环境经济学除了包括对环境污染的研究，还包括对资源管理以及资源型地区转型升级等问题的研究。

原理分析具体的环境污染问题。新结构经济学推导出环境库兹涅茨曲线的基本逻辑如下：由上述第(1)条到第(4)条基本原理可知，由于每个国家或地区禀赋结构不同，对应的最优产业结构也不同；再由第(5)条"生产结构的供求原理"可知，由于不同的产业结构有不同的能耗强度与污染排放密度特征，对应于最优的产业结构就会有一个最优的环境污染结构；再由第(6)条"结构变迁循环累积因果原理"可知，最优产业结构存在一条最优的结构变迁轨迹，相应地也存在一条最优的环境污染曲线。

处于不同发展阶段的国家或地区，由于禀赋结构不同，相应地也会有不同的经济结构(林毅夫，2012)。处于初级发展阶段的国家，其要素禀赋结构一般会呈现出劳动或自然资源相对丰富，同时资本相对稀缺的特点，因而其生产大多集中于劳动或资源密集型产业(主要有维持生存的农业、畜牧业、渔业和采矿业)，采用传统的、成熟的技术，生产"成熟的"产品。除了矿业和种植业，这些生产活动鲜有规模经济。这些国家的企业规模一般而言相对较小，市场交换往往也不正规，通常仅限于在当地市场上与熟人进行交易。这种生产和交易对硬基础设施与软基础设施的要求不高，只需要相对来说比较简单、初级的基础设施就可以了。位于发展阶段谱线另一端的高收入国家，则呈现出一幅完全不同的禀赋结构图景。这些国家相对丰裕的要素不是劳动，也不是自然资源，而是资本，因而在资本密集型产业上具有比较优势，这些产业具有规模经济的特征。各种硬基础设施(电力、通信、道路、港口等)和软基础设施(法律法规体系、文化价值体系等)也必须与全国性乃至全球性的市场活动相适应，这种情形下的市场交易是远距离、大容量、高价值的。

具体到三次产业结构变迁而言，农业的比重会持续下降，工业的比重会呈现"倒U形"变化趋势，服务业的比重会持续上升。由于传统农业的能耗强度低，除了用化肥和农药，其污染排放密度是低的；进入制造业阶段，其能耗强度和污染排放密度是高的；然后进入服务业阶段，其能耗强度和污染排放密度又是低的。在更加细分的行业层面上也是如此，如图2-2利用投入产出数据测算的结果所示，相对于轻工业和服务业而言，电力、煤气、非金属矿物制品、冶金、运输、煤炭采掘、石油、化工等重工业的二氧化碳(CO_2)排放强度要大得多。Chen et al.(2017)也使用改进的环境投入产出模型测算了2012年中国所有经济部门(45个)的CO_2最新排放情况。结果显示,"建筑"部门贡献了最多的消费性排放,分别占其供应链上"电力、热力生产和供应""黑色金属冶炼和压延"和"非金属矿产品制造"这三个部门生产性排放的27.9%、46.9%和72.1%。"电力、热力生产和供应"部门贡献了最多的生产性排放,分别占其需求链上"建筑""其他"和"制造"这三个部门消费性排放的27.9%、11.6%和44.2%。根据杨帆等(2016)的研究,污染排放水平与产业行为和特征之间存在直接相关性,不同产业的污染排放水平不同,不同产业的污染排放物种类也存在差异。例如,制造业废气污染中,SO_2排放强度最高的产业为非金属矿物制品业、造纸及纸制品业、黑色金属冶炼及压延加工业、有色金属冶炼及压延加工业、化学原料及化学制品制造业、化学纤维制造业;工业烟尘排放强度排在前几位的产业包括非金属矿物制品业、造纸及纸制品业、黑色金属冶炼及压延加工业、化学原料及化学制品制造业、石油加工炼焦及核燃料加工业;制造业废水排放强度最高的为造纸及纸制品业,其次为饮料制造业、纺织业、化学原料及化学制品制造业、化学纤维制造业,排放强度均超过5万吨/亿元。因此,对应于产业结构变迁,尤其是工业的"倒U形"变迁轨迹,就有"倒U形"的环境库兹涅茨曲线。这是新结构环境经济学的基本假说。

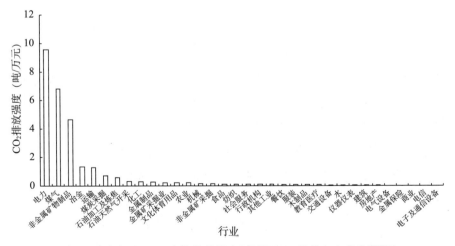

图2-2 各行业CO_2直接排放强度(按照2007年投入产出表测算)

资料来源:世界银行和国务院发展研究中心联合课题组(2013),第275页。

更进一步,如果产业结构变迁违背比较优势,每一个时点上的产业结构就会偏离最优产业结构,进而使污染排放偏离最优污染排放;由于违背比较优势的产业结构中的企业是不具备自生能力的,无法创造剩余、累积禀赋、促进产业升级,从而延缓环境库兹涅茨曲线收敛,阻碍环境污染收敛,甚至加剧环境污染。与此同时,按照前述第(7)条自生能力原理可知,违背比较优势的产业中的企业是没有自生能力的,除了劳动和资本等要素价格会被扭曲,资源环境和能源价格也会被扭曲以保护不具备自生能力的企业。由于重化工业的能耗强度和排污密度较大,如果政府采取违背比较优势的重工业赶超战略,产业的污染强度就会直接被加大。例如,根据黄益平等(2010)的研究,中国的能源和环境存在价格低估,如 2009 年的能源价格低估相当于对生产者补贴额达到全年 GDP 的 0.7%。根据李虹(2011)的研究,2007 年中国化石能源补贴规模为 3 864 亿元,取消这部分补贴会减少 6 214.98 万吨的 CO_2 排放。不仅中国如此,能源价格扭曲在全球也是普遍存在的。据国际能源署的估计,2008 年全球的化石能源补贴高达 5 570 亿美元。据其分析,与补贴率不变的情况相比,如果这些补贴能够逐步被取消,那么全球范围内主要能源需求将会减少 5.8%,与能源相关的 CO_2 排放将会降低 6.9%。此外,全球范围内化石燃料生产商获得的补贴每年约为 1 000 亿美元,而消费者和生产商获得的补贴总额每年约为 7 000 亿美元,几乎相当于世界 GDP 总量的 1%。除了重工业赶超战略下重工业本身的超高排放特征以及环境和能源价格扭曲导致的过度污染,对于这些不具备自生能力的企业,即便政府出台了严格的环境保护法律法规,这些法律法规也不会得到有效执行,从而出现环境软约束问题。以中国为例。事实上,中国从 20 世纪 90 年代初起就在地方层面陆续颁布了大量的环境立法,1996—2004 年的 9 年内,地方环境立法平均数高达 6 件,特别是 2002 年立法通过数高达 11 件。然而,包群等(2013)的研究发现,几乎没有证据支持地方环保立法能够有效地改善当地环境质量,其原因是地方环保执法力度不够,使得环保立法在很多时候成为一纸空文。此外,这些不具备自生能力的企业不但不能够贡献税收,反而需要大量的政府保护补贴,由此导致用于环境治理的公共财政支出短缺,进而使环境污染得不到有效防范和治理。根据傅勇等(2007)

的研究,地方政府缺少合适的激励和约束来增加公共财政支出,导致环境治理的供给不足。席鹏辉等(2017)也发现,地方财政压力的增大显著提高了工业污染水平。目前我国部分省域的环保资金投入占GDP的比重不到0.03%,最高的只有0.83%,甚少的环保资金投入无法遏制环境污染的加剧(许和连等,2012)。这便是违背比较优势的发展战略导致更加严重的环境污染的中间机制。王坤宇(2017)对1980—2007年59个国家的国家发展战略与能源效率差异进行了实证分析,为重工业赶超战略加剧环境污染的中间机制提供了支持:能源效率的跨国差异在文献中得到广泛的关注,但是现有的实证研究并没有提供较有说服力的经验证据指出能源效率差异的决定要素,其研究发现,国家间能源效率的巨大差异主要归因于各个国家在不同发展阶段实施的不同发展战略。如果一国追求重工业优先发展的赶超战略,那么该国的生产要素存量配置结构必将违背由本国的要素禀赋结构决定的比较优势,从而导致国内的赶超企业缺乏自生能力,因此政府必须以扭曲市场最优配置的方式补贴缺乏自生能力的企业。在违背比较优势的发展战略下,扭曲的能源价格体系使得能源价格不能充分反映本国的要素禀赋结构特征,从而导致能源效率低下。因此,违背比较优势的发展战略会导致更严重的环境污染。

2.3.3 发展战略影响环境污染的理论机制

下面我们简要地在前述Brock et al.(2005)对环境污染因素分解(式(2.1))的基础上纳入发展战略变量,刻画其对环境污染的影响机制。

首先,我们按照经济学的惯例,假设一个经济体或地区的总量生产函数为标准的柯布-道格拉斯(C-D)生产函数(为了简炼,我们略去时间标识):

$$Y = A K^{\alpha} L^{1-\alpha} \qquad (2.3)$$

其中,Y、K、L、A分别表示产出、资本、劳动和技术水平,α和$1-\alpha$分别表示资本和劳动的产出份额。同样,我们构建产业层面标准的柯布-道格拉斯生产函数:

$$Y_i = A_i K_i^{\alpha_i} L_i^{1-\alpha_i} \qquad (2.4)$$

其中，Y_i、K_i、L_i、A_i分别表示产业i的产出、资本、劳动和技术水平，α_i和$1-\alpha_i$分别表示产业i的资本和劳动的产出份额。然后，以人均形式表示式(2.3)和式(2.4)：

$$\frac{Y}{L} = A\left(\frac{K}{L}\right)^{\alpha} \tag{2.5}$$

$$\frac{Y_i}{L_i} = A_i\left(\frac{K_i}{L_i}\right)^{\alpha_i} \tag{2.6}$$

其次，我们遵循新结构经济学的研究传统，利用技术选择指数(TCI)[①]来度量发展战略，其基本思想是：一个经济体或地区的要素禀赋结构决定了该经济体或地区的最优产业结构，而违背比较优势的发展战略是对最优产业结构的一种扭曲，因此产业结构的这种扭曲程度就可以作为发展战略的一个合理度量指标(Lin, 2009)。违背比较优势的重工业赶超战略可以用TCI来表示：

$$\text{TCI}_i = \frac{K_i/L_i}{K/L} \tag{2.7}$$

TCI越大，表明重工业赶超战略违背比较优势的程度越大。再将式(2.5)和式(2.6)稍作变形代入式(2.7)可得：

$$\text{TCI}_i = \frac{K_i/L_i}{K/L} = \left(\frac{Y_i}{L_i}\right)^{\frac{1}{\alpha_i}} \left(\frac{Y}{L}\right)^{-\frac{1}{\alpha}} \frac{A^{\frac{1}{\alpha}}}{A_i^{\frac{1}{\alpha_i}}} \tag{2.8}$$

将式(2.8)变形整理可得：

$$Y_i = (\text{TCI}_i)^{\alpha_i} \left(\frac{Y}{L}\right)^{\frac{\alpha_i}{\alpha}} \frac{A_i L_i}{A^{\frac{\alpha_i}{\alpha}}} \tag{2.9}$$

然后，将式(2.9)代入式(2.1)可得：

$$E = \sum_{i=1}^{n} E_i = \sum_{i=1}^{n} \gamma_i Y_i = \sum_{i=1}^{n} (\text{TCI}_i)^{\alpha_i} \left(\frac{Y}{L}\right)^{\frac{\alpha_i}{\alpha}} \frac{\gamma_i A_i L_i}{A^{\frac{\alpha_i}{\alpha}}} \tag{2.10}$$

因此，在其他条件不变的情况下，发展战略违背比较优势的程度越大，

---

① 关于TCI的详细介绍可参见林毅夫等，《新结构经济学文集》，上海世纪出版集团，2012年，附录。

即 TCI 越大,环境污染程度也就越高。

图 2-3 是发展战略(用 TCI 度量)与 CO_2 排放量之间关系的散点图,从中可见,不论是全球的情况(左图)还是全国的情况(右图),二者均表现出显著的正相关,这与上述影响机制是非常吻合的。其背后的理论机制便是,违背比较优势的重工业赶超战略会导致超过发展阶段客观存在的环境问题的污染;反之,如果采取符合比较优势的战略,尽管也会出现与发展阶段对应的环境污染问题——对应于每个阶段的最优产业结构而客观存在的污染,但是不会出现资源环境和能源价格扭曲以及环境软约束,政府也有公共支出用于治理环境,政府如果再发挥积极有为的作用,促进具有后发优势的清洁能源和环境保护技术的采纳,则还会使得污染程度更低。因此,只要我们承认各个发展阶段无法回避的环境问题,采取符合比较优势的发展战略实际上是发展和环境兼得的最佳方式。

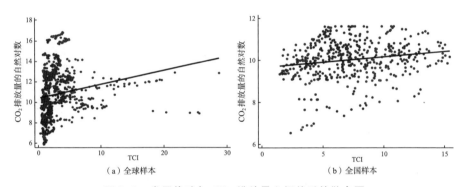

图 2-3 发展战略与 CO_2 排放量之间关系的散点图

上述新结构环境经济学的基本理论假说的机制可以简要概括如下:①环境问题是发展阶段无法回避的客观事实,即存在客观的环境库兹涅茨曲线;②如果采取符合比较优势的发展战略,因势利导型政府再加强环境约束和环境治理,那么每个发展阶段的环境污染程度相对是最低的;③如果采取违背比较优势的重工业赶超战略,会使重工业的污染排放过高,不具备自生能力的企业也会带来资源环境与能源价格的扭曲、环境软约束以及环境治理的缺乏,从而导致超过发展阶段客观存在的环境问题的严重污染(逻辑分析框架如图 2-4 所示)。

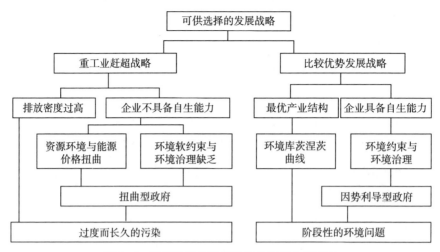

图 2-4 发展战略与环境污染的逻辑分析框架

2.4 基本计量模型设定与核心变量度量说明

2.4.1 基本计量模型设定

首先,我们需要检验上述新结构环境经济学最基本的理论假说:环境问题是发展阶段无法回避的客观事实,即由结构变迁决定的"倒 U 形"环境库兹涅茨曲线假说。参考 Grossman et al.(1991)的环境库兹涅茨曲线,设定基本回归模型为:

$$POL_{it} = \alpha_0 + \alpha_1 PGDP_{it} + \alpha_2 PGDP_{it}^2 + X'_{it}\beta + \delta_t + \gamma_i + \varepsilon_{it} \quad (2.11)$$

其中,POL_{it} 表示第 i 个经济体或地区在 t 时期的环境污染变量;$PGDP_{it}$ 表示第 i 个经济体或地区在 t 时期的人均 GDP;α 是待估计系数;X_{it} 是一系列控制变量;γ_i 表示地区固定效应,用来控制持续存在的个体差异;δ_t 表示时间非观测效应,用来控制随时间变化的因素所产生的影响;ε_{it} 是随机误差项。如果上述假说成立,那么估计系数 α_1 的理论预期为正,估计系数 α_2 的理论预期为负。

其次,我们在此基础上再来检验上述新结构环境经济学最主要的理论假说:违背比较优势的赶超战略会导致超过发展阶段的更严重的环境污染。因此,我们在式(2.11)的基础上,再通过以下两种方式识别发展战略对环境污染的影响：

$$\mathrm{POL}_{it} = \alpha_0 + \alpha_1 \mathrm{PGDP}_{it} + \alpha_2 \mathrm{PGDP}_{it}^2 + \alpha_3 \mathrm{TCI}_{it} + X'_{it}\beta + \delta_t + \gamma_i + \varepsilon_{it} \tag{2.12}$$

$$\mathrm{POL}_{it} = \alpha_0 + \alpha_1 \mathrm{PGDP}_{it} + \alpha_2 \mathrm{PGDP}_{it}^2 + \alpha_3 \mathrm{TCI}_{it} \times \mathrm{PGDP}_{it}^2 + X'_{it}\beta + \delta_t + \gamma_i + \varepsilon_{it} \tag{2.13}$$

其中，TCI_{it} 表示第 i 个经济体或地区在 t 时期的技术选择指数，作为发展战略的度量指标。

式（2.12）将发展战略与发展阶段作为平行的影响因素来识别，发展战略违背比较优势的程度越高，环境污染程度也越高，即估计系数 α_3 的理论预期为正。

式（2.13）将发展战略与发展阶段作为交互的影响因素来识别，发展战略违背比较优势的程度越高，环境污染越难以随发展阶段出现环境库兹涅茨曲线的"倒 U 形"变化，即发展战略将阻碍环境污染收敛，估计系数 α_3 的理论预期为负。

最后，我们需要进一步识别上述新结构环境经济学理论假说的两个重要的中间机制：企业的环境软约束与政府的环境治理：

$$\mathrm{POL}_{it} = \alpha_0 + \alpha_1 \mathrm{PGDP}_{it} + \alpha_2 \mathrm{PGDP}_{it}^2 + \alpha_3 \mathrm{SOE}_{it} + \alpha_4 \mathrm{GOV}_{it} + X'_{it}\beta + \delta_t + \gamma_i + \varepsilon_{it} \tag{2.14}$$

其中，SOE_{it} 表示第 i 个经济体或地区在 t 时期的企业环境软约束变量，企业面临的软约束越严重，环境污染越严重，因此估计系数 α_3 的理论预期为正；GOV_{it} 表示第 i 个经济体或地区在 t 时期的环境治理变量，政府环境治理越积极，环境污染程度越低，因此估计系数 α_4 的理论预期为负。鉴于发展战略对环境污染影响的中间机制在一个经济体内部更容易被准确识别，以及鉴于数据的可得性，我们也主要在全国跨区域样本中展开分析。

2.4.2 计量模型的动态性与内生性

考虑到环境因素变化在很大程度上具有惯性，前期结果往往对后期有影响（杜立民，2010），同时为缓解反向因果的可能性，我们在上述三个基本

模型中引入滞后项控制滞后因素,动态面板数据模型设定为:

$$\mathrm{POL}_{it} = \alpha_0 + \tau \mathrm{POL}_{i,t-j} + \alpha_1 \mathrm{PGDP}_{it} + \alpha_2 \mathrm{PGDP}_{it}^2 + \alpha_3 \mathrm{TCI}_{it} + X'_{it}\beta + \delta_t + \gamma_i + \varepsilon_{it} \tag{2.15}$$

$$\mathrm{POL}_{it} = \alpha_0 + \tau \mathrm{POL}_{i,t-j} + \alpha_1 \mathrm{PGDP}_{it} + \alpha_2 \mathrm{PGDP}_{it}^2 + \alpha_3 \mathrm{TCI}_{it} \times \mathrm{PGDP}_{it}^2 + X'_{it}\beta + \delta_t + \gamma_i + \varepsilon_{it} \tag{2.16}$$

其中,$\mathrm{POL}_{i,t-j}$表示被解释变量的j阶滞后项,具体的滞后阶数依据实证部分而定,其他变量的含义与静态模型一致。

另外,在没有考虑内生性的情况下,上述方程的估计结果可能是有偏的。出于以下原因,模型可能存在内生性问题:(1) TCI 作为发展战略的一个度量指标,其本身是发展战略的结果,在很大程度上具有内生性;(2) 由于影响环境污染的因素众多,可能存在同时影响发展战略和环境污染且难以观测的因素,产生遗漏变量问题。本章尝试选取一些发展战略的工具变量(IV)来缓解模型的内生性问题,例如,在全球样本中选取一个经济体的土地面积以及在全国样本中选取本地老工业基地的数目作为发展战略的工具变量。

2.4.3 核心变量度量说明

(1) 环境污染排放。除 CO_2 外,目前在我国的统计体系中存在污染物排放和污染物浓度两套数据,两套数据的统计方法是完全不同的:污染物排放数据是由工业企业自报统计而形成的,而 PM2.5 等大气或水污染物浓度数据是由各地方环保监测站直接测量形成的(王敏等,2015)。两套数据均被不同的研究者使用,各有利弊。由于监测数据是生产、生活和交通运输性活动共同作用的结果,而从新结构经济学角度进行的研究主要涉及与产业结构相关的环境污染,因此选取污染物排放数据更加符合本章的研究需要。

另外,污染物排放数据包含多个指标,如 CO_2、氮氧化物、工业烟尘和工业废气等气体污染物,工业化学需氧量和工业废水等液体污染物以及工业固体废弃物等(统称为工业"三废")。众多学者采用其中的一个或几个具体污染排放物来表示整体的环境污染水平(包群等,2013;张少华等,2009;朱平辉等,2010),也有学者通过熵权法(许和连等,2012)或其他方法(朱平芳等,2011;沈坤荣等,2017)构造环境污染综合性指标来反映环境污染的整体情况。本章基于全球、省级和地级市层面进行实证检验,每个层面所拥有的污染物指标不同,构建综合性指标会缺乏可比性,并且不同的环境污染指标在已有实证研究中的结论都存在一定的稳健性问题。鉴于此,本章选取多个污染物的单一指标进行后续的实证检验。

(2)发展战略。要检验新结构环境经济学的主要理论假说,最关键的是要构建发展战略的度量指标。林毅夫(2002)构造了被广为采用的 TCI 来度量发展战略的特征。由于难以全面获取全球各个经济体以及全国各个地区的行业层面的资本存量数据,以往的新结构经济学实证研究一般选取如下代理变量度量 TCI(Lin,2009;陈斌开等,2013):

$$\text{TCI}_{it} = \frac{\text{AVM}_{it}}{\text{LM}_{it}} \bigg/ \frac{\text{GDP}_{it}}{L_{it}} \tag{2.17}$$

其中,AVM_{it} 是第 i 个经济体或地区在第 t 年的工业增加值;GDP_{it} 是第 i 个经济体或地区在第 t 年的 GDP;LM_{it} 是第 i 个经济体或地区在第 t 年的工业就业人数;L_{it} 是第 i 个经济体或地区在第 t 年的总就业人数。TCI 值越大,表示第 i 个经济体或地区违背比较优势的重工业赶超程度越高。

2.5 基于全球数据的实证分析

2.5.1 主要控制变量与数据来源说明

自 Grossman et al.(1995)的开创性研究以来,已有大量关于全球层面的环境库兹涅茨曲线的实证研究,但是各种结论都或多或少地存在一定的稳健性问题。因此,在环境库兹涅茨曲线假说的分析框架下,以往的研究引入了更多的变量(主要包括城市化程度、贸易开放度、金融发展、能源消费等)来控制其他因素的影响,以期达到更加稳健的结果。在全球样本的实证分析中,我们也主要考虑这些控制变量。

(1)城市化程度(URBAN)。大部分文献的研究结果表明,城市化程度对 CO_2 排放起到显著的增加效果(Sharma,2011;Farhani et al.,2015)。例如,

Cole et al.(2004)利用跨国数据得出城市化程度的提高将增加碳排放。Martínez-Zarzoso et al.(2011)认为发展中国家城市人口的增加导致更高的工业输出及碳排放。Barido et al.(2014)利用80个国家1983—2005年的跨国数据得出城市化与碳排放的弹性系数为0.95,即城市化率每增加1%,导致碳排放增加0.95%。Dogan and Turkekul(2016)利用美国数据得出城市化加重了环境恶化。因此,我们采用城镇人口占总人口的比重作为城市化程度的度量指标,理论预期其估计系数为正。

(2)贸易开放度(TRADE)。关于贸易开放度对环境污染影响(分为正负两类)的研究已较为成熟。其中,贸易开放度对环境污染产生负向影响的机制有污染替代论(Displacement Hypothesis)(Rock,1996)、污染天堂假说(Pollution Haven Hypothesis)(Cole,2004)和底线赛跑(Race to Bottom)(Mani et al.,1998)等;对环境污染产生正向影响的机制有外国直接投资(Foreign Direct Investment)(Dasgupta et al.,2001)、技术扩散(Diffusion of Technology)(Reppelin-Hill,1999)和国际协助(International Assistance)(Dasgupta et al.,2002)等。贸易开放度对环境的净效应取决于哪类机制占主导地位(Dogan and Seker,2016)。基于已有研究,我们选用贸易额占GDP的比重作为贸易开放度的度量指标。

(3)金融发展(FIN)。金融发展作为获得现代环境友好型技术的一条重要渠道(Birdsall et al.,1993;Frankel et al.,2002),可以起到减轻环境污染的作用。一个发达健全的金融部门可以通过降低借贷成本、促进投资来推动能源部门的技术创新,从而提高能源利用效率,降低污染排放(Shahbaz et al.,2010;Tamazian et al.,2009);另外,低的借贷成本有利于政府部门从事环境友好型工程,加大环境治理力度(Dasgupta et al.,2006)。借鉴已有研究,我们以私营部门的国内信贷占GDP的比重作为金融发展的度量指标。

(4)能源消费(EP)。大量文献考察了能源消费与环境污染之间的关系(Wolde-Rufael,2005;Ozturk et al.,2010;Smyth et al.,2015;Shahbaz et al.,2015)。Hossain(2011)利用时间序列数据进行实证研究,得出能源消费无论是在长期还是在短期都显著影响CO_2排放。Sharma(2011)基于67个跨国样本,利用动态面板模型,实证得出能源消费对 CO_2 排放具有显著正向影响。Dogan and Turkekul(2016)利用美国 1960—2010 年的数据进行实证研究,得出能源消费加重了环境恶化程度。参考大多数文献,我们采用人均千克石油当量作为能源消费的度量指标。

(5) 能源结构(ESTRU)。如果仅考虑能源消费量对环境污染的影响,则无法识别出能源消费的结构效应。Bölük et al.(2014)将最终能源消费分为可再生能源消费和化石能源消费,实证得出在欧盟国家,每单位可再生能源消费所产生的温室气体排放是每单位化石能源的 1/2,这意味着能源消费向可再生能源转变可能实现温室气体的减排。Dogan and Seker(2016)利用欧美 1980—2012 年的面板数据实证得出:可再生能源消费每增加 1%,会使碳排放减少 0.03%;不可再生能源消费每增加 1%,会导致环境恶化 0.44%。考虑到能源的异质性,不同类型能源的使用结构对环境污染的影响不同,我们采用可再生能源消费量占能源消费总量的比重作为能源结构的度量指标,以识别能源消费对环境污染的结构效应。

(6) 人口规模(POP)。Ehrlich et al.(1971)提出的 IPAT 模型以及由此演化出的 STIRPAT 模型,将人口规模、技术水平及产业结构纳入环境污染的分析框架,以此分别反映规模效应、技术效应和结构效应对环境污染的影响。Shi(2003)利用 93 个国家 1975—1996 年的数据,实证得出人口对碳排放的影响在低收入国家比在高收入国家更显著。Martínez-Zarzoso et al.(2011)基于 STIRPAT 模型,利用 88 个国家 1975—2005 年的跨国样本,实证分析人口规模、人均 GDP、产业结构和能源效率对 CO_2 排放的影响。借鉴这些文献的做法,我们采用人口总数作为反映规模效应的度量指标。

(7) 技术进步(EG)。基于 IPAT 模型,大多数学者采用能耗强度(即 GDP 单位能源消耗)度量技术进步。Bruvoll et al.(2003)利用 10 种污染物数据进行实证分析,得出技术进步是 1970 年后能耗强度降低的主要影响因素,技术效应对环境污染的减排作用抵消了规模效应对环境污染的增加作用。Stern(2002)利用 64 个国家 1973—1990 年的样本数据,实证得出技术变革大大减缓了 SO_2 排放量的增加。

本章使用的样本为 198 个经济体 1960—2018 年的非平衡面板数据,数据全部来自世界银行的 WDI 数据库。各变量的描述性统计如表 2-1 所示。

表 2-1 各变量的描述性统计

变量	含义	样本数	均值	标准差	最小值	最大值
COP	人均 CO_2 排放量	10 370	4.045	6.199	0.001	99.840
NOP	人均氮氧化物	9 597	38 737.170	223 555.900	0.000	3 260 053.000
TCI	技术选择指数	4 175	2.717	4.143	0.144	50.289
PGDP	人均 GDP	4 834	13 829.820	16 717.400	142.019	115 747.600
PGDP2	人均 GDP 平方项	4 834	4.710E+08	1.250E+09	20 169.340	1.340E+10
URBAN	城市化程度	12 322	49.150	25.316	2.077	100.000
EP	能源消费	6 836	2 210.121	2 761.861	9.715	40 710.110
TRADE	贸易开放度	8 831	76.961	51.192	0.000	531.737
EG	技术进步	4 300	8.404	7.123	0.835	219.686
ESTRU	能源结构	7 346	28.989	13.209	2.531	98.220
FIN	金融发展	8 362	37.151	34.782	0.000	312.154
POP	人口规模	11 896	310.413	1 563.240	0.099	21 595.350

2.5.2 基准回归结果分析

表 2-2 报告了以人均 CO_2 排放量作为环境污染指标的回归结果。模型 1 在控制其他变量的基础上,检验发展阶段假说,即环境问题是发展阶段无法回避的客观事实。从回归结果来看,人均 GDP 的一次项系数为正,二次项系数为负,均通过了 1% 的显著性水平检验,符合理论预期,支持基本的"倒 U 形"环境库兹涅茨曲线假说。同时,我们在模型 2 至模型 10 中引入发展战略变量的不同模型设定,尽管人均 GDP 的一次项和二次项的估计系数大小存在一定差异,但其显著性水平和系数符号均没有发生本质改变,说明以人均 CO_2 排放量作为环境污染指标时,即便在不同的情景设定下,基本的"倒 U 形"环境库兹涅茨曲线假说也依然是稳健成立的。基于模型 1 的估计系数

估算环境库兹涅茨曲线的拐点可得,平均而言,当人均 GDP 约为 11 178 美元(以 2010 年不变价格计算)时,将达到碳排放环境库兹涅茨曲线的理论拐点。该估计结果与 Galeotti et al.(2009)得出的拐点所对应的人均收入 13 260 美元相近。

表 2-2 跨国人均 CO_2 排放量(COP)的回归结果

变量	模型1 发展阶段	模型2 发展战略	模型3 发展战略滞后一期	模型4 发展战略滞后二期	模型5 发展战略(交互)	模型6 动态性(发展战略当期)	模型7 动态性(发展战略滞后一期)	模型8 动态性(发展战略交互项)	模型9 工具变量 2SLS	模型10 工具变量 GMM
TCI		0.001				0.003			0.117***	0.120***
		(0.445)				(0.814)			(6.567)	(6.627)
L.TCI			0.007**				0.008***			
			(2.259)				(2.699)			
L2.TCI				0.007**						
				(2.046)						
TCI_PGDP2					−0.014**			−0.011**		
					(−2.165)			(−2.280)		
L.COP						0.052**	0.053**	0.568***		
						(11.160)	(11.686)	(27.878)		
PGDP	0.047***	0.041***	0.043***	0.043***	0.150***	0.035***	0.037***	0.090***	0.095***	0.089***
	(2.605)	(9.042)	(9.707)	(9.757)	(6.104)	(8.243)	(8.741)	(4.742)	(12.971)	(12.086)
PGDP2	−0.211***	−0.063***	−0.065***	−0.066***	−0.311***	−0.049***	−0.050***	−0.158***	−0.144***	−0.136***
	(−9.385)	(−12.117)	(−12.681)	(−12.894)	(−10.590)	(−9.624)	(−9.967)	(−6.832)	(−13.714)	(−13.410)
URBAN	0.033***	0.018***	0.018***	0.020***	0.039***	0.016***	0.016***	0.015**	0.011***	0.011***
	(5.273)	(10.630)	(11.126)	(12.570)	(4.209)	(9.800)	(10.164)	(2.153)	(9.675)	(9.742)
EP	1.987***	0.083***	0.067***	0.059***	1.670***	0.008	−0.006	0.842***	0.107***	0.133***
	(36.936)	(5.539)	(4.853)	(4.591)	(20.342)	(0.496)	(−0.411)	(12.095)	(3.650)	(4.500)
TRADE	−0.003**	0.001*	0.001	0.001	−0.002	0.001	0.001	−0.001	0.001***	0.001**
	(−2.273)	(1.671)	(1.580)	(0.323)	(−0.215)	(1.546)	(1.634)	(−0.793)	(2.867)	(2.171)
EG	−0.051**	0.049***	−0.052***	−0.048***	−0.183***	−0.042***	−0.043***	−0.098***	−0.051***	−0.049***
	(−2.512)	(−8.641)	(−9.486)	(−8.940)	(−5.896)	(−7.642)	(−8.338)	(−4.071)	(−6.553)	(−6.194)

（续表）

变量	模型1 发展阶段	模型2 发展战略（平行）	模型3 发展战略滞后一期	模型4 发展战略滞后二期	模型5 发展战略（交互）	模型6 动态性（发展战略当期）	模型7 动态性（发展战略滞后一期）	模型8 动态性（发展战略交互项）	模型9 工具变量2SLS	模型10 工具变量GMM
ESTRU	-0.034***	-0.011***	-0.011***	-0.012***	-0.043***	-0.010***	-0.010***	-0.033***	-0.012***	-0.012***
	(-5.411)	(-6.675)	(-7.190)	(-7.399)	(-4.865)	(-6.437)	(-6.898)	(-4.916)	(-8.846)	(-9.472)
FIN	0.003***	0.001***	0.001*	0.001***	0.004***	0.001	0.001	0.001	0.002***	0.002***
	(2.779)	(2.697)	(2.478)	(2.791)	(3.585)	(1.130)	(0.972)	(0.465)	(6.096)	(5.776)
POP	0.001	0.004***	0.004***	0.004***	0.003	0.004***	0.004***	0.001	0.001**	0.001*
	(1.008)	(11.348)	(11.709)	(11.749)	(1.433)	(11.283)	(11.682)	(0.233)	(2.018)	(1.657)
常数项	-0.990***	-0.946***	-0.919***	-1.014***	-1.509***	-0.859***	-0.831***	-0.533	-0.859***	-0.773***
	(-2.984)	(-9.265)	(-9.279)	(-10.341)	(-2.710)	(-8.836)	(-8.854)	(-1.244)	(-4.867)	(-4.315)
N	2 195	1 216	1 250	1 265	1 216	1 216	1 250	1 216	1 129	1 129
R^2	0.610	0.537	0.541	0.542	0.603	0.584	0.590	0.767	0.851	0.850
F	321.654	117.183	122.519	124.754	153.273	129.753	136.985	303.518		

注：***、**和*分别表示在1%、5%和10%的统计水平上通过显著性检验，括号内为t值。

模型2至模型4在模型1的基础上，平行引入发展战略变量TCI。在模型2中，TCI的估计系数为正，但未通过显著性检验；模型3和模型4分别引入TCI的滞后一期（L.TCI）和滞后二期（L2.TCI），估计结果均显著为正，说明发展战略对环境污染的影响存在滞后效应，对环境污染有持续性的影响。模型5进一步引入TCI和人均GDP二次项的交互项（TCI_PGDP2），其估计系数显著为负，符合理论预期。模型2至模型5的回归结果能够有效支持本章主要的理论假说，即发展战略是环境污染的重要影响因素，若采用违背比较优势的赶超战略会导致超过发展阶段的更严重的环境污染。此外，考虑到环境污染本身存在滞后效应，模型6至模型8引入被解释变量的滞后一期（L.COP）进行估计，结果显示人均CO_2排放量的滞后一期均在1%的统计水平上显著为正，说明环境污染是一个连续、累积的动态调整过程（李锴等，2011）。

在控制变量中,城市化程度(URBAN)对环境污染的影响显著为正,说明随着城市人口的增加,对工业产品、交通运输等方面的需求增加,导致环境污染加重;能源消费(EP)的系数显著为正,说明人均能源消费量的增加直接导致 CO_2 排放量的增加。与此相反的是,能源结构(ESTRU)的系数显著为负,说明可替代能源在能源消费中的比重增加,能够有效地降低 CO_2 排放量;同时,贸易开放度(TRADE)的估计结果不显著,表明国际贸易对环境污染所产生的正向效应与负向效应大抵相等。另外,金融发展(FIN)和人口规模(POP)对环境污染的影响为正,说明金融发展对环境污染没有显现出 Shahbaz et al.(2010)和 Dasgupta et al.(2006)所述的正向机制,而是表明:金融发展程度越高,全球总体的环境污染程度越高;而人口规模作为规模效应的代表,人口规模越大,环境污染程度越高。技术进步(EG)对环境污染的影响显著为负,说明全球清洁能源技术对环境污染具有显著的改善作用。

表2-3报告了以人均氮氧化物(NO)排放量作为环境污染指标的回归结果。在相同的模型设定下,该结果与人均 CO_2 排放量的估计结果基本相似。其中人均 GDP 及其二次项的系数符号与理论预期基本一致,但是两者系数的显著性水平与人均 CO_2 排放量相比较弱;TCI 对氮氧化物排放量自当期起就具有显著影响,说明违背比较优势的发展战略所造成的污染扭曲对氮氧化物的影响更大、更及时;同时,发展战略的交互项也显著为负,且系数大于人均 CO_2 排放量的估计结果,说明在发展战略的影响下,不同污染物的收敛程度不同。发展战略对不同污染物的影响程度不同,说明不同产业的污染属性是不同的,这也符合经验直觉。其他控制变量的估计结果均在理论预期范围内。

表2-3 跨国人均氮氧化物(NO)排放量的回归结果

变量	模型1 发展阶段	模型2 发展战略(平行)	模型3 发展战略滞后一期	模型4 发展战略滞后二期	模型5 发展战略(交互)	模型6 动态性(发展战略当期)	模型7 动态性(发展战略交互项)	模型8 工具变量 2SLS	模型9 工具变量 GMM
TCI		0.041**				0.103		0.070*	0.184***
		(2.051)				(1.393)		(1.648)	(3.330)

（续表）

变量	模型1 发展阶段	模型2 发展战略 （平行）	模型3 发展战略滞后一期	模型4 发展战略滞后二期	模型5 发展战略 （交互）	模型6 动态性 （发展战略当期）	模型7 动态性 （发展战略交互项）	模型8 工具变量 2SLS	模型9 工具变量 GMM
L.TCI			0.043** (2.206)						
L2.TCI				0.045** (2.267)					
TCI_PGDP2					−0.398*** (−3.242)		−0.180* (−1.482)		
L.NO						0.993*** (347.724)	0.994*** (355.365)		
PGDP	0.144*** (2.758)	0.011 (0.607)	0.026 (1.517)	0.041** (2.490)	0.028** (2.133)	0.015 (0.848)	0.007 (0.404)	0.066*** (6.660)	0.103*** (5.387)
PGDP2	−0.308*** (−4.643)	0.064** (2.573)	0.047* (1.934)	0.031 (1.309)	−0.070 (−0.952)	−0.005 (−0.183)	−0.012 (−0.418)	−0.141 (−1.469)	−0.047 (−1.589)
URBAN	−0.074*** (−4.696)	0.014*** (4.714)	0.013*** (4.651)	0.012*** (4.407)	0.013*** (4.164)	0.003 (1.015)	0.003 (0.934)	0.016*** (4.291)	0.014*** (4.168)
EP	−0.085 (−0.538)	−0.328*** (−5.627)	−0.376*** (−6.830)	−0.436*** (−8.443)	−0.350*** (−5.971)	−0.125** (−2.172)	−0.128** (−2.220)	−0.377*** (−5.603)	−0.480*** (−7.893)
TRADE	−0.007** (−2.099)	−0.022 (−22.307)	−0.021 (−22.865)	−0.021 (−23.369)	−0.022*** (−22.806)	−0.001 (−1.275)	−0.002 (−1.478)	−0.022*** (−19.056)	−0.022*** (−18.344)
EG	−0.107* (−1.847)	−0.167*** (−8.511)	−0.175*** (−9.230)	−0.185*** (−10.133)	−0.167*** (−8.015)	−0.026 (−1.338)	−0.025 (−1.281)	−0.176*** (−8.571)	−0.205*** (−10.647)
ESTRU	−0.032* (−1.885)	−0.010*** (−2.769)	−0.009*** (−2.594)	−0.009** (−2.424)	−0.007** (−1.998)	0.001 (0.402)	0.002 (0.544)	−0.007* (−1.933)	−0.006 (−1.551)
FIN	−0.007** (−2.477)	0.005*** (4.595)	0.005*** (4.312)	0.004*** (4.028)	0.005*** (4.672)	−0.001 (−0.627)	−0.001 (−0.475)	0.004** (2.470)	0.000 (0.230)
POP	−0.003 (−1.518)	0.001*** (3.248)	0.001*** (3.826)	0.001*** (4.065)	0.001*** (3.137)	0.000 (1.033)	0.000 (1.080)	0.001*** (3.070)	0.002*** (5.549)

(续表)

变量	模型1 发展阶段	模型2 发展战略（平行）	模型3 发展战略滞后一期	模型4 发展战略滞后二期	模型5 发展战略（交互）	模型6 动态性（发展战略当期）	模型7 动态性（发展战略交互项）	模型8 工具变量2SLS	模型9 工具变量GMM
常数项	12.590***	10.213***	10.198***	10.239***	11.519***	0.419	0.551	12.116***	9.551***
	(12.690)	(38.762)	(39.519)	(40.774)	(11.503)	(1.117)	(1.452)	(8.309)	(23.471)
N	2 189	1 216	1 250	1 265	1 216	1 216	1 216	1 074	1 074
R^2	0.410	0.400	0.405	0.418	0.403	0.991	0.994	0.426	0.396
F	71.239	73.093	76.737	81.644	73.836	180.236	180.784		

注：***、**和*分别表示在1%、5%和10%的统计水平上通过显著性检验，括号内为 t 值。

2.5.3 内生性与全球层面发展战略的工具变量

TCI作为发展战略的度量指标，其本身也是政府发展战略的结果，可能是具有内生性的变量。因此，在全球层面上，需要寻找一个比较合适的发展战略的工具变量。众所周知，采取比较优势发展战略的典型代表就是"亚洲四小龙"，我们可以从影响"亚洲四小龙"发展战略选择的相对外生的因素着手，选择发展战略的工具变量。

与其他发展中经济体类似，韩国、新加坡、中国台湾地区和中国香港地区在第二次世界大战后十分贫穷。20世纪50年代初，它们的工业化水平很低，资本和外汇极端匮乏，人均收入低下。与其他发展中经济体类似，它们也面临选择合适路径以发展经济的问题。韩国、新加坡和中国台湾地区一开始选择的是违背比较优势的进口替代型发展战略，但是不久后就放弃了在初始阶段发展重工业的尝试，取而代之的是根据自身的要素禀赋，积极地发展劳动密集型产业，鼓励出口，发展外向型经济，以充分利用它们的比较优势。然而，20世纪50年代的大多数发展中经济体选择了违背比较优势的重工业赶超战略，并且在相当长的时间里维持了这一战略。为什么中国香港地区从来没有尝试去实施违背比较优势的发展战略，且韩国、新加坡和中国台湾地区也很快就从违背比较优势的发展战略转向遵循比较优势的发展战略呢？这些经济体仅仅是因为运气好，还是因为它们的领导人明智地选择了遵循比较优势的发展战略？Ranis et al.(1992)认为这些经济体的成功应该归因于它们的自然资源贫乏。此外，林毅夫(2012)认为人口规模小也是原因所在。违背比较优势的发展战略十分无效率且成本很高。欠发达经济体实行的这种战略能够维持多久，取决于政府或当局能够动用多少资源来支持它。人均自然资源越多，或者人口规模越大，政府或当局为了支持这一低效率战略所能够动用的资源也就越多。对于自然资源贫乏、人口规模小的经济体来说，选择违背比较优势的发展战略很快就会引发经济危机。那时，政府或当局将没有其他选择，只能被迫实施改革和战略转变(Edwards, 1996)。事实上，受到20世纪50年代流行的经济思想的影响，韩国和中国台湾地区的许多领导人和知识精英从未放弃加速发展资本密集型重工业的渴望。然而，它们的人均自然资源极端贫乏，人口规模也太小。例如，中国台湾地区一开始实施违背比较优势的发展战略，很快导致了巨大的财政赤字和很高的通货膨胀，不久当局就被迫放弃了这一战略(Tsiang, 1984)。在70年代韩国选择重机、重化工业推进战略时，类似的结果也出现了，该战略被迫推迟。同样，新加坡和中国香港地区的人口规模都太小，自然资源极度贫乏，违背比较优势的战略难以实施。与此相反，苏联、印度以及中国内地等经济体由于地广人多、自然资源丰富，足以长期支撑赶超战略。

因此，本章选取各经济体土地面积这一相对外生但对发展战略有重要影响的变量作为工具变量，以尽量缓解内生性问题对回归结果的影响。Hausman检验和Sargan检验结果分别表明，TCI的内生性问题显著存在，且回归模型不存在过度识别问题，即工具变量是有效的。从模型9至模型10的结果来看，考虑TCI的内生性问题之后并不改变前述基本结论。模型9采用两阶段最小二乘法(2SLS)的估计结果表明，发展战略对环境污染依然存在显著正向影响，即一个经济体的发展战略越是违背该经济体的比较优势，越可能导致环境污染程度偏离其发展阶段对应的水平，产生扭曲的过高污染。进一步检验模型设定对估计结果的影响，模型10采用高斯混合模型(GMM)进行估计，估计系数与模型9基本一致，说明估计结果是稳健的。

2.6 基于全国省级数据的实证分析

2.6.1 变量说明与数据来源

(1) 环境污染指标。除了工业 SO_2、工业烟尘、工业废气、工业固体废弃物、工业化学需氧量、工业废水排放量等有直接的数据,国内省级层面的 CO_2 排放量尚没有官方统计数据,已有文献是对各省份 CO_2 排放量进行估算。具有代表性的是杜立民(2010)对 CO_2 排放量的估算方法:将化石能源消费细分为煤炭、焦炭、石油(又细分为汽油、煤油、柴油、燃料油四类)和天然气,同时考虑水泥生产过程中产生的 CO_2 排放量。本文借鉴其方法进行各省份 CO_2 排放量的估算,最终 CO_2 排放量的计算结果与申萌等(2012)、张华等(2014)基本一致。

(2) 人均 GDP(PGDP)。同前文一样,我们根据环境库兹涅茨曲线假说,引入人均 GDP 及其二次项检验国内的环境质量与收入水平的"倒 U 形"关系。预期人均 GDP 系数的符号显著为正,而二次项系数的符号显著为负。

(3) 环境软约束。由于没有更好的刻画环境软约束的指标数据,本文以国有企业比重(SOE)作为代理变量。理由是,国有企业通常是区域经济发展的支柱,且国有企业所在产业大多为工业部门,工业部门的排污密度高,因此,对国有企业的环境约束情况能够在较大程度上反映地区的环境软约束水平。但是,国有企业对环境污染的影响比较复杂,可能存在正反两方面效应。一方面,国有企业作为中国发展战略最为重要的载体,长期承担着政策性负担和社会性负担(林毅夫等,2001),在很大程度上可能是缺乏自生能力的。当面临日益趋紧的环境约束时,国有企业可以将其承担的政策性负担和社会性负担作为与政府环保部门谈判的砝码,加上其在企业信息上的优势,具有很强的讨价还价能力;或者国有企业可以依靠其与政府部门之间的密切关系,通过寻租活动等机制来规避环境规制;此外,一些国有企业的高层管理人员的行政级别甚至比当地环境规制机构的管理人员还要高,从而使得环境约束软化,国有企业最终沦为排污的主体(杨帆等,2016)。另一方面,随着党的十八大报告把生态文明建设放在突出地位,环境保护逐渐纳入地区政府的发展目标。地方政府为了实现生态保护,最直接的方式就是让国有企业承担起节能减排的任务,使国有企业在很大程度上又承担着环境保护的责任。因此,国有企业在污染排放和清洁技术的使用上可能更加严格,从而减少对环境的污染。这也意味着国有企业承受了过多的环境负担。基于此,我们选取国有企业比重作为度量指标,测度方法是国有及国有控股企业工业总产值除以地区工业总产值。

(4) 环境治理(GOV)。已有文献发现污染治理投资对环境污染治理存在规模递增效应(Andreoni et al.,2001;郑义等,2014)。借鉴这些文献的做法,我们以工业污染治理投资额及其二次项作为环境治理的度量指标,其一次项系数预期为正,二次项系数预期为负。

(5) 其他控制变量。根据前文全球层面分析中引入的控制变量,并结合国内分析环境污染的文献,我们引入以下控制变量:能耗强度(EINT)(林伯强等,2014)、能源结构(ESTRU)(林伯强等,2009;李锴等,2011)、城市化程度(URBAN)(李锴等,2011)、贸易开放度(TRADE)(许和连等,2012;彭水军等,2013)、人口规模(POP)(朱勤等,2010;曲如晓等,2012)。

全国省级层面的样本包括 30 个省级行政区[①]1997—2016 年的面板数据。各变量原始数据来源于 CCER 经济金融数据库,历年的《中国统计年鉴》《中国环境统计年鉴》《中国能源统计年鉴》以及各省统计年鉴。具体变量的描述性统计见表 2-4。

表 2-4 省级各变量的描述性统计

变量	含义	样本数	均值	标准差	最小值	最大值
COP	人均 CO_2 排放量	600	8.34	6.22	0.92	45.19
SO2	工业 SO_2 排放量	600	601 529.10	388 425.40	16 891	1 760 057
SMOG	工业烟尘排放量	600	288 302.70	222 762.70	6 520	1 432 735

① 限于数据的可获得性,样本未包括西藏自治区以及港澳台地区。

(续表)

变量	含义	样本数	均值	标准差	最小值	最大值
GAS	工业废气排放量	600	10 269.08	10 366.54	313	77 185
SOLID	工业固体废弃物排放量	600	5 119.43	5 501.34	69	45 576
COD	工业化学需氧量排放量	600	207 127.40	216 088.60	1 097	1 570 790
WATER	工业废水排放量	600	84 828.44	104 107.60	2 067	938 114
PGDP	人均GDP	600	19 002.47	16 480.10	2 199.06	91 242.12
TCI	技术选择指数	600	7.19	3.32	1.49	15.44
SOE	国有企业比重	600	0.48	0.21	0.09	0.90
GOV	环境治理	600	112 794.20	122 397.90	804	894 746
EINT	能耗强度	600	2.42	4.25	0.40	40.41
ESTRU	能源结构	600	0.56	0.14	0.13	0.84
TRADE	贸易开放度	600	0.34	0.70	0.03	12.81
URBAN	城市化程度	600	0.46	0.16	0.22	0.89
POP	人口规模	600	3.80	4.38	0.07	28.89
COUNTS	老工业基地数目	600	4.00	3.24	0	13

2.6.2 基准回归、中间机制和稳健性检验的估计结果

表 2-5 至表 2-11 分别报告了以 CO_2、工业 SO_2、工业烟尘、工业废气、工业固体废弃物、工业化学需氧量、工业废水的人均排放量 7 类指标作为环境污染指标的回归结果。我们主要对人均 CO_2 排放量的实证结果进行分析。

表 2-5 省级人均 CO_2 排放量（COP）的回归结果

变量	模型1 发展阶段	模型2 发展战略（平行）	模型3 发展战略滞后一期	模型4 发展战略（交互）	模型5 中间机制	模型6 动态性（发展战略当期）	模型7 动态性（发展战略交互项）	模型8 以老工业基地数目为工具变量
PGDP	0.453***	0.444***	0.437***	0.279***	0.365***	0.043**	−0.012	0.439***
	(10.784)	(10.630)	(9.847)	(5.078)	(8.496)	(2.284)	(−0.530)	(9.963)

(续表)

变量	模型1 发展阶段	模型2 发展战略（平行）	模型3 发展战略滞后一期	模型4 发展战略（交互）	模型5 中间机制	模型6 动态性（发展战略当期）	模型7 动态性（发展战略交互项）	模型8 以老工业基地数目为工具变量
PGDP2	-0.280***	-0.255***	-0.249***	-0.085**	-0.189***	-0.057***	-0.012	-0.252***
	(-6.111)	(-5.511)	(-4.851)	(-2.325)	(-4.064)	(-2.855)	(-0.510)	(-4.950)
TCI		0.196***				0.062**		0.194**
		(2.856)				(2.161)		(2.241)
L.TCI			0.168**					
			(2.232)					
TCI_PGDP2				-1.238***			-0.450***	
				(-4.774)			(-3.972)	
SOE					1.148			
					(1.078)			
GOV					0.067***			
					(6.203)			
GOV2					-0.022***			
					(-3.772)			
L.COP						0.982***	0.973***	
						(48.558)	(48.434)	
EINT	-0.315**	-0.253	-0.349*	-0.095	-0.223	-0.037	0.018	-0.351*
	(-1.971)	(-1.583)	(-1.933)	(-0.584)	(-1.461)	(-0.534)	(0.249)	(-1.954)
ESTRU	0.153***	0.173***	0.164***	0.185***	0.142***	0.037***	0.042***	0.163***
	(4.788)	(5.330)	(4.788)	(5.806)	(4.707)	(2.809)	(3.176)	(4.781)
URBAN	0.705	0.358	0.337	-0.376	0.291	0.287	-0.011	0.370
	(1.506)	(0.746)	(0.643)	(-0.738)	(0.645)	(1.454)	(-0.052)	(0.715)
TRADE	-0.341***	-0.322***	-0.326***	-0.271***	-0.278***	-0.027	-0.013	-0.317***
	(-4.292)	(-4.073)	(-3.878)	(-3.427)	(-3.667)	(-0.819)	(-0.392)	(-3.777)

（续表）

变量	模型1 发展阶段	模型2 发展战略 （平行）	模型3 发展战略 滞后一期	模型4 发展战略 （交互）	模型5 中间机制	模型6 动态性 （发展战 略当期）	模型7 动态性 （发展战略 交互项）	模型8 以老工业 基地数目 为工具 变量
POP	0.912***	0.972***	0.958***	1.048***	0.997***	0.157	0.102	−0.950***
	(4.479)	(4.788)	(3.786)	(5.222)	(5.168)	(1.585)	(1.024)	(−3.776)
常数项	−5.328*	−6.236**	−5.079	−25.902***	−2.835	−4.020***	−11.020***	−5.450*
	(−1.716)	(−2.014)	(−1.548)	(−4.916)	(−0.927)	(−3.184)	(−5.003)	(−1.662)
N	600	600	600	600	600	600	600	600
R^2	0.715	0.720	0.719	0.729	0.747	0.959	0.960	
F	138.666	126.160	116.967	131.868	117.817	953.318	979.937	

注：***、**和*分别表示在1%、5%和10%水平上通过显著性检验，括号内为t值。

表2-6 省级人均工业SO_2排放量（SO2）的回归结果

变量	模型1 发展阶段	模型2 发展战略 （平行）	模型3 发展战略 滞后一期	模型4 发展战略 （交互）	模型5 中间机制	模型6 动态性 （发展战 略当期）	模型7 动态性 （发展战略 交互项）	模型8 以老工业 基地数目 为工具 变量
PGDP	0.048**	0.038*	0.035	0.096***	0.016	−0.015	0.056*	0.038
	(2.117)	(1.725)	(1.508)	(3.425)	(0.676)	(−0.592)	(1.954)	(1.642)
PGDP2	−0.081***	−0.051**	−0.032	−0.081***	−0.045*	−0.009	−0.025	−0.035
	(−3.246)	(−2.104)	(−1.188)	(−3.267)	(−1.746)	(−0.356)	(−0.952)	(−1.325)
TCI		0.235***				0.207***		0.224***
		(6.528)				(5.484)		(4.958)
L.TCI			0.194***					
			(4.897)					
TCI_PGDP2				−0.136***			−0.226***	
				(−2.891)			(−4.808)	

(续表)

变量	模型1 发展阶段	模型2 发展战略 （平行）	模型3 发展战略 滞后一期	模型4 发展战略 （交互）	模型5 中间机制	模型6 动态性 （发展战略当期）	模型7 动态性 （发展战略交互项）	模型8 以老工业基地数目为工具变量
SOE					−0.315			
					(−0.538)			
GOV					0.039***			
					(6.521)			
GOV2					−0.018***			
					(−5.688)			
L.SO						0.130***	0.179***	
						(4.874)	(6.491)	
EINT	−0.266***	−0.192**	−0.183*	−0.230***	−0.231***	−0.144	−0.115	−0.185**
	(−3.064)	(−2.292)	(−1.928)	(−2.637)	(−2.746)	(−1.573)	(−1.239)	(−1.979)
ESTRU	0.044**	0.068***	0.079***	0.045***	0.040**	0.061***	0.040**	0.077***
	(2.561)	(4.029)	(4.377)	(2.613)	(2.426)	(3.455)	(2.307)	(4.347)
URBAN	0.879***	0.463*	0.250	0.786***	0.599**	0.277	0.420	0.289
	(3.455)	(1.843)	(0.908)	(3.092)	(2.412)	(1.065)	(1.624)	(1.070)
TRADE	−0.330***	−0.321***	1.302**	−0.329***	−0.332***	1.270**	1.105*	1.281**
	(−3.093)	(−3.147)	(2.109)	(−3.112)	(−3.239)	(2.141)	(1.851)	(2.102)
POP	0.131	0.059	−0.084	0.004	0.089	0.072	−0.022	−0.074
	(1.185)	(0.553)	(−0.631)	(0.034)	(0.840)	(0.553)	(−0.164)	(−0.563)
常数项	−0.644	−1.731	−0.970	−0.361	0.587	−1.211	0.184	−1.399
	(−0.382)	(−1.067)	(−0.562)	(−0.215)	(0.349)	(−0.728)	(0.110)	(−0.817)
N	600	600	600	600	600	600	600	600
R^2	0.290	0.353	0.290	0.303	0.353	0.346	0.335	
F	22.600	26.715	18.697	21.352	21.798	21.662	20.671	

注：***、**和*分别表示在1%、5%和10%水平上通过显著性检验，括号内为t值。

表 2-7 省级人均工业烟尘排放量(SMOG)的回归结果

变量	模型 1 发展阶段	模型 2 发展战略（平行）	模型 3 发展战略滞后一期	模型 4 发展战略（交互）	模型 5 中间机制	模型 6 动态性（发展战略当期）	模型 7 动态性（发展战略交互项）	模型 8 以老工业基地数目为工具变量
PGDP	-0.005	-0.002	-0.003	-0.018***	-0.002	-0.002	-0.022**	-0.024
	(-0.738)	(-0.363)	(-0.586)	(-2.596)	(-0.348)	(-0.321)	(-2.234)	(-1.462)
PGDP2	0.019**	0.014*	0.017**	0.021***	0.014**	0.008	0.057**	0.071*
	(2.212)	(1.756)	(2.566)	(3.411)	(2.203)	(1.376)	(2.535)	(1.712)
TCI		0.012				0.030***		0.027*
		(1.274)				(3.516)		(1.806)
L.TCI			0.024**					
			(2.538)					
TCI_PGDP2				-0.025**			-0.012	
				(-2.155)			(-1.162)	
SOE					-0.567***			
					(-3.890)			
GOV					0.003*			
					(1.828)			
GOV2					-0.002***			
					(-2.847)			
L.SMOG						0.451***	0.434***	
						(10.300)	(9.810)	
EINT	-0.051**	-0.053**	-0.064***	-0.063***	-0.049**	-0.046**	-0.052**	0.016**
	(-2.399)	(-2.486)	(-2.756)	(-2.965)	(-2.339)	(-2.242)	(-2.460)	(2.375)
ESTRU	0.010**	0.009**	0.013***	0.012***	0.011***	0.008**	0.010***	0.031***
	(2.447)	(2.139)	(2.973)	(2.778)	(2.730)	(2.132)	(2.661)	(11.795)
URBAN	-0.007	0.004	-0.011	0.070	0.041	-0.025	0.011	-0.099
	(-0.120)	(0.060)	(-0.169)	(1.130)	(0.667)	(-0.418)	(0.162)	(-1.614)

(续表)

变量	模型 1 发展阶段	模型 2 发展战略（平行）	模型 3 发展战略滞后一期	模型 4 发展战略（交互）	模型 5 中间机制	模型 6 动态性（发展战略当期）	模型 7 动态性（发展战略交互项）	模型 8 以老工业基地数目为工具变量
TRADE	-0.053**	-0.054**	0.112	-0.054**	-0.046*	0.087	0.073	-0.640***
	(-2.039)	(-2.042)	(0.744)	(-2.067)	(-1.808)	(0.647)	(0.538)	(-4.436)
POP	0.087***	0.089***	0.141***	0.109***	0.131***	0.081***	0.072**	0.011
	(3.509)	(3.575)	(4.338)	(3.780)	(4.974)	(2.744)	(2.306)	(1.224)
常数项	12.221***	12.314***	12.442***	12.060***	11.762***	6.974***	6.878***	10.827***
	(29.445)	(29.796)	(29.577)	(29.377)	(28.100)	(10.661)	(10.428)	(35.384)
N	600	600	600	600	600	570	570	570
R^2	0.113	0.116	0.159	0.135	0.173	0.334	0.326	0.506
F	7.044	6.415	8.628	7.680	8.357	20.553	17.978	

注：***、**和*分别表示在1%、5%和10%水平上通过显著性检验，括号内为t值。

表 2-8 省级人均工业废气排放量（GAS）的回归结果

变量	模型 1 发展阶段	模型 2 发展战略（平行）	模型 3 发展战略滞后一期	模型 4 发展战略（交互）	模型 5 中间机制	模型 6 动态性（发展战略当期）	模型 7 动态性（发展战略交互项）	模型 8 以老工业基地数目为工具变量
PGDP	0.044***	0.042***	0.041***	0.018***	0.038***	0.018***	0.004	0.084***
	(11.964)	(11.887)	(11.421)	(3.968)	(9.856)	(5.024)	(0.968)	(12.176)
PGDP2	-0.042***	-0.039***	-0.039***	-0.020***	-0.036***	-0.020***	-0.009**	-0.081***
	(-10.658)	(-9.798)	(-9.354)	(-4.360)	(-8.736)	(-5.107)	(-2.083)	(-10.714)
TCI		0.030***				0.018***		0.057***
		(5.104)				(3.460)		(5.299)
L.TCI			0.033***					
			(5.390)					

(续表)

变量	模型1 发展阶段	模型2 发展战略 （平行）	模型3 发展战略 滞后一期	模型4 发展战略 （交互）	模型5 中间机制	模型6 动态性 （发展战 略当期）	模型7 动态性 （发展战略 交互项）	模型8 以老工业 基地数目 为工具 变量
TCI_PGDP2			−0.182***			−0.121***		
			(−8.506)			(−5.906)		
SOE					−0.130			
					(−1.362)			
GOV					0.004***			
					(4.546)			
GOV2					−0.002***			
					(−3.296)			
L.GAS						0.550***	0.506***	
						(13.297)	(12.242)	
EINT	−0.059***	−0.049***	−0.050***	−0.026*	−0.055***	−0.028**	−0.014	0.013***
	(−4.227)	(−3.615)	(−3.390)	(−1.942)	(−3.995)	(−2.210)	(−1.165)	(2.771)
ESTRU	−0.003	−0.001	−0.001	0.002	−0.004	−0.001	0.001	0.028***
	(−1.125)	(−0.024)	(−0.076)	(0.646)	(−1.337)	(−0.119)	(0.210)	(10.981)
URBAN	0.600***	0.547***	0.555***	0.440***	0.569***	0.297***	0.242***	−0.073
	(14.758)	(13.383)	(13.094)	(10.454)	(14.070)	(7.249)	(5.826)	(−1.611)
TRADE	−0.023	−0.022	−0.206**	−0.022	−0.025	−0.121	−0.102	−0.272**
	(−1.352)	(−1.321)	(−2.172)	(−1.390)	(−1.489)	(−1.509)	(−1.295)	(−2.244)
POP	0.069***	0.060***	0.085***	0.048***	0.063***	0.056***	0.046***	0.031***
	(3.898)	(3.454)	(4.160)	(2.877)	(3.659)	(3.208)	(2.688)	(4.215)
常数项	5.626***	5.488***	5.427***	6.375***	5.834***	2.254***	3.138***	5.772***
	(20.868)	(20.814)	(20.428)	(24.038)	(21.275)	(6.916)	(8.842)	(21.595)
N	600	600	570	600	600	570	570	570
R^2	0.901	0.906	0.909	0.914	0.905	0.935	0.938	0.681
F	547.165	516.830	502.415	572.924	419.952	650.466	688.005	

注：***、**和*分别表示在1%、5%和10%水平上通过显著性检验，括号内为t值。

表 2-9 省级人均工业固体废弃物排放量(SOLID)的回归结果

变量	模型 1 发展阶段	模型 2 发展战略（平行）	模型 3 发展战略滞后一期	模型 4 发展战略（交互）	模型 5 中间机制	模型 6 动态性（发展战略当期）	模型 7 动态性（发展战略交互项）	模型 8 以老工业基地数目为工具变量
PGDP	0.057***	0.056***	0.058***	0.035***	0.054***	0.021***	0.013***	0.076***
	(12.507)	(12.374)	(12.726)	(5.979)	(11.138)	(5.646)	(2.843)	(8.576)
PGDP2	−0.047***	−0.044***	−0.048***	−0.028***	−0.044***	−0.020***	−0.013***	−0.070***
	(−9.547)	(−8.821)	(−8.975)	(−4.790)	(−8.421)	(−4.856)	(−2.830)	(−7.697)
TCI		0.027***				0.011**		0.053***
		(3.617)				(1.994)		(3.911)
L.TCI			0.029***					
			(3.661)					
TCI_PGDP2				−0.154***			−0.069***	
				(−5.506)			(−3.131)	
SOE					0.130			
					(1.084)			
GOV					0.005***			
					(4.012)			
GOV2					−0.002***			
					(−2.944)			
L.SOLID						0.750***	0.735***	
						(20.216)	(19.713)	
EINT	−0.070***	−0.061***	−0.059***	−0.042**	−0.061***	−0.013	−0.005	0.022***
	(−4.006)	(−3.534)	(−3.151)	(−2.396)	(−3.533)	(−0.942)	(−0.379)	(3.053)
ESTRU	−0.005	−0.002	−0.002	−0.001	−0.006*	−0.001	−0.000	0.038***
	(−1.480)	(−0.681)	(−0.475)	(−0.308)	(−1.758)	(−0.341)	(−0.184)	(9.474)
URBAN	0.213***	0.166***	0.119**	0.079	0.186***	0.003	−0.038	−0.146**
	(4.198)	(3.201)	(2.205)	(1.430)	(3.663)	(0.088)	(−0.903)	(−2.359)

(续表)

变量	模型1 发展阶段	模型2 发展战略 (平行)	模型3 发展战略 滞后一期	模型4 发展战略 (交互)	模型5 中间机制	模型6 动态性 (发展战略当期)	模型7 动态性 (发展战略交互项)	模型8 以老工业基地数目为工具变量
TRADE	−0.018	−0.017	−0.249**	−0.017	−0.018	−0.057	−0.046	−0.410**
	(−0.861)	(−0.824)	(−2.049)	(−0.845)	(−0.843)	(−0.659)	(−0.532)	(−2.541)
POP	−0.007	−0.015	0.013	−0.025	−0.012	0.012	0.005	0.017**
	(−0.310)	(−0.689)	(0.499)	(−1.143)	(−0.532)	(0.628)	(0.254)	(2.155)
常数项	6.838***	6.714***	6.810***	7.471***	6.861***	1.785***	2.245***	4.954***
	(20.273)	(20.068)	(20.062)	(21.575)	(19.898)	(5.148)	(5.981)	(12.376)
N	600	600	570	600	600	570	570	570
R^2	0.819	0.824	0.827	0.830	0.827	0.912	0.913	0.563
F	249.291	229.104	218.326	239.658	190.193	425.995	432.571	

注:***、**和*分别表示在1%、5%和10%水平上通过显著性检验,括号内为t值。

表2-10 省级人均工业化学需氧量排放量(COD)的回归结果

变量	模型1 发展阶段	模型2 发展战略 (平行)	模型3 发展战略 滞后一期	模型4 发展战略 (交互)	模型5 中间机制	模型6 动态性 (发展战略当期)	模型7 动态性 (发展战略交互项)	模型8 以老工业基地数目为工具变量
PGDP	−0.042**	−0.043**	−0.019	−0.053**	−0.043**	−0.002	−0.013	−0.044**
	(−2.461)	(−2.494)	(−1.117)	(−2.311)	(−2.341)	(−0.160)	(−0.628)	(−2.149)
PGDP2	0.046**	0.048**	0.021	0.056**	0.048**	0.001	0.013	0.005
	(2.506)	(2.564)	(1.047)	(2.450)	(2.412)	(0.053)	(0.617)	(0.229)
TCI		0.016				0.018		0.031*
		(0.560)				(0.721)		(1.695)
L.TCI			0.019*					
			(1.655)					

(续表)

变量	模型 1 发展阶段	模型 2 发展战略（平行）	模型 3 发展战略滞后一期	模型 4 发展战略（交互）	模型 5 中间机制	模型 6 动态性（发展战略当期）	模型 7 动态性（发展战略交互项）	模型 8 以老工业基地数目为工具变量
TCI_PGDP2				-0.077			-0.115	
				(-0.714)			(-1.171)	
SOE					-0.638			
					(-1.404)			
GOV					0.008*			
					(1.812)			
GOV2					-0.003			
					(-1.251)			
L.COD						0.536***	0.536***	
						(11.995)	(12.009)	
EINT	-0.089	-0.084	-0.097	-0.076	-0.067	-0.035	-0.021	-0.052***
	(-1.378)	(-1.289)	(-1.397)	(-1.117)	(-1.025)	(-0.587)	(-0.338)	(-4.220)
ESTRU	0.005	0.007	0.018	0.007	0.003	0.020*	0.021*	0.013**
	(0.392)	(0.503)	(1.374)	(0.536)	(0.235)	(1.808)	(1.879)	(2.322)
URBAN	0.328*	0.356*	0.584***	0.395*	0.361*	0.547***	0.621***	0.140
	(1.729)	(1.813)	(2.892)	(1.866)	(1.878)	(3.196)	(3.305)	(0.816)
TRADE	-0.048	-0.048	-0.527	-0.048	-0.043	-0.340	-0.314	-0.944***
	(-0.605)	(-0.597)	(-1.166)	(-0.599)	(-0.547)	(-0.874)	(-0.805)	(-2.864)
POP	0.033	-0.038	0.038	0.042	-0.039	0.046	0.034	0.110***
	(0.399)	(-0.455)	(0.392)	(0.501)	(-0.472)	(0.553)	(0.404)	(4.465)
常数项	4.284***	4.212***	4.424***	4.601***	4.008***	2.121*	2.724**	2.108**
	(3.405)	(3.327)	(3.499)	(3.447)	(3.069)	(1.916)	(2.280)	(2.228)
N	600	600	570	600	600	570	570	570
R^2	0.214	0.214	0.250	0.214	0.225	0.444	0.446	0.157
F	15.002	13.349	15.195	13.377	11.578	32.799	32.952	

注：***、**和*分别表示在1%、5%和10%水平上通过显著性检验，括号内为 t 值。

表 2-11　省级人均工业废水排放量(WATER)的回归结果

变量	模型 1 发展阶段	模型 2 发展战略 (平行)	模型 3 发展战略 滞后一期	模型 4 发展战略 (交互)	模型 5 中间机制	模型 6 动态性 (发展战略当期)	模型 7 动态性 (发展战略交互项)	模型 8 以老工业基地数目为工具变量
PGDP	0.031***	0.041***	0.047***	0.026***	0.030***	0.023***	0.017**	0.068***
	(4.316)	(5.487)	(6.181)	(2.697)	(3.799)	(3.738)	(2.027)	(6.431)
PGDP2	-0.018**	-0.031***	-0.041***	-0.014	-0.016*	-0.024***	-0.018**	-0.088***
	(-2.331)	(-3.663)	(-4.685)	(-1.432)	(-1.926)	(-3.312)	(-2.128)	(-7.656)
TCI		0.075			0.004			0.054***
		(0.925)			(0.406)			(2.814)
L.TCI			0.012*					
			(1.995)					
TCI_PGDP2				-0.036			-0.047	
				(-0.787)			(-1.138)	
SOE					-0.220			
					(-1.133)			
GOV					0.002			
					(0.932)			
GOV2					-0.002*			
					(-1.637)			
L.WATER						0.626***	0.626***	
						(14.985)	(15.053)	
EINT	-0.035	-0.040*	-0.052**	-0.029	-0.041	-0.039	-0.033	-0.016**
	(-1.277)	(-1.663)	(-2.050)	(-0.999)	(-1.461)	(-1.562)	(-1.263)	(-2.101)
ESTRU	0.007	0.012**	0.010*	0.008	0.008	-0.002	-0.001	0.016***
	(1.324)	(2.250)	(1.871)	(1.462)	(1.402)	(-0.423)	(-0.310)	(3.791)
URBAN	0.481***	0.307***	0.247***	0.450***	0.455***	0.111	0.076	-0.102
	(5.943)	(4.228)	(3.258)	(4.969)	(5.526)	(1.463)	(0.923)	(-1.633)
TRADE	-0.061*	-0.062*	-0.694***	-0.061*	-0.062*	-0.440***	-0.427***	-0.805***
	(-1.802)	(-1.722)	(-3.467)	(-1.795)	(-1.813)	(-2.672)	(-2.590)	(-4.283)

（续表）

变量	模型 1 发展阶段	模型 2 发展战略 （平行）	模型 3 发展战略 滞后一期	模型 4 发展战略 （交互）	模型 5 中间机制	模型 6 动态性 （发展战略当期）	模型 7 动态性 （发展战略交互项）	模型 8 以老工业基地数目为工具变量
POP	0.091**	0.055**	0.007	0.095***	0.093***	0.038	0.031	0.093***
	(2.579)	(2.145)	(0.228)	(2.666)	(2.644)	(1.056)	(0.872)	(7.407)
常数项	8.212***	8.315***	8.643***	8.361***	8.434***	3.474***	3.713***	8.648***
	(15.284)	(15.629)	(17.168)	(14.673)	(15.111)	(6.181)	(6.316)	(23.229)
N	600	600	570	600	600	570	570	570
R^2	0.594	0.595	0.594	0.595	0.599	0.732	0.733	0.534
F	80.829	80.821	80.822	71.855	59.674	112.088	112.510	

注：***、**和*分别表示在1%、5%和10%水平上通过显著性检验，括号内为 t 值。

从表 2-5 以人均 CO_2 排放量作为环境污染指标的回归结果来看，模型 1 至模型 8 在不同的模型设定下，除模型 7 外，人均 GDP 的一次项和二次项均高度显著，且一次项系数为正，二次项系数为负，支持基本的"倒 U 形"环境库兹涅茨曲线假说。模型 2 至模型 4 检验了发展战略假说：模型 2 列出了发展战略对环境污染的平行影响，其估计系数在 1% 的水平上显著为正；考虑到发展战略的长期影响，模型 3 检验了发展战略滞后一期对环境污染的影响，其估计系数仍显著为正；模型 4 进一步引入了发展战略与发展阶段的交互项，其估计结果显著为负。模型 2 至模型 4 的估计结果支持本文的关键理论假说，即违背比较优势的赶超战略会导致超过发展阶段的更严重的环境污染。

模型 5 检验环境软约束与环境治理两个中间机制。从国有企业比重的估计结果来看，其估计系数为正，说明国有企业比重越大的地区，环境污染倾向于更严重；而估计系数未通过显著性检验，可能原因是自 1978 年改革开放以来，我国逐渐由违背比较优势的发展战略转变为遵循比较优势的发展战略。随着改革开放和市场化改革的深化，产品市场和要素市场的扭曲逐渐消除，禀赋结构和产业结构也得到快速升级，原本不具备比较优势的资本密集型产业逐渐成为符合我国比较优势的产业。国有企业作为违背比较优势发展战略的产物,也由原本不具备自生能力逐渐转变为具备自生能力。在环境约束趋紧的情况下,国有企业有能力采用更为绿色环保的技术和加大环境治理投资,使得环境软约束问题得到弱化。而限于数据的可获得性,本章选择的样本期为1997—2016年,这一时期国有企业在很大程度上遵循比较优势发展战略。因此,估计系数为正但不显著说明了这一点。另外,政府环境治理的度量指标——工业污染治理投资额的一次项系数显著为正,二次项系数显著为负,呈现"倒U形",说明在一段时间内随着污染治理投资额的增加,环境污染程度也是加深的,只有当污染治理投资达到一定规模时,才对环境污染治理产生显著影响,环境治理的规模效应才得以显现。进一步地,考虑到环境污染滞后效应的影响,模型6和模型7引入人均CO_2的滞后一期,其估计结果均显著为正,说明环境污染问题存在惯性,环境治理需要一个长期的过程,较少的污染治理投资无助于改善环境污染问题。

表2-6至表2-11分别报告了以工业SO_2、工业烟尘、工业废气、工业固体废弃物、工业化学需氧量、工业废水的人均排放量作为环境污染指标的回归结果。由于不同产业的污染属性和污染程度不同,必然导致回归结果存在一定的差异,但从各污染物的回归结果可以看出,本章的理论假说基本上得到支持。具体而言,工业SO_2、工业废气、工业固体废弃物与工业废水排放量的回归结果与CO_2排放量的回归结果基本一致,其中估计结果中人均GDP的一次项系数均为正,二次项系数均为负,大部分通过显著性水平检验;TCI的系数在上述4类污染物中均为正,多数通过显著性水平检验;国有企业比重对各环境污染物的估计系数基本上都不显著为正,说明环境软约束的中间机制稳健成立;环境污染治理投资对各污染物的回归均显著。另外,在表2-7的工业烟尘排放量和表2-10的工业化学需氧量排放量的回归结果中,人均GDP的一次项系数为负,而二次项系数为正,呈现"U形"趋势,且TCI与其滞后项系数的显著性较弱。

进一步地,我们以CO_2排放为例,拟合三种情景来定量估算发展战略的环境污染效应:情景一是在未考虑发展战略因素对环境污染的影响下,环境库兹涅茨曲线的发展趋势;情景二是将发展战略与发展阶段作为平行的影响来识别;情景三是将发展战略与发展阶段作为交互项来识别。从图2-5中可以发现,在未考虑发展战略因素时,当人均GDP达到80 000元时,环境库兹涅茨曲线还未出现明显的拐点;而将发展战略因素纳入分析框架后,无论是将发展战略与发展阶段作为平行项还是交互项来识别,环境库兹涅茨曲线均明显低于未考虑发展战略时的环境库兹涅茨曲线,特别是将其作为交互项时,当人均GDP达到50 000元左右时,人均CO_2排放量开始下降,污染减少,说明发展战略对于环境污染的收敛具有至关重要的作用。对比情景一与情景三的环境库兹涅茨曲线拐点,若人均GDP年均增长率按照8.98%[①]估算,违背比较优势的发展战略会使环境库兹涅茨曲线的收敛时间延缓大约6年。因此,如果采取符合比较优势的发展战略,再由因势利导型政府加强环境约束和环境治理,则每个阶段的环境污染程度将会更低,并能够更快地冲出高污染的发展阶段。

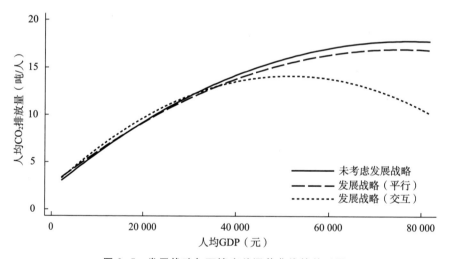

图2-5 发展战略与环境库兹涅茨曲线的关系图

与此同时,基于发展战略与发展阶段交互项的回归结果,根据污染物库兹涅茨曲线拐点公式 $TP = \exp(-\alpha_1/2\alpha_2)$,我们再对各类环境污染物的库兹涅茨曲线拐点进行点估计,并与已有文献的结果做对比,如表2-12所示。可以发现,平均而言,本章估算的各类环境污染物拐点相比已有研究普遍偏

---

① 根据世界银行公布的1997—2016年中国人均GDP增长率计算得到。

低。这说明考虑发展战略因素可以降低"倒 U 形"曲线的弧度,遵循符合比较优势的发展战略可以让污染拐点提前到来,从而有助于加速解决污染问题。

表 2-12　各类环境污染物的环境库兹涅茨曲线拐点

污染物	已有研究估算的人均 GDP 拐点	本文估算的拐点
CO_2	Galeotti et al.(2009),13 260 美元;Cole(2004),25 100 美元;韩玉军等(2009),21 276—28 696 美元;Holtz-Eakin et al.(1995),35 428—80 000 美元;刘华军等(2011),44 049 元;林伯强等(2009),37 170 元;许广月等(2010),59 874 元;魏下海等(2011),63 576 元	51 612 元
工业废水	Grossman et al.(1995),7 800 美元;司昱(2010),17 500 元;符淼(2008),18 997 元;郑义等(2014),29 581 元	25 308 元
工业固体废弃物	刘华军(2014),15 560—34 743 元	18 682 元
工业废气	朱平辉等(2010),57 497.34 元;刘华军等(2014),10 288—45 675 元	15 683 元
工业 SO_2	Panayotou(1993),3 137 美元;郑义等(2014),19 780 元;王勇等(2016),24 475 元	18 086 元
氮氧化物	王勇等(2016),23 346 元	12 214 元

资料来源:本书作者通过公开文献资料整理。

考虑到我国地域广阔,地区间差异较大,我们进一步将我国各地区划分为东部、中部和西部地区,划分方式参照《中国统计年鉴》中的规定。东部地区包括北京、天津、河北、辽宁、上海、江苏、浙江、福建、山东、广东、海南 11 个省(市);中部地区包括山西、吉林、黑龙江、安徽、江西、河南、湖北、湖南 8 个省;西部地区包括内蒙古、广西、重庆、四川、贵州、云南、西藏、陕西、甘肃、青海、宁夏、新疆 12 个省(市、自治区)。从表 2-13 的回归结果可以看出,人均 GDP 及其二次项的估计系数除在模型 6 中不显著外[此结果与高静(2012)相似],在东部、中部和西部地区的回归结果均显著且符合理论预期,说明分区域样本不影响环境库兹涅茨曲线假说的成立;TCI 的估计系数在东部、中部和西部地区的实证结果显著为正,而其交互项系数显著为负,说明发展战略假说在不同地区仍然成立;国有企业比重的估计系数在东部、中部和西部地区均为正,且在西部地区通过显著性检验,说明不同地区的环境软约束程度有所不同,西部地区的环境软约束问题要比东部和中部地区更加严重,西部地区的国有企业受到违背比较优势发展战略的影响更大;同样,环境治理的一次项和二次项系数均符合理论预期,说明环境治理的规模效应具有普遍规律性,对环境投资的要求较高。

表 2-13 省级分区域人均 CO_2 排放量的回归结果

变量	东部			中部			西部		
	模型1	模型2	模型3	模型4	模型5	模型6	模型7	模型8	模型9
PGDP	0.325***	0.230***	0.242***	0.251***	0.259***	0.127	0.790***	0.917***	0.753***
	(7.64)	(6.38)	(5.53)	(2.66)	(2.77)	(1.49)	(9.22)	(9.71)	(7.42)
PGDP2	−0.244***	−0.398***	−0.202***	−0.366**	−0.0216	−0.0683	−0.719***	0.253	−0.662***
	(−5.29)	(−9.92)	(−4.29)	(−2.11)	(−0.12)	(−0.44)	(−6.48)	(1.14)	(−5.12)
TCI		0.204***			0.095**			0.532***	
		(4.01)			(2.31)			(7.76)	
TCI_PGDP2		−0.054***			−0.045**			−0.129***	
		(−9.68)			(−2.62)			(−5.26)	
SOE			0.523			1.112			3.874***
			(0.63)			(0.74)			(3.01)
GOV			0.019***			0.034***			0.019***
			(4.20)			(5.59)			(3.06)
GOV2			−0.006*			−0.003*			−0.002***
			(−2.79)			(−2.39)			(−3.09)
EINT	1.151*	−0.379	0.0591	−3.282***	−2.643***	−2.337***	0.510***	0.431***	0.234
	(1.73)	(−0.75)	(0.10)	(−9.03)	(−6.07)	(−5.71)	(3.89)	(3.03)	(1.59)
ESTUR	8.736***	4.115	6.159*	13.93***	10.82***	14.14***	35.77***	14.11***	20.24***
	(2.73)	(1.61)	(1.95)	(3.73)	(2.74)	(4.18)	(8.40)	(3.23)	(4.61)
TRADE	1.239*	1.150**	0.422	0.0708	−3.739	−1.189	−16.88***	−11.47***	−12.95***
	(1.86)	(2.08)	(0.62)	(0.02)	(−0.96)	(−0.34)	(−4.31)	(−2.69)	(−2.88)

(续表)

变量	东部			中部			西部		
	模型1	模型2	模型3	模型4	模型5	模型6	模型7	模型8	模型9
URBAN	12.06***	8.553**	15.13***	7.103	13.03***	6.999*	−17.07**	−18.72**	−13.81
	(2.65)	(2.26)	(3.44)	(1.53)	(2.66)	(1.67)	(−2.30)	(−2.32)	(−1.63)
POP	0.860***	0.475***	0.695***	1.400	3.424*	0.920	3.407	3.576	8.067***
	(6.02)	(3.86)	(4.92)	(0.81)	(1.80)	(0.58)	(1.33)	(1.27)	(2.77)
常数项	−8.224**	−0.143	−2.609	4.525	7.525	0.235	−31.50***	−8.413	−17.13***
	(−2.43)	(−0.05)	(−0.82)	(0.74)	(1.19)	(0.04)	(−6.52)	(−1.63)	(−3.30)
N	220	220	220	160	160	160	240	240	240
R^2	0.827	0.881	0.836	0.903	0.905	0.922	0.883	0.863	0.848
F	94.11	145.2	88.11	130.9	132.8	144.8	148.7	123.5	96.94

注：***、**和*分别表示在1%、5%和10%水平上通过显著性检验，括号内为t值。

2.6.3 环境空间外溢效应与空间计量分析

另外，尤其是在分析国内区域间环境问题时，关于环境污染物的空间外溢效应，人们已基本达成共识（许和连等，2012）。考虑到环境污染物的外溢性特征，进一步地，我们利用空间计量模型对理论假说进行实证检验。在运用空间计量经济学研究空间外溢效应时，空间权重矩阵的确定是至关重要的一步。已有研究文献中空间关系的设定方式主要分为地理空间权重矩阵和经济空间权重矩阵两种。为此，本章基于基本的0-1空间权重矩阵，结合我国各省（区、市）的铁路网密度及禀赋结构特征，分别构建以下三种空间权重矩阵：

（1）0-1空间权重矩阵，记为W^{ad}。该空间权重矩阵是依据地理是否相邻来设定，地理相邻的地区被赋值"1"，其他地区被赋值"0"，并对矩阵做行标准化处理。

（2）铁路网密度空间权重矩阵，记为W^r，公式为：

$$W^r = W^{ad} .* E^r, \quad E^r_{ij} = \frac{1}{|RD_i - RD_j|}, \quad i \neq j \qquad (2.18)$$

其中，E^r表示地区铁路网密度差异矩阵，两地区的铁路网密度差异越大，表示其空间关系越弱;RD_i表示地区i的铁路网密度,铁路网密度=各省(区、市)的铁路营业线路里程/各省(区、市)的土地面积。

(3)禀赋结构空间权重矩阵,记为W^{re}。从新结构经济学视角出发,禀赋结构是分析地区经济发展的逻辑起点,而其他一系列经济因素均内生于禀赋结构。因此,我们采用各地区的禀赋结构来设定空间权重矩阵,而禀赋结构可以选取人均资本存量作为计量指标,具体的矩阵设定如下:

$$W^{re} = W^r . * E^e, \quad E^e = \frac{1}{|K_i - K_j|}, \quad i \neq j \quad (2.19)$$

其中,W^{re}综合反映了地区间在地理、交通和经济上的空间关系;E^e表示地区间人均资本存量的差异矩阵。省级资本存量数据根据张军等(2004)进行补充和调整。

我们利用Moran' I指数对环境污染物和发展战略的空间相关性进行检验,环境污染物选取CO_2、工业废水和SO_2等作为度量指标,发展战略依然选取TCI作为度量指标,检验结果如表2-14所示。从表2-14可以看出,在三种空间关联模式下,CO_2排放量、工业废水排放量和TCI之间均具有显著的空间正相关关系;SO_2排放量和TCI之间也呈现空间正相关关系,但显著性水平较弱。对比在三种空间关联模式下各变量的Moran' I指数可以发现,总体上,以W^{re}空间权重矩阵测算出的Moran' I指数最大,其次是W^r矩阵,最后是W^{ad}矩阵,说明空间权重矩阵作为反映空间关系的代表,所含的信息越多,越能反映出区域间的空间关系。基于此,我们下一步利用空间滞后模型做实证检验。

表2-14 省级环境污染物与发展战略指标的空间相关性检验

	CO_2			工业废水			SO_2			TCI		
	W^{ad}	W^r	W^{re}	W^{ad}	W^r	W^{re}	W^{ad}	W^r	W^{re}	W^{ad}	W^r	W^{re}
1997	0.232	0.272	0.318	0.237	0.270	0.265	0.234	0.238	0.273	0.332	0.322	0.251
1998	0.218	0.247	0.320	0.295	0.292	0.277	0.208	0.171	0.230	0.358	0.312	0.271
1999	0.247	0.317	0.327	0.343	0.427	0.458	0.198	0.263	0.253	0.295	0.285	0.322
2000	0.225	0.293	0.287	0.283	0.390	0.417	0.106[a]	0.153[a]	0.171[a]	0.311	0.259	0.236
2001	0.258	0.389	0.415	0.256	0.330	0.393	0.084[a]	0.133[a]	0.165[a]	0.344	0.324	0.332

(续表)

	CO_2			工业废水			SO_2			TCI		
	W^{ad}	W^r	W^{re}	W^{ad}	W^r	W^{re}	W^{ad}	W^r	W^{re}	W^{ad}	W^r	W^{re}
2002	0.248	0.374	0.422	0.203	0.302	0.351	0.072^a	0.125^a	0.164^a	0.347	0.336	0.355
2003	0.229	0.324	0.368	0.213	0.335	0.342	0.026^a	0.083^a	0.118^a	0.369	0.333	0.361
2004	0.264	0.368	0.425	0.199	0.328	0.303	0.038^a	0.132^a	0.173^a	0.377	0.359	0.317
2005	0.294	0.424	0.451	0.162	0.237	0.229	0.058^a	0.181^a	0.219	0.372	0.449	0.403
2006	0.286	0.418	0.459	0.181	0.235	0.223	0.057^a	0.198^a	0.239	0.355	0.390	0.371
2007	0.287	0.398	0.443	0.194	0.216	0.201	0.067^a	0.177	0.226	0.309	0.386	0.372
2008	0.292	0.414	0.472	0.198	0.307	0.263	0.050^a	0.198	0.237	0.279	0.355	0.382
2009	0.275	0.447	0.456	0.238	0.419	0.318	0.056^a	0.241	0.276	0.252	0.212	0.272
2010	0.265	0.432	0.480	0.089	0.270	0.279	0.053	0.218	0.280	0.232	0.231	0.236
2011	0.258	0.461	0.498	0.042	0.358	0.335	0.148	0.375	0.442	0.178	0.159	0.173
2012	0.248	0.345	0.426	0.045	0.188	0.212	0.132	0.270	0.384	0.175	0.223	0.240
2013	0.255	0.347	0.435	0.049	0.190	0.216	0.135	0.275	0.387	0.179	0.226	0.245
2014	0.252	0.349	0.441	0.052	0.214	0.225	0.141	0.282	0.393	0.186	0.232	0.253
2015	0.263	0.361	0.443	0.057	0.221	0.232	0.147	0.290	0.397	0.185	0.242	0.263
2017	0.266	0.364	0.448	0.061	0.225	0.236	0.152	0.291	0.351	0.186	0.239	0.261

注：本表结果利用软件MATLAB R2014a计算所得；上标a表示未通过显著性检验，未注明上标a的表示通过10%以内水平的显著性检验。

由于空间模型的特征导致最小二乘法（OLS）估计有偏，因此我们采用极大似然估计法（MLE）（Anselin，1988）进行模型的估计，估计结果如表2-15所示。从表2-15可以看出，环境污染物的空间滞后项（Wy）基本显著为正，充分验证了其外溢性特征。人均GDP及其二次项均通过显著性检验，估计系数符合理论预期，说明在考虑空间因素的情景下，环境库兹涅茨曲线假说仍然成立；更为重要的是，TCI的估计系数在三种空间关联模式下也仍然显著为正，且与人均GDP的交互项显著为负，说明发展战略是影响该发展阶段环境污染程度的不可忽视的重要因素。进一步地，两个中间机制的估计结果也均符合本章的理论预期。

表 2-15 省级各类环境污染物空间滞后模型的回归结果

变量	人均 CO_2			人均 SO_2			人均工业废水		
	W^{ad}	W^r	W^{re}	W^{ad}	W^r	W^{re}	W^{ad}	W^r	W^{re}
Wy	0.061***	0.007**	0.099*	0.028**	0.005**	0.099*	0.015**	0.008	0.099
	(5.008)	(1.992)	(1.767)	(1.652)	(1.652)	(1.626)	(1.999)	(1.064)	(1.026)
PGDP	0.044***	0.050***	0.049***	0.008*	0.008*	0.008*	0.006**	0.008	0.006**
	(10.151)	(11.217)	(11.086)	(1.491)	(1.491)	(1.445)	(1.848)	(1.005)	(1.750)
PGDP2	−0.003***	−0.004***	−0.004***	−0.002***	−0.002***	−0.002***	−0.002***	−0.003***	−0.003***
	(−9.511)	(−10.493)	(−10.443)	(−4.029)	(−4.029)	(−4.014)	(−3.039)	(−2.930)	(−2.866)
TCI	0.052**	0.167***	0.163***	0.028***	0.030***	0.030***	0.001	0.002	0.003*
	(1.860)	(2.606)	(2.542)	(3.914)	(3.914)	(3.964)	(1.072)	(1.189)	(1.293)
TCI_PGDP2	−0.104	−0.092	−0.092	−0.042***	−0.047***	−0.047***	−0.056***	−0.054**	−0.054**
	(−0.714)	(−0.600)	(−0.602)	(−2.540)	(−2.540)	(−2.547)	(−2.156)	(−2.059)	(−2.052)
SOE	0.118	0.105	0.106	0.126	0.115	0.095	0.020	0.017	0.016
	(1.193)	(1.018)	(1.021)	(0.639)	(0.578)	(0.571)	(1.109)	(0.912)	(0.910)
GOV	0.048***	0.051***	0.042***	0.133***	0.121***	0.125***	0.014	0.011	0.010
	(3.113)	(3.003)	(3.003)	(2.521)	(2.557)	(2.574)	(1.138)	(1.012)	(1.065)
GOV2	−0.110***	−0.078***	−0.076***	−0.176***	−0.168***	−0.160***	−0.102*	−0.091*	−0.093*
	(−2.721)	(−2.652)	(−2.633)	(−2.618)	(−2.481)	(−2.391)	(−1.937)	(−1.845)	(−1.843)
EINT	−0.009	−0.117**	−0.114**	−0.002*	−0.004*	−0.004*	−0.004	−0.003	−0.002
	(−1.142)	(−1.771)	(−1.732)	(−1.539)	(−1.539)	(−1.522)	(−1.336)	(−1.289)	(−1.202)
ESTRU	13.074***	15.387***	15.131***	0.928***	1.000***	0.983***	1.315***	1.402***	1.277***
	(5.438)	(6.108)	(6.022)	(3.324)	(3.324)	(3.274)	(3.074)	(3.282)	(2.980)
TRADE	−0.019***	−0.021***	−0.021***	−0.001*	−0.001*	−0.001*	−0.002*	−0.002**	−0.002*
	(−3.230)	(−3.365)	(−3.308)	(−1.348)	(−1.348)	(−1.304)	(−1.466)	(−1.741)	(−1.519)
URBAN	4.645	10.337***	10.446***	−1.245***	−1.236***	−1.233***	2.790***	2.571***	2.564***
	(1.152)	(2.443)	(2.475)	(−2.443)	(−2.443)	(−2.441)	(3.880)	(3.578)	(3.559)
POP	0.942***	0.915***	0.916***	0.156	0.134	0.123	0.097**	0.055	0.057
	(3.473)	(3.131)	(3.125)	(0.435)	(0.467)	(0.347)	(2.156)	(2.216)	(2.228)
N	600	600	600	600	600	600	600	600	600
R^2	0.916	0.908	0.908	0.955	0.954	0.954	0.939	0.939	0.939

注：本表结果利用软件 MATLAB R2014a 计算所得。***、** 和 * 分别表示在 1%、5% 和 10% 水平上通过显著性检验，括号内为 t 值。

2.6.4 内生性与国内省级层面发展战略的工具变量

在全国省级层面上,本章选取老工业基地数目作为 TCI 的工具变量。理由是我国各地区的 TCI 与该地区历史上的重工业优先发展程度有关,历史上的重工业布局是当期 TCI 的一个潜在工具变量(陈斌开等,2013)。我国"一五""二五"和"三线"建设时期国家布局建设,以重工业骨干企业为依托聚集形成工业基地,其基本单元是老工业城市。根据上述历史时期国家重工业布局情况,可以确定出全国共有老工业城市 120 个,分布在 27 个省(区、市),其中地级城市 95 个,直辖市、计划单列市、省会城市 25 个。我们归纳整理出各个省(区、市)所有的老工业城市(老工业基地)数量,并绘制其与 TCI 的散点图。从图 2-6 可以看出,TCI 与老工业基地数目存在正相关关系,老工业基地数目越多的地区,其 TCI 将会更大。基于以上分析,我们利用 2SLS 进行估计,结果见表 2-5 和表 2-7 至表 2-12 中的模型 8。从各污染物的估计结果来看,TCI 仍然高度显著为正,符合理论预期,说明克服内生性之后也不会从本质上影响理论假说的成立。另外,人均 GDP 及其二次项的系数显著,符合理论预期,表明基本的发展阶段假说仍然成立。

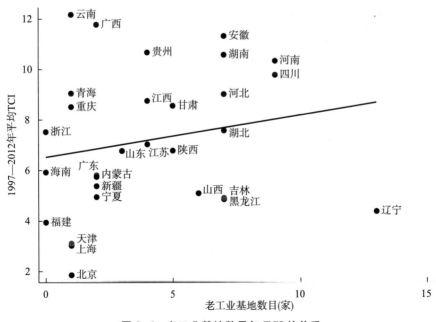

图 2-6 老工业基地数目与 TCI 的关系

2.6.5 安慰剂检验

为了进一步检验发展战略与环境污染之间的因果关系,本章采用生活污染排放物进行安慰剂检验。基本思路是,从新结构经济学角度看,可供选择的发展战略主要是通过影响产业结构与禀赋结构的匹配程度来影响环境污染,所涉及的主要是生产性污染排放物。而如果采用生活污染排放物作为被解释变量,理论上发展战略的各种影响机制对其不会产生明显的影响。因此可以预期,当被解释变量替换为生活污染排放物时,发展战略的估计系数不显著为正。具体地,我们选取生活污水排放量(s_water)、生活化学需氧量排放量(s_cod)、生活SO_2排放量(s_so2)和生活烟尘排放量(s_smog)作为被解释变量,数据来源于1999—2011年《中国统计年鉴》,估计结果见表2-16。从表2-16中四种生活污染排放物的实证结果来看,TCI及其与人均GDP二次项的估计系数均未通过显著性检验,说明安慰剂检验有效地支持本章关于发展战略与环境污染的基本理论假说。

表2-16 省级安慰剂检验结果

变量	模型1 s_water	模型2 s_cod	模型3 s_so2	模型4 s_smog	模型5 s_water	模型6 s_cod	模型7 s_so2	模型8 s_smog
PGDP	0.077**	0.088**	−0.080	0.188	0.086**	0.166***	−0.207	0.153
	(2.177)	(2.144)	(−0.627)	(1.351)	(2.075)	(3.441)	(−1.361)	(0.941)
PGDP2	−0.663	−0.048	−0.265	−5.032***	−0.744	−0.297	−0.564	−5.183***
	(−1.41)	(−0.093)	(−0.155)	(−2.752)	(−1.594)	(−0.556)	(−0.336)	(−2.856)
TCI	0.670	2.000	1.305	0.864	—	—	—	—
	(1.451)	(1.534)	(0.776)	(0.486)				
TCI_PGDP2	—	—	—	—	−0.019	0.264***	0.403*	0.119
	—	—	—	—	(−0.295)	(3.432)	(1.647)	(0.446)
SOE	0.047	0.058	0.140	0.900	0.079	0.048	0.219	0.947
	(0.571)	(0.681)	(0.464)	(0.748)	(0.909)	(0.538)	(0.735)	(0.404)
GOV	0.012*	0.020***	0.010	0.051**	0.013*	0.022***	0.011	0.051**
	(1.864)	(2.632)	(0.422)	(2.009)	(1.971)	(2.903)	(0.489)	(1.970)

(续表)

变量	模型 1 s_water	模型 2 s_cod	模型 3 s_so2	模型 4 s_smog	模型 5 s_water	模型 6 s_cod	模型 7 s_so2	模型 8 s_smog
GOV2	−0.466	−0.779**	−0.683	−2.363*	−0.512	−0.847**	−0.676	−2.335*
	(−1.306)	(−1.908)	(−0.505)	(−1.789)	(−1.590)	(−2.159)	(−0.585)	(−1.786)
EINT	0.041	−0.078	0.103***	0.116***	0.028	−0.016	0.094***	0.112***
	(0.432)	(−0.717)	(2.92)	(3.098)	(0.307)	(−1.447)	(2.689)	(2.989)
ESTRU	−0.162	−0.503**	−0.105	−0.060	−0.220	−0.640***	−0.167	−0.119
	(−0.821)	(−2.127)	(−0.134)	(−0.083)	(−1.12)	(−2.802)	(−0.223)	(−0.125)
TRADE	−0.080	−0.010	−0.244	−0.529**	−0.083	0.002	−0.251	−0.533**
	(−1.367)	(−0.169)	(−1.133)	(−2.239)	(−1.402)	(0.039)	(−1.137)	(−2.313)
URBAN	3.224***	1.973***	1.305	1.778	3.296***	2.264***	1.549	1.904
	(10.243)	(5.422)	(1.133)	(1.445)	(10.536)	(6.27)	(1.337)	(1.587)
POP	0.979***	0.168	1.168	2.837***	0.963***	0.474**	1.620**	2.974***
	(5.074)	(0.775)	(1.685)	(3.749)	(4.629)	(1.907)	(2.184)	(3.697)
常数项	1.649	10.283***	1.069	−12.882**	1.843	7.998***	−2.400	−13.883**
	(1.03)	(5.51)	(0.18)	(−2.05)	(1.08)	(4.04)	(−0.39)	(−2.08)
N	390	390	390	390	390	390	390	390
R^2	0.821	0.348	0.048	0.180	0.820	0.344	0.053	0.180
F	145.9	16.90	11.591	16.963	144.9	16.61	11.798	16.960

注：***、**和*分别表示在1%、5%和10%水平上通过显著性检验，括号内为t值。

2.7 基于全国地级市数据的实证分析

2.7.1 变量说明与数据来源

全球层面和国内省级层面的分析都比较宏观，为了进一步在更微观的层面检验本章的理论假说，本部分通过国内地级市层面的样本数据进行回归分析。样本数据以全国285个地级市作为研究单元，以2003—2014年作为时间跨度，形成3 420个观测值，数据来源于2004—2015年《中国城市统计年鉴》。为保持样本的连续性，我们去掉巢湖市、毕节市、铜仁市、海东市、三沙市及拉萨市等数据质量欠佳的地区。其中，环境污染物指标主要有工

业 SO_2 排放量、工业烟尘排放量、工业废水排放量,发展战略的度量指标依然是 TCI。限于数据的可获得性,控制变量选取人口规模、金融开放度、地方政府支出及利用外资程度,具体的变量统计特征见表 2-17。图 2-7 至图 2-9 分别描绘了上述三种污染物和 TCI 之间的关系。从图中展示的趋势来看,三种污染物与发展战略呈现明显的正相关关系。

表 2-17 地级市各变量的统计特征

变量	含义	样本数	均值	标准差	最小值	最大值
WATER	工业废水排放量	3 420	7 678.33	9 948.87	17	91 260
SO2	工业 SO_2 排放量	3 396	61 682.18	61 585.12	2	683 162
SMOG	工业烟尘排放量	3 347	32 519.84	124 494.4	34	5 168 812
PGDP	人均 GDP	3 420	29 274.35	27 195.28	99	467 749
PGDP2	人均 GDP 二次项	3 420	1.60E+09	5.26E+09	9 801	2.19E+11
TCI	技术选择指数	3 420	2.90	1.38	0.32	33.55
FDI	实际利用外资程度	3 290	60 536.41	149 461.80	0	1 886 676
POP	人口规模	3 420	420.29	322.61	4.70	2 661.54
FIN	金融开放度	3 420	1.31E+07	3.17E+07	281 453	4.79E+08
EXP	地方政府支出	3 420	1 737 888	3 225 392	33 050	4.92E+07

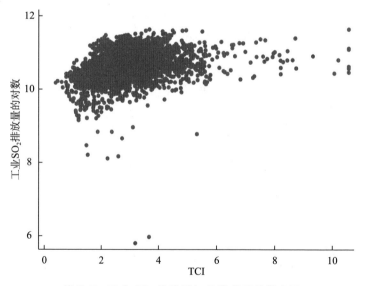

图 2-7 工业 SO_2 排放量与 TCI 关系的散点图

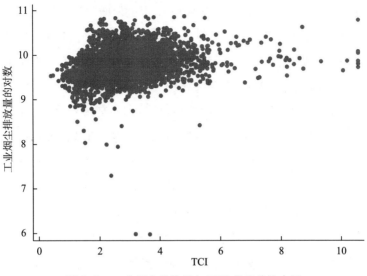

图 2-8　工业烟尘排放量与 TCI 关系的散点图

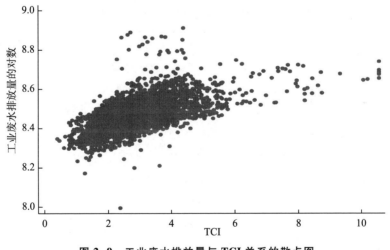

图 2-9　工业废水排放量与 TCI 关系的散点图

2.7.2　回归结果分析

首先,以工业 SO_2 排放量作为环境污染指标的回归结果见表 2-18。限于变量数据的可获得性,我们主要检验本章的两个基本假说,即由结构变迁内生的环境库兹涅茨曲线假说和发展战略与环境污染假说,而未对中间机制进行检验,后续研究可以设法弥补。从模型 1 至模型 6 的结果可见,人均

GDP 及其二次项的系数符合假说的预期，呈现典型的"倒 U 形"特征。模型 3 的 TCI 在 1% 水平下显著为正，说明在以地级市作为研究单元的情况下，本章的理论假说仍然是成立的，即违背比较优势的赶超战略会导致超过发展阶段的更严重的环境污染。模型 4 以交互项的形式引入发展战略因素，其系数为负且显著性较弱，说明以工业 SO_2 排放量作为环境污染指标时，发展战略主要是通过平行方式对环境污染产生影响；模型 5 和模型 6 考虑环境污染滞后效应的影响，被解释变量滞后一阶的结果显著为正，说明工业 SO_2 排放量的环境污染存在长期持续性。在控制变量中，人口规模的影响不显著；金融开放度对环境污染具有正向效应，有助于减少环境污染；而地方政府支出对于环境污染的影响系数为正，可能的原因是地方财政支出中用于环境支出的比例不足，缺乏规模效应，导致对环境污染的影响较小；实际利用外资程度对工业 SO_2 排放量的影响不明显。

表 2-18 地级市工业 SO_2 排放量（SO2）的回归结果

变量	模型 1 发展阶段	模型 2 发展阶段	模型 3 发展战略（平行）	模型 4 发展战略（交互）	模型 5 动态性	模型 6 动态性
PGDP	0.321***	0.205*	0.106	0.196*	0.251**	0.193*
	(3.125)	(1.845)	(0.876)	(1.741)	(2.186)	(1.789)
PGDP2	−0.427***	−0.382***	−0.237***	−0.425***	−0.147**	−0.150
	(−6.217)	(−5.414)	(−3.207)	(−3.832)	(−2.114)	(−1.481)
TCI			0.082***		0.016	
			(6.223)		(1.236)	
TCI_PGDP				−0.016		−0.008
				(−0.502)		(−0.280)
L.SO2					0.441***	0.444***
					(26.135)	(26.493)
POP		0.001	0.001	0.001	0.001	0.001
		(0.531)	(0.719)	(0.510)	(0.904)	(0.888)
FIN		−0.160***	−0.134***	−0.159***	−0.036	−0.039
		(−4.294)	(−3.614)	(−4.285)	(−1.046)	(−1.132)

(续表)

变量	模型 1 发展阶段	模型 2 发展阶段	模型 3 发展战略（平行）	模型 4 发展战略（交互）	模型 5 动态性	模型 6 动态性
EXP		0.326*	0.079	0.327*	0.047	0.085
		(1.733)	(0.413)	(1.739)	(0.273)	(0.501)
FDI		1.372	−0.968	1.359	−7.500	−6.959
		(0.269)	(−0.191)	(0.267)	(−1.378)	(−1.282)
常数项	10.539***	10.699***	10.566***	10.699***	6.094***	6.093***
	(446.177)	(146.401)	(139.562)	(146.373)	(32.211)	(32.196)
N	3 396	3 268	3 268	3 268	2 969	2 969
R^2	0.017	0.027	0.040	0.027	0.235	0.234
F	26.393	13.793	17.505	11.855	102.471	102.234

注：***、**和*分别表示在1%、5%和10%水平上通过显著性检验，括号内为t值。

其次，以工业烟尘排放量和工业废水排放量作为环境污染指标的回归结果见表2-19和表2-20，其结果大体一致：人均GDP及其二次项的系数与理论预期一致，TCI无论是以平行项还是交互项的形式引入模型，其结果均显著地与理论预期一致。在考虑环境污染的滞后效应的情况下，其他各变量的显著性及系数值均有不同程度的降低，可能的原因是各解释变量也存在一定的滞后效应，并通过因变量的滞后一期变量表现出来；在控制变量中，值得一提的是，实际利用外资程度变量的系数高度显著为负，说明外资表现出"污染光环"效应，即外资企业在国内通过技术外溢和知识扩散等方式促进了环保技术水平的提升，从而减少了国内环境污染。

表2-19 地级市工业烟尘排放量(SMOG)的回归结果

变量	模型 1 发展阶段	模型 2 发展阶段	模型 3 发展战略（平行）	模型 4 发展战略（交互）	模型 5 动态性	模型 6 动态性
PGDP	1.124***	1.125***	1.962***	1.122***	0.643***	0.663***
	(9.137)	(8.283)	(10.287)	(8.170)	(5.908)	(6.296)

(续表)

变量	模型1 发展阶段	模型2 发展阶段	模型3 发展战略 （平行）	模型4 发展战略 （交互）	模型5 动态性	模型6 动态性
PGDP2	-0.392***	-0.441***	-0.872***	-0.455***	-0.297***	-0.262***
	(-4.750)	(-5.085)	(-6.467)	(-3.320)	(-3.953)	(-2.799)
TCI			0.038**		0.011	
			(2.108)		(1.106)	
TCI_PGDP				-0.005		-0.011
				(-0.135)		(-0.925)
L.SMOG					0.831***	0.831***
					(85.973)	(85.881)
POP		0.006**	0.006***	0.005**	0.006**	0.006*
		(2.036)	(4.735)	(2.029)	(1.989)	(1.790)
FIN		0.254***	0.149***	0.255***	0.037	0.033
		(5.663)	(3.438)	(5.663)	(1.529)	(1.376)
EXP		-0.019	-2.663***	-0.019	-0.308**	-0.287**
		(-0.084)	(-10.451)	(-0.083)	(-2.182)	(-2.049)
FDI		-29.125***	-54.873***	-29.128***	-12.627***	-12.594***
		(-4.744)	(-8.526)	(-4.744)	(-3.205)	(-3.196)
常数项	9.503***	9.586***	9.817***	9.586***	1.607***	1.632***
	(339.090)	(108.684)	(134.094)	(108.662)	(15.408)	(15.852)
N	3 347	3 219	3 219	3 219	2 872	2 872
R^2	0.035	0.052	0.095	0.052	0.747	0.747
F	55.224	26.729	48.251	22.905	1 057.878	1 057.696

注：***、**和*分别表示在1%、5%和10%水平上通过显著性检验，括号内为t值。

表2-20 地级市工业废水排放量（WATER）的回归结果

变量	模型1 发展阶段	模型2 发展阶段	模型3 发展战略 （平行）	模型4 发展战略 （交互）	模型5 动态性	模型6 动态性
PGDP	0.362***	0.344***	0.221**	0.369***	0.012	0.063
	(4.753)	(4.121)	(2.411)	(4.352)	(0.165)	(0.901)

(续表)

变量	模型 1 发展阶段	模型 2 发展阶段	模型 3 发展战略 （平行）	模型 4 发展战略 （交互）	模型 5 动态性	模型 6 动态性
PGDP2	-0.149^{***}	-0.153^{***}	-0.095^{*}	-0.223^{***}	-0.006	-0.010
	(-2.934)	(-2.880)	(-1.706)	(-3.307)	(-0.131)	(0.196)
TCI			0.032^{***}		0.010	
			(3.270)		(1.240)	
TCI_PGDP				-0.015^{*}		-0.002
				(-1.686)		(-0.258)
L.WATER					0.617^{***}	0.634^{***}
					(41.637)	(42.311)
POP		0.001^{*}	0.001^{*}	0.001^{*}	0.001	0.001
		(1.780)	(1.697)	(1.681)	(0.189)	(0.094)
FIN		-0.053^{*}	-0.043	-0.052^{*}	-0.052^{**}	-0.049^{**}
		(-1.886)	(-1.524)	(-1.857)	(-2.283)	(-2.169)
EXP		0.006	-0.090	-0.006	0.009	-0.042
		(0.043)	(-0.631)	(-0.041)	(0.079)	(-0.377)
FDI		-8.062^{**}	-8.994^{**}	-8.153^{**}	-1.756	-0.383
		(-2.148)	(-2.393)	(-2.172)	(-0.504)	(-0.111)
常数项	8.333^{***}	8.372^{***}	8.319^{***}	8.374^{***}	3.331^{***}	3.173^{***}
	(475.226)	(154.949)	(147.572)	(155.002)	(25.664)	(24.169)
N	3 420	3 290	3 290	3 290	3 007	3 007
R^2	0.008	0.012	0.015	0.013	0.393	0.401
F	13.068	16.062	16.740	15.605	219.983	226.866

注：***、**和*分别表示在1%、5%和10%水平上通过显著性检验，括号内为t值。

2.7.3 安慰剂检验

在地级市层面，我们延续省级层面安慰剂检验的思路，选取生活污染排放物作为被解释变量进行安慰剂检验。限于数据的可获得性，我们仅选取30个省会城市2010—2014年城镇生活污水排放量（s_water）、生活化学需氧量排放量(s_cod)、生活氨氮排放量(s_nn)、生活 SO_2 排放量(s_so2)、生活氮氧化物排放量(s_no)和生活烟尘排放量(s_smog)作为安慰剂指标,数据来源于《中国统计年鉴》《中国城市统计年鉴》和《中国环境统计年鉴》。实证结果见表 2-21 和表 2-22,从中可以发现,安慰剂检验均有效地支持本章的理论假说,一定程度上说明发展战略对环境污染的影响主要是通过产业结构起作用。

表 2-21 地级市安慰剂检验结果:发展战略平行项

变量	模型 1 s_water	模型 2 s_cod	模型 3 s_nn	模型 4 s_so2	模型 5 s_no	模型 6 s_smog
PGDP	0.122***	0.078	0.046*	0.118	0.100	0.504**
	(4.060)	(1.140)	(1.705)	(1.424)	(0.792)	(2.108)
PGDP2	−0.005***	−0.003	−0.002	−0.007*	−0.007	−0.021**
	(−3.792)	(−1.042)	(1.489)	(−1.934)	(−1.384)	(−2.108)
TCI	0.022	0.079	0.020	0.136	0.210	0.586
	(0.549)	(0.884)	(0.558)	(1.249)	(1.262)	(1.156)
POP	0.001	0.005***	0.001**	0.001	0.001	0.001
	(1.068)	(3.538)	(2.501)	(0.561)	(0.037)	(0.159)
FIN	0.021*	−0.034	−0.016*	0.005	−0.018	−0.044
	(1.992)	(−1.396)	(−1.703)	(0.156)	(−0.403)	(−0.521)
EXP	−0.021	0.362	0.073	0.266	1.645	4.907
	(−0.035)	(0.267)	(0.138)	(0.162)	(0.658)	(1.033)
FDI	−0.334	6.160*	1.164	5.327	8.688	−2.410
	(−0.235)	(1.915)	(0.916)	(1.366)	(1.462)	(−0.214)
常数项	9.998***	13.703***	10.104***	8.189***	6.063***	6.880**
	(26.640)	(16.163)	(30.190)	(7.966)	(3.871)	(2.313)
N	150	150	150	150	150	150
R^2	0.542	0.336	0.385	0.183	0.156	0.174
F	18.952	23.826	24.744	21.701	21.399	21.597

注:***、**和*分别表示在 1%、5%和 10%水平上通过显著性检验,括号内为 t 值。

表 2-22　地级市安慰剂检验结果：发展战略交互项

变量	模型 1 s_water	模型 2 s_cod	模型 3 s_nn	模型 4 s_so2	模型 5 s_no	模型 6 s_smog
PGDP	0.112***	0.085	0.046*	0.121	0.126	0.567**
	(3.781)	(1.236)	(1.694)	(1.472)	(1.039)	(2.298)
PGDP2	−0.002	0.002	−0.001	−0.013**	−0.024***	−0.020
	(−1.090)	(0.478)	(−0.431)	(−2.232)	(−2.781)	(−1.122)
TCI_PGDP2	−0.068	−0.028	−0.027	−0.196	−0.493	−0.116
	(−1.404)	(−0.253)	(−0.610)	(−1.464)	(−1.512)	(−0.289)
POP	0.001	0.005***	0.001**	0.001	0.001	0.001
	(0.924)	(3.451)	(2.497)	(0.545)	(0.014)	(0.010)
FIN	0.021**	−0.031	−0.015	0.011	−0.006	−0.064
	(2.026)	(−1.278)	(−1.616)	(0.381)	(−0.137)	(−0.735)
EXP	0.072	0.299	0.029	−0.058	0.866	5.237
	(0.121)	(0.218)	(0.054)	(−0.035)	(0.359)	(1.062)
FDI	−0.071	6.085*	1.072	4.647	6.918	−2.211
	(−0.050)	(1.864)	(0.837)	(1.188)	(1.203)	(−0.188)
常数项	10.024***	13.886***	10.156***	8.550***	6.680***	5.562*
	(27.861)	(16.711)	(31.187)	(8.588)	(4.565)	(1.863)
N	150	150	150	150	150	150
R^2	0.556	0.327	0.386	0.192	0.223	0.122
F	19.470	23.674	24.758	21.800	22.173	21.051

注：***、**和*分别表示在1%、5%和10%水平上通过显著性检验，括号内为 t 值。

2.8　理性认识环境污染与有为政府的治理之策

纵观全球的发展历程，环境污染是一个经济体在发展过程中绕不过去的问题，也是可以成功治理的，需要理性看待，无须过于恐惧与情绪化。在给定能源结构和环境技术的情况下，不同产业的污染排放密度是不同的。例如，相对于农业和服务业而言，制造业的污染排放密度较大。而不同的产业结构又是由一个经济体或地区的禀赋结构所决定的。因此，处于不同发展阶段的国家或地区，对应其禀赋结构的最优产业结构不同，因而环境污染程度也不同。例如,以农业和服务业为主导的经济,其环境污染程度要比以工业为主导的经济低。所以说,对于中国这样的发展中大国,要想完全避免环境污染而获得发展大抵是不可能的。尽管人们常说要吸取发达工业化国家的经验教训,避免"先污染后治理"的老路,然而这在某种程度上只是一厢情愿罢了。与此同时,中断产业发展的做法虽然可以迅速换回蓝天白云,但毕竟只能是临时性的措施,不可能长期执行,除非顺应产业结构本身的变迁趋势。

尽管基本的环境污染问题是每个发展阶段客观存在的,但不同的发展战略对环境污染程度有根本性的影响。如果一个经济体在每个发展阶段都按照比较优势发展,那么即便存在对应的产业产生的环境污染,该发展方式也可能是最有利于环境的发展方式;反之,如果一个经济体采取了违背比较优势的重工业赶超战略,则可能导致环境污染更严重且难以治理。违背比较优势的重工业赶超战略会比符合比较优势的发展战略导致更严重的环境污染,原因有以下几个方面:产业结构的污染强度过大;违背比较优势的产业中的企业是不具备自生能力的,政府会扭曲资源环境和能源价格以保护这些不具备自生能力的企业,而资源环境和能源价格的扭曲则会放大环境破坏程度或排污程度;尽管出于各种压力,政府也会出台各种环境保护法律或政策,但是如果严格执法,那些不具备自生能力的企业必然无法生存,由此导致环保法律法规得不到有效执行,即出现环境软约束问题;不具备自生能力的企业不但无法获得正常的利润,而且还需要政府的保护补贴,无法贡献财政收入,从而也会导致政府环境治理的财政支出短缺,环境污染治理投资不到位或者达不到规模效应,难以取得治污效果。出于上述原因,违背比较优势的重工业赶超战略就会导致更加严重的环境污染。相反,如果采取符合比较优势的发展战略,尽管也会出现对应特定发展阶段的环境污染问题,但不会出现资源环境和能源价格扭曲,同时可以避免环境软约束和环境治理公共支出不足的问题,使得政府有能力和条件治理环境。更重要的是,符合比较优势的发展战略是积累禀赋、促进产业升级的最快方式,也是冲出雾霾等环境污染困境的最快方式。因此,符合比较优势的发展战略是最有利于环境的发展方式,而违背比较优势的重工业赶超战略则是政府"乱为"

导致严重环境污染问题以及迟迟无法解决污染问题的根源。不论来自全球层面还是中国省级层面以及更微观的地市级层面的面板数据实证分析,都支持上述新结构环境经济学的主要理论假说。因此,要解决中国等发展中国家的环境污染问题,根本的办法是采取符合比较优势的发展战略,比较快地从以高污染的制造业为主的发展阶段进入以绿色制造业和服务业为主的发展阶段。与此同时,消除资源环境和能源价格扭曲以及矫正环境法律法规的软约束也有助于改善过度的环境污染。正如《中共中央 国务院关于推进价格机制改革的若干意见》提出的:"健全生产领域节能环保价格政策。建立有利于节能减排的价格体系,逐步使能源价格充分反映环境治理成本。……鼓励各地根据产业发展实际和结构调整需要,结合电力、水等领域体制改革进程,研究完善对'两高一剩'(高耗能、高污染、产能过剩)行业落后工艺、设备和产品生产的差别电价、水价等价格措施,对电解铝、水泥等行业实行基于单位能耗超定额加价的电价政策,加快淘汰落后产能,促进产业结构转型升级。"

除每一阶段都要按照比较优势发展外,政府发挥积极有为的作用,促进具有后发优势的清洁能源技术的采纳,还会使得污染程度进一步降低。发达工业化国家过去经历的环境污染都是首次,缺乏成熟有效的清洁能源技术以及环保措施,而发展中国家则不同,可以从发达国家引进相关的技术和措施,即发展中国家在采用清洁能源和绿色技术上有后发优势。正如我们在前面的国内地市级实证研究中发现的,外资表现出"污染光环"效应。在1997年《京都议定书》签署之后,全球绿色技术的发明专利数量开始呈现爆发式增长。这意味着有大量现成的绿色技术可供世界各国采纳,事实上许多发展中国家也得益于绿色技术的后发优势。如图2-10所示,在2000—2010年间,由于大范围推广规模更大、效率更高、排放更少的超临界、超超临界电力机组,中国煤电行业的总体效率取得质的飞跃;从2005年开始,中国煤电行业的效率水平已经高于美国的煤电行业(世界银行和国务院发展研究中心联合课题组,2013)。尽管如此,中国在能源效率和绿色技术上依然具有充足的后发优势可供利用。如图2-11所示,尽管中国的单位GDP能耗强度急剧下降,能源效率得到巨大的提高,但是和发达国家相比还有很大的差距,还有很大的后发优势可以利用。然而,众所周知,即便绿色技术能够降低企业的成本或提高其市场竞争力,使得企业有自发采纳的意愿,但是由于环境问题具有非常强的外部性及空间外溢效应,各级政府在促进绿色技术的引进与推广上责无旁贷。然而,在制定产业政策扶持低碳绿色型产业发展时,也应遵循各区域的比较优势,因地制宜、因势利导(杨洲木等,2017)。

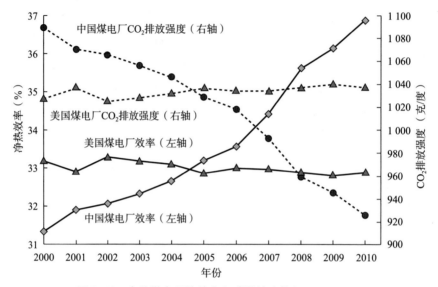

图 2-10　中美煤电厂的效率和碳排放比较(2000—2010)

资料来源:世界银行和国务院发展研究中心联合课题组(2013),第246页和267页。

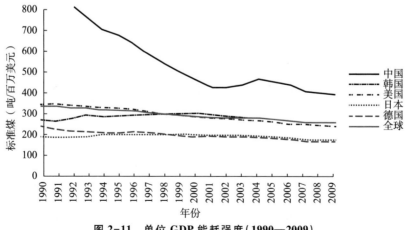

图 2-11　单位 GDP 能耗强度(1990—2009)

资料来源:IEA(2011)。

注:纵轴代表单位 GDP 的能源使用量。GDP 以2005年不变价格计算。

参考文献

[1] 包群,邵敏,杨大利,2013.环境管制抑制了污染排放吗?[J].经济研究(12):42-54.

[2] 陈斌开,林毅夫,2012.金融抑制、产业结构与收入分配[J].世界经济(1):3-23.

[3] 陈斌开,林毅夫,2013.发展战略、城市化与中国城乡收入差距[J].中国社会科学(4):81-102+206.

[4] 杜立民,2010.我国二氧化碳排放的影响因素:基于省级面板数据的研究[J].南方经济(11):20-33.

[5] 符淼,2008.我国环境库兹涅茨曲线:形态、拐点和影响因素[J].数量经济技术经济研究(11):40-55.

[6] 付才辉,2015.构建我国自主创新的新结构经济学学科体系——综述、架构与展望[J].制度经济学研究(4):1-80.

[7] 付才辉,2017a.市场、政府与两极分化——一个新结构经济学视角下的不平等理论[J].经济学(季刊)(1):1-44.

[8] 付才辉,2017b.新结构经济学:一场经济学的结构革命——一种(偏)微分方程思路下内生(总量)生产函数的解读[J].经济评论(3):81-103.

[9] 付才辉,2017c.新结构经济学理论及其在转型升级中的应用[J].学习与探索(5):133-145+2.

[10] 傅勇,张晏,2007.中国式分权与财政支出结构偏向:为增长而竞争的代价[J].管理世界(3):4-12.

[11] 高静,2012.中国SO_2与CO_2排放路径与环境治理研究——基于30个省市环境库兹涅茨曲线面板数据分析[J].现代财经(天津财经大学学报)(8):120-129.

[12] 韩玉军,陆旸,2009.经济增长与环境的关系——基于对CO_2环境库兹涅茨曲线的实证研究[J].经济理论与经济管理(3):5-11.

[13] 黄益平,王勋,华秀萍,2010.中国通货膨胀的决定因素[J].金融研究(6):46-59.

[14] 李虹,2011.中国化石能源补贴与碳减排——衡量能源补贴规模的理论方法综述与实证分析[J].经济学动态(3):92-96.

[15] 李锴,齐绍洲,2011.贸易开放、经济增长与中国二氧化碳排放[J].经济研究(11):60-72+102.

[16] 林伯强,杜克锐,2014.理解中国能耗强度的变化:一个综合的分解框架[J].世界经济(4):69-87.

[17] 林伯强,蒋竺均,2009.中国二氧化碳的环境库兹涅茨曲线预测及影响因素分析[J].管理世界(4):27-36.

[18] 林毅夫,2002.发展战略、自生能力和经济收敛[J].经济学(季刊)(1):269-300.

[19] 林毅夫,2012.新结构经济学:反思发展与政策的一个理论框架[M].北京:北京大学出版社.

[20] 林毅夫,蔡昉,李周,1994.中国的奇迹:发展战略与经济改革[M].上海:上海人民出版社.

[21] 林毅夫,陈斌开,2013.发展战略、产业结构与收入分配[J].经济学(季刊)(4):1109-1140.

[22] 林毅夫,付才辉,2019.新结构经济学导论[M].北京:高等教育出版社.

[23] 林毅夫,付才辉,王勇,2016.新结构经济学新在何处[M].北京:北京大学出版社.

[24] 林毅夫,刘培林,2001.国企改革下一步:剥离政策性负担、提高企业的自生能力[J].中国国情国力(Z1):27.

[25] 林毅夫,刘培林,2003.中国的经济发展战略与地区收入差距[J].经济研究(3):19-25+89.

[26] 刘华军,闫庆悦,孙曰瑶,2011.中国二氧化碳排放的环境库兹涅茨曲线——基于时间序列与面板数据的经验估计[J].中国科技论坛(4):108-113.

[27] 刘华军,杨骞,2014.环境污染、时空依赖与经济增长[J].产业经济研究(1):81-91.

[28] 彭水军,张文城,曹毅,2013.贸易开放的结构效应是否加剧了中国的环境污染——基于地级城市动态面板数据的经验证据[J].国际贸易问题(8):119-132.

[29] 曲如晓,江铨,2012.人口规模、结构对区域碳排放的影响研究——基于中国省级面板数据的经验分析[J].人口与经济(2):10-17.

[30] 申萌,李凯杰,曲如晓,2012.技术进步、经济增长与二氧化碳排放:理论和经验研究[J].世界经济(7):83-100.

[31] 沈坤荣,金刚,方娴,2017.环境规制引起了污染就近转移吗?[J].经济研究(5):44-59.

[32] 盛鹏飞,2014.环境污染对中国劳动生产率的影响——理论与实证依据[D].重庆:重庆大学.

[33] 世界银行和国务院发展研究中心联合课题组,2013.2030年的中国[M].北京:中国财政经济出版社.

[34] 司昱,2010.我国工业"三废"的环境库兹涅茨曲线实证研究[J].环境保护科学(6):60-63.

[35] 索尔谢姆,2016.发明污染:工业革命以来的煤、烟与文化[M].上海:上海社会科学院出版社.

[36] 王坤宇,2017.国家发展战略与能源效率[J].经济评论(5):3-13.

[37] 王敏,黄滢,2015.中国的环境污染与经济增长[J].经济学(季刊)(2):557-578.

[38] 王勇,俞海,张永亮,等,2016.中国环境质量拐点:基于EKC的实证判断[J].中国人口·资源与环境(10):1-7.

[39] 魏下海,余玲铮,2011.空间依赖、碳排放与经济增长——重新解读中国的EKC假说[J].探索(1):100-105.

[40] 席鹏辉,梁若冰,谢贞发,2017.税收分成调整、财政压力与工业污染[J].世界经济(10):170-192.

[41] 许广月,宋德勇,2010.我国出口贸易、经济增长与碳排放关系的实证研究[J].国际贸易问题(1):74-79.

[42] 许和连,邓玉萍,2012.外商直接投资导致了中国的环境污染吗?——基于中国省际面板数据的空间计量研究[J].管理世界(2):30-43.

[43] 杨帆,周沂,贺灿飞,2016.产业组织、产业集聚与中国制造业产业污染[J].北京大学学报(自然科学版)(3):563-573.

[44] 杨洲木,王文平,张斌,2017.低碳绿色型产业升级进程中的政策干预机理——基于新结构经济学理论框架[J].经济评论(3):119-133+147.

[45] 张华,魏晓平,2014.绿色悖论抑或倒逼减排——环境规制对碳排放影响的双重效应[J].中国人口·资源与环境(9):21-29.

[46] 张军,吴桂英,张吉鹏,2004.中国省际物质资本存量估算:1952—2000[J].经济研究(10):35-44.

[47] 张少华,陈浪南,2009.经济全球化对我国环境污染影响的实证研究——基于行业面板数据[J].国际贸易问题(11):68-73+79.

[48] 郑洁,付才辉,2020.企业自生能力与环境污染:新结构经济学视角[J].经济评论(1):49-70.

[49] 郑义,赵晓霞,2014.环境技术效率、污染治理与环境绩效——基于1998—2012年中国省级面板数据的分析[J].中国管理科学(S1):767-773.

[50] 朱平芳,张征宇,姜国麟,2011.FDI与环境规制:基于地方分权视角的实证研究[J].经济研究(6):133-145.

[51] 朱平辉,袁加军,曾五一,2010.中国工业环境库兹涅茨曲线分析——基于空间面板模型的经验研究[J].中国工业经济(6):65-74.

[52] 朱勤,彭希哲,陆志明,等,2010.人口与消费对碳排放影响的分析模型与实证[J].中国人口·资源与环境(2):98-102.

[53] Al-Mulali U, Sheau-Ting L, 2014. Econometric analysis of trade, exports, imports, energy consumption and CO_2 emission in six regions[J]. Renewable and Sustainable Energy Reviews, 33(5): 484-498.

[54] Al-Mulali U, Weng-Wai C, Sheau-Ting L, et al., 2015. Investigating the environmental Kuznets curve (EKC) hypothesis by utilizing the ecological footprint as an indicator of environmental degradation[J]. Ecological Indicators, 48: 315-323.

[55] Andreoni J, Levinson A, 2001. The simple analytics of the environmental Kuznets curve[J]. Journal of Public Economics, 80(2): 269-286.

[56] Anselin L, 1988. Spatial Econometrics: Methods and Models[M]. Dordrecht: Springer Netherlands.

[57] Barido D, Marshall J D, 2014. Relationship between urbanization and CO_2 emissions depends on income level and policy[J]. Environmental Science & Technology, 48(7): 3632-3639.

[58] Besley T, Coate S, 2003. Centralized versus decentralized provision of local public goods: A political economy approach[J]. Journal of Public Economics, 87(12): 2611-2637.

[59] Birdsall N, Wheeler D, 1993. Trade policy and industrial pollution in Latin America: Where are the pollution havens? [J]. The Journal of Environment & Development, 2(1): 137-149.

[60] Bölük G, Mert M, 2014. Fossil & renewable energy consumption, GHGs (greenhouse gases) and economic growth: Evidence from a panel of EU (European Union) countries[J]. Energy, 74: 439-446.

[61] Brock W A, Taylor M S, 2005. Economic growth and the environment: A review of theory and empirics[M]//Aghion P, Durlauf S N. Handbook of Economic Growth, 1(B). Amsterdam: Elsevier, 2005: 1749-1821.

[62] Bruvoll A, Medin H, 2003. Factors behind the environmental Kuznets curve. A decomposition of the changes in air pollution[J]. Environmental and Resource Economics, 24(1): 27-48.

[63] Chen W, Wu F, Geng W, et al., 2017. Carbon emissions in China's industrial sectors[J]. Resources, Conservation and Recycling, 117: 264-273.

[64] Cole M A, 2004. Trade, the pollution haven hypothesis and the environmental Kuznets curve: Examining the linkages[J]. Ecological Economics, 48(1): 71-81.

[65] Cole M A, Neumayer E, 2004. Examining the impact of demographic factors on air pollution[J]. Population and Environment, 26(1): 5-21.

[66] Dasgupta S, Hong J H, Laplante B, et al., 2006. Disclosure of environmental violations and stock market in the Republic of Korea[J]. Ecological Economics, 58(4): 759-777.

[67] Dasgupta S, Laplante B, Mamingi N, 2001. Pollution and capital markets in developing countries[J]. Journal of Environmental Economics and Management, 42(3): 310-335.

[68] Dasgupta S, Laplante B, Wang H, et al., 2002. Confronting the environmental Kuznets curve[J]. Journal of Economic Perspectives, 16(1): 147-168.

[69] Dinda S, 2004. Environmental Kuznets curve hypothesis: A survey[J]. Ecological Economics, 49(4): 431-455.

[70] Dogan E, Seker F, 2016. Determinants of CO_2 emissions in the European Union: The role of renewable and non-renewable energy[J]. Renewable Energy, 94: 429-439.

[71] Dogan E, Turkekul B, 2016. CO_2 emissions, real output, energy consumption, trade, urbanization and financial development: Testing the EKC hypothesis for the USA[J]. Environmental Science and Pollution Research, 23(2): 1203-1213.

[72] Edwards S, 1996. Crisis and reform in Latin America: From despair to hope[J]. American Economist, 40(2): 98.

[73] Ehrlich P R, Holdren J P, 1971. Impact of population growth[J]. Science, 171(3977): 1212-1217.

[74] Farhani S, Ozturk I, 2015. Causal relationship between CO_2 emissions, real GDP, energy consumption, financial development, trade openness, and urbanization in Tunisia[J]. Environmental Science and Pollution Research, 22(20): 15663-15676.

[75] Fodha M, Zaghdoud O, 2010. Economic growth and pollutant emissions in Tunisia: An empirical analysis of the environmental Kuznets curve[J]. Energy Policy, 38(2): 1150-1156.

[76] Frankel J, Rose A, 2002. An estimate of the effect of common currencies on trade and income[J]. The Quarterly Journal of Economics, 117(2): 437-466.

[77] Galeotti M, Manera M, Lanza A, 2009. On the robustness of robustness checks of the environmental Kuznets curve hypothesis[J]. Environmental and Resource Economics, 42(4): 551-574.

[78] Grossman G M, Krueger A B, 1991. Environmental impacts of a North American free trade agreement[Z]. National Bureau of Economic Research Working Paper #3914.

[79] Grossman G M, Krueger A B, 1995. Economic growth and the environment[J]. The Quarterly Journal of Economics, 110(2): 353-377.

[80] Hao Y, Zhang Q, Zhong M, et al., 2015. Is there convergence in per capita SO_2 emissions in China? An empirical study using city-level panel data[J]. Journal of Cleaner Production, 108: 944-954.

[81] Harbaugh W T, Levinson A, Wilson D M, 2002. Reexamining the empirical evidence for an environmental Kuznets curve[J]. Review of Economics and Statistics, 84(3): 541-551.

[82] Holtz-Eakin D, Selden T M, 1995. Stoking the fires? CO_2 emissions and economic growth[J]. Journal of Public Economics, 57(1): 85-101.

[83] Hossain M S, 2011. Panel estimation for CO_2 emissions, energy consumption, economic growth, trade openness and urbanization of newly industrialized countries[J]. Energy Policy, 39(11): 6991-6999.

[84] Huang Y, 2010. Dissecting the China puzzle: Asymmetric liberalization and cost distortion[J]. Asian Economic Policy Review, 5(2): 281-295.

[85] IEA(International Energy Agency), 2011. World Energy Outlook[R]. Paris: OECD.

[86] Islam F, Shahbaz M, Ahmed A U, et al., 2013. Financial development and energy consumption nexus in Malaysia: A multivariate time series analysis[J]. Economic Modelling, 30: 435-441.

[87] Jalil A, Feridun M, 2011. The impact of growth, energy and financial development on the environment in China: Cointegration analysis[J]. Energy Economics, 33(2): 284-291.

[88] John A, Pecchenino R, 1994. An overlapping generations model of growth and the environment[J]. The Economic Journal, 104(427): 1393-1410.

[89] Jones L E, Manuelli R E, 2001. Endogenous policy choice: The case of pollution and growth[J]. Review of Economic Dynamics, 4(2): 369-405.

[90] Kuznets S, 1955. Economic growth and income inequality[J]. American Economic Review, 49: 1-28.

[91] Lee C C, Lee J D, 2009. Income and CO_2 emissions: Evidence from panel unit root and cointegration tests[J]. Energy Policy, 37(2): 413-423.

[92] Lin J Y, 2003. Development strategy, viability, and economic convergence[J]. Econo-

mic Development and Cultural Change, 51(2): 277-308.

[93] Lin J Y, 2009. Economic Development and Transition: Thought, Strategy, and Viability[M]. Cambridge, UK: Cambridge University Press.

[94] López R, Mitra S, 2000. Corruption, pollution, and the Kuznets environment curve[J]. Journal of Environmental Economics & Management, 40(2): 137-150.

[95] Mani M, Wheeler D, 1998. In search of pollution havens? Dirty industry in the world economy, 1960 to 1995[J]. The Journal of Environment & Development, 7(3): 215-247.

[96] Martínez-Zarzoso I, Maruotti A, 2011. The impact of urbanization on CO_2 emissions: Evidence from developing countries[J]. Ecological Economics, 70(7): 1344-1353.

[97] Ozturk I, Acaravci A, 2010. CO_2 emissions, energy consumption and economic growth in Turkey[J]. Renewable and Sustainable Energy Reviews, 14(9): 3220-3225.

[98] Ozturk I, Acaravci A, 2013. The long-run and causal analysis of energy, growth, openness and financial development on carbon emissions in Turkey[J]. Energy Economics, 36: 262-267.

[99] Panayotou T, 1993. Empirical tests and policy analysis of environmental degradation at different stages of economic development[Z]. ILO Working Papers. International Labour Organization.

[100] Ranis G, Mahmood S A, 1992. The political economy of development policy change[J]. The Economic Journal, 104(427): 189-211.

[101] Reppelin-Hill V, 1999. Trade and environment: An empirical analysis of the technology effect in the steel industry[J]. Journal of Environmental Economics and Management, 38(3): 283-301.

[102] Rock M T, 1996. Pollution intensity of GDP and trade policy: Can the World Bank be wrong? [J]. World Development, 24(3): 471-479.

[103] Saidi K, Mbarek M B, 2017. The impact of income, trade, urbanization, and financial development on CO_2 emissions in 19 emerging economies[J]. Environmental Science and Pollution Research, 24(14): 12748-12757.

[104] Selden T M, Song D, 1994. Environmental quality and development: Is there a Kuznets curve for air pollution emissions? [J]. Journal of Environmental Economics and Management, 27(2): 147-162.

[105] Shahbaz M, Loganathan N, Zeshan M, et al., 2015. Does renewable energy consumption add in economic growth? An application of auto-regressive distributed lag model in

Pakistan[J]. Renewable and Sustainable Energy Reviews, 44: 576-585.

[106] Shahbaz M, Shamim S M A, Aamir N, 2010. Macroeconomic environment and financial sector's performance: Econometric evidence from three traditional approaches[J]. The IUP Journal of Financial Economics, 1: 103-123.

[107] Sharma S S, 2011. Determinants of carbon dioxide emissions: Empirical evidence from 69 countries[J]. Applied Energy, 88(1): 376-382.

[108] Shi A, 2003. The impact of population pressure on global carbon dioxide emissions, 1975-1996: Evidence from pooled cross-country data[J]. Ecological Economics, 44(1): 29-42.

[109] Smyth R, Narayan P K, 2015. Applied econometrics and implications for energy economics research[J]. Energy Economics, 50: 351-358.

[110] Stern D I, 2002. Explaining changes in global sulfur emissions: An econometric decomposition approach[J]. Ecological Economics, 42(1-2): 201-220.

[111] Stern D I, 2004. The rise and fall of the environmental Kuznets curve[J]. World Development, 32(8): 1419-1439.

[112] Stern D I, Common M S, 2001. Is there an environmental Kuznets curve forsulfur? [J]. Journal of Environmental Economics and Management, 41(2): 162-178.

[113] Stokey N L, 1998. Are there limits to growth? [J]. International Economic Review, 39(1): 1-31.

[114] Tamazian A, Chousa J P, Vadlamannati K C, 2009. Does higher economic and financial development lead to environmental degradation: Evidence from BRIC countries[J]. Energy Policy, 37(1): 246-253.

[115] Tsiang S C, 1984. Taiwan's economic miracle: Lessons in economic development[J]. World Economic Growth, 60(4): 301-325.

[116] Wolde-Rufael Y, 2005. Energy demand and economic growth: The African experience[J]. Journal of Policy Modeling, 27(8): 891-903.

3

自生能力与环境污染：理论基础与实证检验[①]

3.1 引 言

改革开放以来,中国经济在取得"增长的奇迹"的同时,也出现了一定的环境污染问题。根据原中国环境保护部的一项研究,中国环境污染物的来源主要包括生产性污染、生活性污染以及交通运输性污染,其中生产性污染是最主要的来源。[②] 企业作为生产活动的微观主体,其产生的污染排放物是生产性污染的源头。已有研究认为,目前80%的环境污染来自企业的生产经营活动(沈红波等,2012),以二氧化硫(SO_2)为例,2015年中国的工业SO_2排放量占全国SO_2排放总量的83.73%。[③]

关于企业的环境污染问题的研究由来已久,经济学教科书中已经形成了十分标准的新古典研究范式。然而,新古典经济学理论的一个潜在假设是企业是具备自生能力的,但是在许多转型国家和发展中国家,由于它们的发展战略违背了其比较优势,以致企业缺乏自生能力(Lin et al.,1999;林毅

[①] 本章内容曾以《企业自生能力与环境污染:新结构经济学视角》为题发表于《经济评论》2020年第1期(作者:郑洁、付才辉)。感谢匿名审稿人的有益修改建议。

[②] 中国环境保护部科技标准司,《大气污染的主要来源》,http://www.zhb.gov.cn/hjjc09/xcd/200604/t20060421_76042.htm(访问日期:2014年2月10日)。

[③] 根据2016年《中国环境统计年鉴》的数据测算所得。

夫,2017)。在此现实背景下,基于新古典经济学的研究范式对企业环境污染的研究是存在偏颇的。因此,有必要放松新古典经济学的这一潜在假设,从新结构经济学视角出发,研究企业自生能力与环境污染的关系。这不仅能够丰富现有的新古典经济理论以及新结构经济学在环境领域的运用,也有利于理解现实中企业"污而不倒"的现象(徐志伟等,2019)。

本章认为,企业自生能力是研究环境污染问题的微观基础。企业具备自生能力,意味着企业能够获得社会可接受的正常利润水平,从而有能力进行环境治理投入;也意味着企业在面临环境约束时,可能通过创新活动提高生产效率,进而缓解清洁生产成本上升对自身经营造成的负面影响,"波特效应"才能得到有效激发。相反,当企业缺乏自生能力时,在没有外部保护补贴的情况下,企业无法获得正常利润,也就没有能力进行环境治理投入;在面对环境约束时,企业也就无法严格执行法律法规,即使政府出台严格的环境保护法律法规,这些法律法规也无法得到有效的执行,从而形成环境软约束。与此同时,先进的绿色技术也无法得到采纳,"绿色后发优势"得不到发挥,企业更不可能激发出"波特效应",从而使得环境污染问题更严重。

3.2 文献综述

企业自生能力的概念最早是 Lin et al.(1999)提出的,后续有一系列研究围绕自生能力展开。例如,林毅夫等(2001)和林毅夫(2019)讨论了企业自生能力与国有企业改革问题,认为国有企业改革的根本问题在于企业缺乏自生能力。除此之外,相关研究还讨论了企业自生能力与经济收敛(林毅夫,2002a,2002b)、收入分配(陈斌开等,2013)、国际贸易(林毅夫等,2017)等的关系。一些学者也将企业自生能力的概念应用于各个领域。例如,王图展(2017)研究了自生能力对农民合作社服务功能的实现的影响;杨文欢(2019)将自生能力应用于公共管理领域,分析了在政府因势利导和社会自生能力的分析框架下基层治理创新兴衰的发生机制。然而,关于企业自生能力与环境污染关系的研究还较少。[①]

---

① 付才辉等(2018)在研究发展战略与环境污染时,谈到了企业自生能力,但未对此展开分析。

与企业自生能力与环境污染问题相关的一脉文献,是从企业所有制结构角度分析环境污染的相关问题,但所得结论莫衷一是。一部分文献认为企业的国有性质加剧了环境污染(Talukdar et al.,2001;涂正革,2008;刘瑞明等,2015;Eaton et al.,2017)。例如,Talukdar et al.(2001)利用1987—1995年44个发展中国家数据的经验研究表明,发展中国家的私有化程度越高,环境恶化程度越低。而另一部分文献则认为国有企业减轻了环境污染(Earnhart et al.,2007;Lee,2009;Jiang et al.,2014;杨帆等,2016)。例如,Earnhart et al.(2007)研究了企业所有制结构对企业环境绩效的影响,发现国有企业比私有企业更能显著降低污染物的绝对排放和相对排放水平。通过梳理已有文献,可以归纳出国有企业对环境污染的几种影响机制,即国有企业通过讨价还价、激励不相容、生产技术和规模、环境责任感以及间接渠道对环境污染产生影响。

具体而言,一部分文献认为,国有企业的讨价还价能力强进而可能加剧环境污染(沈红波等,2012;Eaton et al.,2017)。国有企业通常是区域经济发展的支柱,是地方政府财政收入的主要来源,受益于国家的多种扶植政策,与政府机构关系密切;此外,一些国有企业的高层管理人员的行政级别甚至比环境规制机构的管理人员还要高。因此,国有企业与地方政府等环保机构的讨价还价能力较强,具有更大的排污动机,容易出现寻租等活动以规避环境规制,从而成为排污的主体(杨帆等,2016)。一部分文献认为,国有企业管理者的激励不相容可能加剧环境污染。根据国家法律,国有企业在性质上归全体公民所有,然而正如周其仁(2000)认为的,在"所有者缺位"的情况下,个人事实上拥有企业的人力资产权利。因此,在国有企业的所有者和管理者的身份与行为目标存在差异的情况下,对管理者的激励不相容可能导致国有企业的环境污染加重。现阶段,某些国有企业管理者出于自身的政绩考虑,往往倾向于那些短、平、快的方式,例如建立分厂,扩大企业规模和营业范围,更积极地实施政府的相关基建项目等。相比之下,环境治理不仅需要投入大量的人力、物力,而且时间长、实施效果不显著且在绩效考核中所占权重小,再加上管理者在企业中的任期长短不确定,通常没有足够的激励制定污染治理的长期规划,从而加剧了环境污染。

一部分文献认为,国有企业的生产技术较高和规模较大从而可能减少环境污染。国有企业通常为大型企业,在生产规模、生产技术、生产的软硬件设施和劳动力素质等方面都具有较高水平,处理污染的能力强,治污成本低,有利于发挥规模效应,带来更少的环境污染问题。一部分文献认为,国有企业的环境责任感可能影响环境污染。正如国有企业承担着战略性政策负担和社会性政策负担(林毅夫等,2000),国有企业很大程度上还承担着环境保护的责任。随着党的十八大报告把生态文明建设放在突出地位,环境保护逐渐被纳入地区政府的发展目标。地方政府为了实现环境保护,最直接的方式就是让国有企业承担起节能减排的任务。加之中国的环境保护政策多针对国有企业等大型企业而制定,相应的规制和监管体系更为完善,国有企业受到环境规制的作用更强(杨帆等,2016),其污染行为受到的监管更严格,因此其污染排放水平可能更低(Lee,2009;魏玮等,2015)。然而,与此相反,也有文献认为,正是由于国有企业没有承担其应承担的社会责任,环境污染才得以加剧(卢现祥等,2012)。还有一部分文献认为,国有企业通过对其他所有制企业的影响作用于环境污染。国有企业作为不同所有制企业中的领导者和风向标,可以通过示范-模仿效应、生产研发等合作方式以及人员流动对其他所有制企业的生产排污行为产生影响(杨治等,2015)。

另外,刘瑞明等(2015)研究发现,企业的所有制结构和预算约束影响了地区的能源效率与节能减排。当企业面临预算硬约束时,激烈的市场竞争本身会迫使企业通过提高能源效率的方式获得生存和实现盈利。而当企业面临预算软约束时,可能产生道德风险,对节能减排的投入积极性较低。由于转型经济中不同所有制企业面临的预算软约束程度不同,一个地区的所有制结构决定了该地区的能源效率:一个地区的国有企业比重越大,预算软约束程度越高,能源效率和节能减排绩效越差。因此,他们的政策建议是转变所有制结构,从而有效地提高能源效率,实现经济增长和节能减排携手并进。然而,这是典型的"华盛顿共识"的观点。历史经验和教训已经表明,盲目进行私有化改革不仅无法从根本上解决预算软约束问题,还会影响整体经济的发展。同样,在环境问题上,转变所有制结构不仅无法解决环境污染问题,还有可能导致环境污染的进一步加剧,陷入"环境污染陷阱"。

王守坤(2018)则从"僵尸企业"的角度分析其对污染排放的影响,其基于我国工业企业数据库研究发现,"僵尸企业"的资产规模比例越高,工业污染排放强度越高。申广军(2016)基于新结构经济学视角研究认为,"僵尸企业"往往是不具备自生能力的,"僵尸企业"的比重与国有企业的比重高度正相关。因此,本章认为,无论是国有企业的所有制结构,还是僵尸企业的可持续盈利能力,本质上都是刻画企业自生能力的维度。

综上所述,已有的关于企业自生能力的相关研究在环境问题上的着墨还较少,而已有的从所有制结构角度探讨环境污染问题的相关研究是在第二层面进行分析,还有待从第一层面进行深入分析。诚然,所有制结构对环境污染确实具有一定的影响,但这不是问题的根本。具体而言,尽管已有研究从企业所有制结构角度论证了其对环境污染产生的影响,但是企业所有制本身也是内生的,正是由于企业缺乏自生能力,才需要将这些不具备自生能力的企业国有化,国有化是政府不让缺乏自生能力企业倒闭的一种制度安排(林毅夫,2002a,2002b)。从政策启示来看,该类文献提出的政策建议在于进行所有制改革,认为应当将国有企业私有化以缓解环境污染问题。但是历史经验教训已经表明,盲目实施私有化改革不仅无法解决预算软约束问题,还会影响整体经济的发展。苏联、东欧国家按照新古典经济学的基本原则进行改革,实施"休克疗法"——私有化、自由化和市场化,结果出现了极其严重的通货膨胀和经济倒退,就是很好的例证。因此,我们有必要从第一层面——企业自生能力出发来分析环境污染问题。

相比于已有文献,本章的可能贡献是:①在理论方面,初步建立了企业自生能力与环境污染的理论分析框架,识别二者的主要影响机制,即环境治理机制、环境约束机制和技术进步机制;②在实证方面,在以国有企业比重作为企业自生能力的主要度量指标的基础上,基于新结构经济学的理论逻辑,追溯我国的发展历史,选取"离受威胁地最短距离"作为企业自生能力的外生工具变量,从而能够有效剥离企业所有制结构效应对实证结果的影响,识别出企业自生能力对环境污染的影响;③在机制方面,实证检验企业自生能力通过以工业污染源治理投资作为度量指标的环境治理机制,以当年实施行政处罚案件和排污费作为度量指标的环境约束机制,以自主研发经费支出、技术引进经费支出以及技术改造经费支出作为度量指标的技术进步机制,对环境污染的影响。

3.3 自生能力与环境污染的理论分析及特征性事实

企业自生能力是指一个处于开放自由竞争的市场环境中、具有正常管理水平的企业,无须依靠政府或外部补助就可以预期获得一个社会可接受的正常利润水平的能力(Lin,2009)。企业自生能力是新结构经济学的微观分析基础。自生能力取决于企业所使用的技术和所在的产业是否与要素禀赋结构所决定的比较优势相一致,如此,企业生产要素成本最低;当经济中的软硬基础设施合适时,交易成本也会最低,从而形成最强的竞争力,企业不需要政府的保护补贴就能生存(林毅夫,2017)。

由企业自生能力的定义(原理)可知,具备自生能力的企业意味着在市场上能够获得正常的利润,其生产成本和交易成本是最低的。这些具备自生能力的企业在面临环境约束时,尽管总成本增加了,短期内可能使得企业成本上升,发生亏损,甚至会淘汰部分企业;但长期来看,这些具备自生能力的企业有能力采用绿色环保的生产要素(例如,调整能源消费结构)和节能减排技术,加大绿色技术创新和环境治理水平,从而降低环境污染排放。彭海珍等(2004)研究认为,企业可以通过安装排污设备、采用政府指定的环境技术标准、进行一定的环境投资以及实施环境管理体系等方式实现环境成本内部化,以实现政府要求的减排目标。在政府制定的环境政策和法规的约束下,企业采取上述各种措施的最终结果表现为企业的污染排放量和污染消除量。

企业自生能力也是实现"波特效应"的关键。著名的"波特假说"认为,合理而严格的环境约束可以促使企业进行更多的创新活动以提升生产率和竞争力,创新补偿可以部分或全部弥补由污染治理额外带来的外部成本,从而释放环境红利和经济红利,创造节能减排和经济增长的双赢机会(Porter et al.,1995)。而"波特效应"能否实现的必要条件就在于企业是否具备自生能力。只有企业具备自生能力,才能在环境约束和环境激励下激发出"波特效应"。刘和旺等(2018)基于中国工业企业数据和省级层面环境规制的合并数据,检验了"波特假说"在中国的适用性及其条件,发现"波特假说"只对非国有企业和高污染密集行业中的企业适用。这进一步佐证了本章的观点,因为非国有企业如果不具备自生能力,那么在没有外部保护补贴的情况下将无法生存;而只有具备自生能力的非国有企业在面对环境规制的压力下,采取环保战略,积极进行技术创新,才能激发出"波特效应"。

相反,如果缺乏自生能力,那么企业自身生存都难以维持,更不可能将污染成本内部化。即使政府出台严格的环境法律法规,企业也将无法执行,从而导致环境约束失效,出现环境软约束问题(付才辉等,2018)。以中国为例,事实上,从20世纪90年代初开始,中国的地方政府就陆续颁布了大量的环境立法,1996—2004年的地方性环保立法平均数高达6件,特别是2002年立法通过数高达11件(包群等,2013)。然而,包群等(2013)的研究发现,几乎没有证据支持地方环保立法能够有效地改善当地环境质量,其原因是地方环保执法力度不够,使得很多地方环保立法成为一纸空文。进一步地,造成环保立法无法执行的根本原因就在于当地企业没有自生能力。与此同时,企业也无法投入资金和人力到环境治理中,更不可能采用绿色环保技术进行技术创新和改造升级,"波特效应"也就无法实现。正如林毅夫等(2003)所认为的,如果不具备自生能力,那么企业能够继续生存下来的唯一理由就是政府保护措施的实施,在存在保护措施的前提下,不可能出现波特意义上的激烈竞争,也就意味着"波特效应"无法得到有效激发。

基于以上理论分析,我们至少可以提出以下可供检验的研究假说。

核心假说1:企业缺乏自生能力的程度越高,环境污染越严重。

在此基础上,我们提出三个机制假说。

机制假说1:企业缺乏自生能力的程度越高,环境治理水平越低,环境污染越严重。

机制假说2：企业缺乏自生能力的程度越高，环境软约束程度越高，环境污染越严重。

机制假说3：企业缺乏自生能力的程度越高，越抑制技术进步，环境污染越严重。

由上述文献归纳和理论分析可知，以国有企业比重作为企业自生能力的代理变量不失为一种合理的选择。因此，在描述特征性事实和实证分析部分，本章主要以国有企业比重作为企业自生能力的代理变量，具体的指标选取见下文。一个地区或行业的国有企业比重越大，意味着其中的企业缺乏自生能力的程度越高。为了初步验证本章的研究假说，图3-1描绘了企业自生能力（国有企业比重）与环境污染（工业SO_2排放强度）的散点关系，可以发现，二者呈显著的正相关关系。国有企业比重越大，意味着企业缺乏自生能力的程度越高，环境污染也就越严重。这一结果在以工业SO_2、工业化学需氧量（COD）和工业烟尘（DUST）排放量作为环境污染的代理指标的情况下均稳健成立。考虑到内生性等问题，我们还需要进行更加严谨的实证检验。

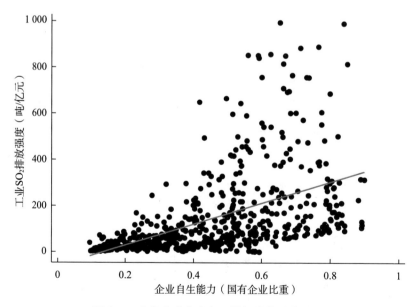

图3-1 企业自生能力与环境污染的散点关系

3.4 自生能力与环境污染的实证设计

3.4.1 模型构建

首先,为了检验企业自生能力对环境污染的影响,我们构建如下计量模型:

$$\text{Pol}_{it} = \alpha_0 + \alpha_1 \text{Viability}_{it} + X'_{it}\beta + \delta_t + \varphi_j + \varepsilon_{it} \quad (3.1)$$

式(3.1)中,i表示地区或行业;t表示年份;Pol_{it}表示环境污染变量;Viability_{it}是核心解释变量,表示企业自生能力;X_{it}是其他控制变量;φ_j表示地区或行业的固定效应;δ_t表示时间固定效应,用来控制随时间变化的因素所产生的影响;ε_{it}是随机误差项。

其次,为了检验机制假说,我们构建如下计量模型:

$$\text{Mech}_{it} = \alpha_0 + \alpha_1 \text{Viability}_{it} + X'_{it}\beta + \delta_t + \varphi_j + \varepsilon_{it} \quad (3.2)$$

$$\text{Pol}_{it} = \alpha_0 + \alpha_1 \text{Viability}_{it} + \alpha_2 \text{Mech}_{it} + X'_{it}\beta + \delta_t + \varphi_j + \varepsilon_{it} \quad (3.3)$$

式(3.2)就企业自生能力对机制变量的影响进行实证检验。其中,Viability_{it}仍然表示企业自生能力;Mech_{it}是机制变量,包括环境治理机制、环境约束机制和技术进步机制。式(3.3)则是将机制变量和企业自生能力变量同时纳入实证模型,以观察估计系数的变化情况,从而达到检验机制效应的目的。

最后,作为对机制假说的稳健性检验,我们构建如下交互项模型:

$$\text{Pol}_{it} = \alpha_0 + \alpha_1 \text{Viability}_{it} + \alpha_2 \text{Mech}_{it} \times \text{Viability}_{it} + X'_{it}\beta + \delta_t + \varphi_j + \varepsilon_{it}$$
$$(3.4)$$

式(3.4)中,$\text{Mech}_{it} \times \text{Viability}_{it}$表示企业自生能力变量与机制变量的交互项,如果估计系数α_2通过显著性检验,就可以在一定程度上说明企业自生能力通过机制变量对环境污染产生影响。

3.4.2 变量及数据说明

(1)环境污染的指标选取。在我国现阶段的统计体系中存在两套环境污染数据,包括污染物排放数据和污染物监测数据。这两套数据的统计方法存在较大差异:污染物排放数据是由工业企业自报的数据,而污染物监测数据是由各个地方环保监测站对大气或水污染物浓度进行直接测量所得的数据。两套数据均为不同的研究者所使用,各有利弊(王敏等,2015)。由于污染物监测数据是地区生产、生活和交通运输等一系列人类活动共同作用的结果,影响因素复杂多变、难以控制,而且受监测点选择的影响较大,同时存在空气质量监测站点周围实施"精准治理"①等人为压低监测数据的可能,相比之下,污染物排放数据统计的仅是工业企业生产活动的污染物排放量,更符合本章的研究需要,因此,本章主要选取污染物排放数据作为环境污染的数据来源。

自"十一五"规划首次将 SO_2 和化学需氧量的排放总量明确为约束性指标以来,这两类污染物受到普遍关注。2013 年以来,我国大部分地区出现的雾霾天气中,烟尘是空气悬浮颗粒物的主要成分。因此,我们选取工业 SO_2、工业化学需氧量以及工业烟尘排放量作为空气污染物和水污染物的主要指标。考虑到各个地区之间的规模差异,参考已有文献的做法,我们将三类污染物排放量除以工业生产总值,从而得到各类污染物排放强度指标,并以此进行实证检验。

(2) 企业自生能力的指标选取。② 林毅夫等(2001)和林毅夫(2019)充分论述了企业自生能力和国有企业的关系,认为国有企业的根本问题在于自生能力。因此,国有企业是不具备自生能力企业的代表(申广军,2016;林毅夫,2017)。基于此,本章选择国有企业比重作为企业自生能力的主要度量指

---

① 李禾,《雾霾监测:对数据造假说"不"》,载《科技日报》,2017 年 2 月 7 日,第三版。

② 对于企业自生能力的度量问题,目前仍处于探索阶段。本章以国有企业比重作为反映企业自生能力的代理变量,确实存在一定的问题,正如新结构经济学中度量发展战略时所采用的技术选择指数(TCI)一样,国有企业比重是一个内生性很强的变量。但在现阶段,在没有其他更好选择的情况下,采用国有企业比重作为企业自生能力的代理变量具有一定的合理性。庆幸的是,在实证过程中,国有企业比重与环境污染的负相关关系较明显,当然,这种关系是国有企业多种因素共同作用的结果,正如文献综述部分所归纳的,国有企业至少可以通过讨价还价、激励不相容、生产技术和规模、环境责任感及间接渠道等影响环境污染。为此,本章的思路是通过工具变量的方法,寻找一个外生工具变量,其直接且仅作用于国有企业的自生能力来影响环境污染,从而达到识别企业自生能力与环境污染的因果关系的目的。感谢匿名审稿人对此提出的建议。

标,一个地区或行业的国有企业比重越大,意味着其中的企业缺乏自生能力的程度越高。具体而言,国有企业比重(SOE)的测度方法为:国有及国有控股企业工业总产值除以全国工业总产值(卢现祥等,2012;杨帆等,2016)。该指标越大,表示该地区或行业的国有企业比重越大,其中的企业缺乏自生能力的程度越高;反之,该指标越小,表示该地区或行业的国有企业比重越小,其中的企业具备自生能力的程度越高。理论预期其估计系数为正,即国有企业比重越大,企业缺乏自生能力的程度越高,环境污染越严重。

除此之外,由于缺乏自生能力的企业在没有外界保护补贴的情况下一般是无法获得正常利润的,而很可能存在亏损,因此,我们根据国家统计局提供的国有控股工业企业亏损企业单位数和国有控股工业企业单位数的数据,构建国有企业亏损企业比例这一指标进行稳健性检验。该指标的优势在于不仅能够捕捉企业自生能力的部分信息,还能够剥离企业所有制结构这一效应的影响。

(3)机制变量的指标选取。环境治理机制主要以工业污染源治理投资来度量;关于环境约束机制,本章主要考察经济约束和行政约束,经济约束以排污费来度量,行政约束以当年实施行政处罚案件数来度量;包括环保技术在内的技术进步,在促进产出增加的同时,能够有效地减少单位产出的污染物排放量(涂正革,2008),因此技术进步是企业减少环境污染的重要机制。本章从自主研发、技术改造和技术引进三个方面考察技术进步机制在企业自生能力影响环境污染中的作用。

(4)控制变量的选取。已有的关于环境污染的影响因素的研究浩如烟海。在省级层面上,基于环境库兹涅茨曲线假说(Grossman et al.,1995),借鉴 Brock et al.(2005)关于经济增长与环境污染的系统综述,我们将环境污染归纳为三方面:规模效应、结构效应和技术效应。结合国内分析环境污染的相关文献(包群等,2006;林伯强等,2009;许和连等,2012;王敏等,2015;郑洁等,2018),本章选取如下控制变量:①人均 GDP 的一次项(RGDP)及二次项(RGDP2),理论预期一次项的估计系数为正,二次项的估计系数为负;②人口规模(POP),以年末常住人口来度量,用以反映规模效应对环境污染的影响,理论预期其估计系数为正;③产业结构(INDUS),以第二产业增加值占 GDP 的比重来度量,理论预期其估计系数为正;④能耗技术(TECH),以各地区能源消费总量与 GDP 之比来度量,理论预期其估计系数为正;⑤城市化程度(URBAN),以城镇人口占总人口的比重来度量,理论预期其估计系数为正;⑥外商直接投资(FDI),以实际利用外商直接投资额占 GDP 的比重来度量,理论预期其估计系数为负;⑦经济开放程度(OPEN),以进出口贸易总额占 GDP 的比重来度量,理论预期其估计系数为负;⑧财政分权(FDEC),以省级人均财政支出与中央人均财政支出之比来度量,理论预期其估计系数为正。

(5)数据说明。本章的样本主要由 1997—2016 年 30 个省级层面的面板数据组成(受数据可获得性的限制,不包括港澳台地区和西藏自治区),各变量原始数据来源于历年《中国统计年鉴》《中国环境统计年鉴》《中国环境年鉴》《中国工业经济统计年鉴》《中国能源统计年鉴》《中国科技统计年鉴》以及各省份统计年鉴。表 3-1 给出了主要变量的描述性统计。

表 3-1 主要变量的描述性统计结果

类别	变量	含义	观测值	均值	标准差	最小值	最大值
因变量	GSO2	工业 SO_2 排放强度(吨/亿元)	600	149.84	202.87	0.58	1 676.57
	GCOD	工业化学需氧量排放强度(万吨/亿元)	600	65.97	153.04	0.13	1 829.59
	GDUST	工业烟尘排放强度(吨/亿元)	600	87.46	133.09	0.44	1 187.67
核心自变量	Viability	企业自生能力(国有企业比重)	600	0.45	0.21	0.09	0.90
机制变量	EINSTRU	工业污染源治理投资(亿元)	570	15.23	16.85	0.08	141.60
	PCASE	当年实施行政处罚案件数(起)	600	2 999.12	4 605.34	1.00	38 434.00

(续表)

类别	变量	含义	观测值	均值	标准差	最小值	最大值
	PFEE	排污费(亿元)	600	4.48	4.46	0.03	28.73
	RandD	研发经费内部支出(亿元)	600	136.25	239.33	0.13	1 680.00
	TIND	技术引进经费(亿元)	600	11.90	16.38	0.00	135.00
	TREV	技术改造经费(亿元)	600	91.12	96.57	0.02	717.89
控制变量	RGDP	人均GDP(万元/人)	600	2.58	2.24	0.22	11.81
	POP	人口规模(万人)	600	4 337.74	2 620.32	496.00	10 999.00
	INDUS	产业结构	600	0.45	0.08	0.19	0.66
	TECH	能耗技术(万吨标准煤/亿元)	600	1.41	0.85	0.27	5.03
	URBAN	城市化程度	600	0.48	0.16	0.22	0.90
	FDI	外商直接投资(亿元)	600	310.50	409.10	0.20	2 256.43
	OPEN	经济开放程度	600	0.32	0.61	0.03	12.05
	FDEC	财政分权	600	4.53	2.95	1.08	14.88

3.5 实证结果及分析

3.5.1 基准回归结果

表3-2汇报了基准回归结果,其中因变量包括工业SO_2排放强度(GSO2)、工业化学需氧量排放强度(GCOD)以及工业烟尘排放强度(GDUST),利用固定效应模型进行估计。[①] 其中列(1)、(3)和(5)在未加入控制变量时对三类污染物排放强度进行估计,结果显示,企业自生能力(Viability)的估计系数均显著为正,这在一定程度上说明企业自生能力与环境污染正相关,与散点图的描述一致,即企业缺乏自生能力的程度越高,环境污染越严重。进一步地,列(2)、(4)和(6)加入一系列控制变量进行估计,结果显示,企业自生能力的估计系数仍然均显著为正,只是估计系数值有所减小。这是符

[①] Hausman检验结果表明,固定效应模型更优。

合实证逻辑的,剥离相关变量的影响,估计系数值也会相应减小,符合理论预期。

表 3-2 基准回归结果

变量	GSO2		GCOD		GDUST	
	(1)	(2)	(3)	(4)	(5)	(6)
Viability	7.737***	3.991***	4.677***	2.542***	5.270***	3.628***
	(19.366)	(9.105)	(13.962)	(5.532)	(18.132)	(10.151)
RGDP		65.527***		39.944***		45.914***
		(4.648)		(2.703)		(3.994)
RGDP2		-4.922***		-3.633***		-3.238***
		(-5.008)		(-3.527)		(-4.042)
POP		0.007		0.028		0.006
		(0.340)		(1.413)		(0.411)
INDUS		5.679***		5.114***		4.877***
		(6.216)		(5.341)		(6.547)
TECH		1.841***		0.061		1.371***
		(14.776)		(0.464)		(13.495)
URBAN		-11.639***		-14.208***		-5.069***
		(-8.013)		(-9.333)		(-4.280)
FDI		0.110***		0.113***		0.052***
		(4.568)		(4.493)		(2.653)
OPEN		0.308		0.899		1.296
		(0.034)		(0.095)		(0.176)
FDEC		14.442***		11.349**		13.263***
		(2.977)		(2.232)		(3.353)
常数项	-198.287***	288.089***	-144.474***	586.333***	-149.662***	67.389
	(-10.589)	(2.637)	(-9.201)	(5.121)	(-10.985)	(0.757)
N	600	600	600	600	600	600
R^2	0.397	0.708	0.255	0.437	0.366	0.615
F	375.060	135.872	194.925	43.381	328.763	89.272

注:*、**和***分别表示在10%、5%和1%水平上通过显著性检验,括号内为 t 值。

从控制变量的结果来看,人均 GDP 一次项的估计系数均显著为正,且二次项的估计系数均显著为负,该结果支持"倒 U 形"环境库兹涅茨曲线假说。人口规模(POP)的估计系数为正,但未通过显著性检验。产业结构(INDUS)的估计系数基本显著为正,符合理论预期。能耗技术(TECH)的估计系数显著为正,表示单位能源消耗越大,环境污染越严重,符合理论预期。城市化程度(URBAN)的估计系数显著为负,说明城市化程度的提高有利于降低污染排放强度。外商直接投资(FDI)的估计系数显著为正,支持"污染避难所"假说。经济开放程度(OPEN)的估计系数为正,但未通过显著性检验。财政分权(FDEC)的估计系数显著为正,符合理论预期。

3.5.2 内生性处理:企业自生能力的工具变量检验

尽管基准回归的估计结果支持了本章的研究假说,但是已有研究认为仅用固定效应模型得出的结果可能由于内生性等问题而存在较大偏误(耿强等,2010;卢现祥等,2012)。已有研究大多采用动态面板数据模型和利用系统矩估计方法来缓解内生性问题,这对于检验企业所有制结构对环境污染的影响可能有效。而本章的目的在于检验企业自生能力与环境污染的因果关系,仅仅利用系统矩估计等方法是不够的,需要更有效的工具变量。为此,本章首先对企业自生能力与环境污染可能存在的内生性问题进行梳理,具体包括:①测量偏差问题。由于本章主要以国有企业比重作为企业自生能力的度量指标,但这并不能代表企业自生能力的全部,存在一定的测量偏差,因此就需要找到一个合适的外生工具变量来识别企业自生能力影响环境污染的因果关系。除此之外,环境污染指标采用的是排放量,该数据由工业企业自报形成,很有可能存在低报的现象,从而也会造成一定的测量偏差问题。②反向因果关系。环境污染可能反过来影响企业的自生能力,由于大量的环境污染造成整体宏观环境的恶化,使得原本具有比较优势的产业逐步失去比较优势,进而影响到企业的生产成本和交易成本(陆旸,2009),从而导致企业缺乏自生能力。③遗漏变量问题。由于影响环境污染的因素众多,遗漏变量问题也不可避免。为了缓解以上内生性问题,本章尝试选取外生工具变量处理内生性,以检验本章结论的稳健性。

基于我国的历史事实可知,在中华人民共和国成立初期,为了实现赶英超美、快速实现工业化以及满足国防等方面的需要,中国选择了重工业优先发展战略。然而,重工业的核心特征是资本需求大、劳动需求少,这与中国劳动力富余、资本稀缺的资源禀赋特征不匹配,发展重工业不符合当时中国经济的比较优势(陈斌开等,2013)。重工业产业难以在市场经济条件下发展起来,追求利润最大化的私营企业不会自发地进入重工业产业,需要政府干预经济,通过国有化来优先发展重工业,而这些企业在当时是不具备自生能力的。政府通过实施重工业优先发展战略,在"一五""二五"和"三线建设"时期,通过新建和搬迁等方式,逐步将我国的重工业企业转移到内陆地区,客观上形成了当时的"三线建设"格局。由此看来,各地区不具备自生能力的企业与当时的"三线建设"格局存在必然的联系。

历史上,"三线建设"格局一般是指由沿海、边疆地区向内陆地区收缩划分的三道防线。20世纪60年代中国的威胁主要来自苏联、美国,重工业部门一般选址在离两国都比较远的地方,如陕西、甘肃、四川等地,由此形成当时的重工业企业布局。因此,基于该历史特征事实,使用"离受威胁地最短距离"作为企业自生能力的工具变量就成为可能。我们采用陈斌开等(2013)对"离受威胁地最短距离"的定义,即各地区省会城市离北部边界线、东部海岸线或南部海岸线的最短距离,利用中国地图和谷歌地图可测算出各地区省会城市的"离受威胁地最短距离"。

图3-2显示了"离受威胁地最短距离"与企业自生能力关系的散点图。从图中可以看出,"离受威胁地最短距离"与国有企业比重正相关,即"离受威胁地最短距离"越长,重工业企业越多,不具备自生能力的企业就越多,国有企业比重越大;反之,则国有企业比重越小。鉴于此,本章使用"离受威胁地最短距离"作为企业自生能力的工具变量,以缓解内生性问题。

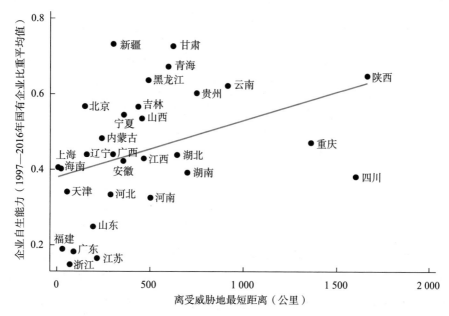

图 3-2　离受威胁地最短距离与企业自生能力关系的散点图

表 3-3 报告了 2SLS 的估计结果。首先,由第一阶段回归结果来看,"离受威胁地最短距离"(Distance)的估计系数显著为正,说明"离受威胁地最短距离"这一工具变量对国有企业比重有显著的正向影响,即"离受威胁地最短距离"越长,企业自生能力越弱;而且回归的 F 值均大于 10,通过了 1% 水平上的显著性检验,说明本章的工具变量不存在弱工具变量问题。Hausmant 检验的结果($P<0.05$)均表明 OLS 和工具变量估计值在统计上有显著差别,从而肯定了工具变量策略的有效性。

表 3-3　企业自生能力与环境污染的工具变量回归结果

变量	GSO2 (1)	GCOD (2)	GDUST (3)	GSO2 (4)	GCOD (5)	GDUST (6)	GSO2 (7)
Viability	4.650***	7.404***	1.207	4.650***	7.404**	1.207	4.040***
	(3.112)	(4.072)	(1.221)	(3.488)	(2.497)	(1.251)	(2.818)
Distance							0.603
							(1.515)
控制变量	是	是	是	是	是	是	是

（续表）

变量	GSO2 （1）	GCOD （2）	GDUST （3）	GSO2 （4）	GCOD （5）	GDUST （6）	GSO2 （7）
第一阶段回归结果							
Distance	0.010***	0.010***	0.010***	0.010***	0.010***	0.010***	
	（7.000）	（7.000）	（7.000）	（6.912）	（6.912）	（6.912）	
F	105.64	105.64	105.64	141.97	141.97	141.97	
P-value	0.000	0.000	0.000	0.000	0.000	0.000	
N	600	600	600	600	600	600	600

注：*、**和***分别表示在10%、5%和1%水平上通过显著性检验，括号内为 t 值。

其次，从第二阶段的估计结果来看，其中列（1）至列（3）是分别以三类污染物排放强度作为因变量的估计结果，可以看出企业自生能力（Viability）的估计系数均为正，除工业烟尘排放强度（GDUST）的显著性略弱外，均通过了1%水平上的显著性检验。这说明在处理企业自生能力的内生性问题后，基准回归的估计结果是稳健成立的。也就是说，在1997—2016年的样本时段内，企业缺乏自生能力程度越高（国有企业比重越大）的地区，环境污染物排放强度确实越大。考虑到可能存在的异方差问题，列（4）至列（6）采用GMM估计，发现估计结果与列（1）至列（3）基本一致，从而说明估计结果具有一定的稳健性。

列（7）则进一步对工具变量的外生性进行检验。我们参考孙圣民等（2017）利用半简化式回归方法（semi-reduced form regression）检验工具变量外生性的做法。其基本思路是：若工具变量与原方程的扰动项不相关，则将工具变量引入原方程进行估计，理论预期工具变量的估计系数应该不显著，从而在一定程度上佐证工具变量的外生性条件。从列（7）的估计结果[①]可以看出，工具变量"离受威胁地最短距离"的估计系数未通过显著性检验，由此说明本章选取的工具变量满足一定的外生性条件。此外，从相关的假设检验来看，本章选择的工具变量是合理的，不存在过度识别问题。

---

① 限于篇幅，未列出以工业化学需氧量排放强度和工业烟尘排放强度作为因变量的估计结果，其估计结果与工业 SO_2 排放强度的估计结果基本一致。

3.5.3 稳健性检验：指标选取、地区差异性及空间外溢性

在进行内生性检验后，本章进一步从环境污染和解释变量的滞后性、企业自生能力的指标选取、样本时段、地区差异性以及环境污染的空间外溢性等维度对研究假说进行稳健性检验。

表 3-4 报告了一系列稳健性检验的估计结果。

表 3-4　企业自生能力与环境污染稳健性检验的估计结果

变量	(1) 因变量滞后一期	(2) 解释变量滞后一期	(3) 自生能力的指标选取	(4) 样本时段 1997—2015 年	(5) 东部	(6) 中部	(7) 西部
GSO2							
L.GSO2	0.550***						
	(17.979)						
Viability	1.935***	1.151**	1.361**	4.058***	2.072***	3.568***	6.112***
	(5.006)	(2.566)	(2.220)	(8.976)	(6.985)	(5.180)	(7.072)
控制变量	是	是	是	是	是	是	是
R^2	0.842	0.713	0.421	0.698	0.768	0.743	0.805
GCOD							
L.GCOD	0.243***						
	(5.811)						
Viability	1.773***	1.289***	1.361**	2.562***	1.640***	1.653***	3.850***
	(3.362)	(2.734)	(2.220)	(5.461)	(8.175)	(5.492)	(4.413)
控制变量	是	是	是	是	是	是	是
R^2	0.479	0.438	0.421	0.439	0.684	0.732	0.704
GDUST							
L.GDUST	0.355***						
	(9.915)						
Viability	2.156***	0.542	0.569	3.701***	2.204***	3.887***	4.950***
	(5.745)	(1.456)	(1.302)	(10.001)	(6.919)	(4.935)	(7.603)
控制变量	是	是	是	是	是	是	是
R^2	0.709	0.610	0.607	0.610	0.537	0.641	0.723
N	570	570	510	570	220	160	220

注：*、**和***分别表示在10%、5%和1%水平上通过显著性检验，括号内为 t 值。

（1）考虑到环境污染在时间上可能存在一定的持续性，前期的污染强度可能对当期的污染强度产生影响，很可能存在滞后效应。因此，本章在基准模型的基础上，引入因变量的滞后一期作为解释变量进行估计，估计结果如列（1）所示，因变量滞后一期的估计系数均显著为正，说明污染强度存在滞后效应，与已有关于环境污染的研究一致（卢现祥等，2012）；且企业自生能力的估计系数显著为正，与基准模型基本一致，说明环境污染的滞后性不会对模型的结果产生根本性的影响。

（2）考虑到宏观变量往往存在一定的滞后性，为此，列（2）报告了将所有解释变量滞后一期的估计结果，企业自生能力的估计系数仍然显著为正，说明企业自生能力对环境污染的影响具有一定的持续性。

（3）由于缺乏自生能力的企业在没有外部保护补贴的情况下，通常是无法获得正常利润的，且很可能存在亏损，因此，根据国家统计局提供的国有控股工业企业亏损企业单位数和国有控股工业企业单位数的数据，本章尝试构建国有企业亏损比例这一指标，以此捕捉企业自生能力的部分信息，该指标的另一优势在于能够剥离企业所有制结构这一效应的影响。估计结果如列（3）所示，企业自生能力的估计系数仍然显著为正，在一定程度上识别了企业自生能力对环境污染的影响。

（4）由于2016年官方没有公布工业口径的各省份污染物排放数据，本章采用线性插值法填补2016年的数据，因此稳健性分析剔除这一年再回归。结果如列（4）所示，可以发现估计结果未发生较大变化。

（5）考虑到我国各地区的差异较大，我们遵循已有研究的处理方式，将样本划分为东部、中部和西部地区，结果如列（5）至列（7）所示，无论是东部、中部还是西部地区样本中，企业自生能力的估计系数均显著为正，这与大多数基于省级层面的实证结果一致（卢现祥等，2012）。而与大部分研究不同的是，耿强等（2010）的分地区的实证结果显示，国有企业在东部地区显著减少污染，在中部和西部地区减少污染的效果不显著，对环境污染的作用较弱。

除此之外，关于环境污染物具有空间外溢性这一事实，相关文献已基本达成共识（许和连等，2012）。考虑到环境污染物的外溢性特征，我们进一步利用空间计量模型就企业自生能力对环境污染的影响进行稳健性检验。在运用空间计量经济方法研究空间溢出效应时,空间权重矩阵的确定是至关重要的一步。已有研究文献中空间关系的设定方式主要分为地理空间权重矩阵和经济空间权重矩阵两种。为此,本章基于基本的 0-1 空间权重矩阵,结合我国各省份铁路网密度以及禀赋结构特征,分别构建以下三类空间权重矩阵:①0-1 空间权重矩阵,记为 W^{ad}。该空间权重矩阵是依据地理是否相邻来设定的,地理相邻的地区赋值"1",其他的地区赋值"0",并对矩阵进行标准化处理。②铁路网密度空间权重矩阵,记为 W^r,公式为:

$$W^r = W^{ad} . * E^r, \quad E^r = \frac{1}{|\mathrm{RD}_i - \mathrm{RD}_j|}, \quad i \neq j \tag{3.5}$$

式(3.5)中,E^r 表示地区铁路网密度差异矩阵,两地区的铁路网密度差异越大,表示其空间关系越弱;RD_i 表示地区 i 的铁路网密度,铁路网密度=各省市的铁路营业线路里程/各省市的土地面积。③禀赋结构空间权重矩阵,记为 W^{re}。从新结构经济学视角出发,禀赋结构是分析地区经济发展的逻辑起点,而其他一系列经济因素均内生于禀赋结构。因此,我们采用各地区的禀赋结构设定空间权重矩阵,而禀赋结构可以选取人均资本存量作为计量指标,具体的矩阵设定如下:

$$W^{re} = W^r . * E^e, \quad E^e = \frac{1}{|K_i - K_j|}, \quad i \neq j \tag{3.6}$$

式(3.6)中,W^{re} 综合反映地区间在地理、交通和经济上的空间关系,E^e 表示地区间人均资本存量①的差异矩阵。

我们利用 Moran' I 指数对三种污染物的空间相关性进行检验(限于篇幅,未在文中列出)。结果显示,在三种空间关联模式下,各类污染物排放强度基本呈现显著的空间正相关关系。对比在三种空间关联模式下各变量的 Moran' I 指数可以发现,总体上,以 W^{re} 空间权重矩阵测算出的 Moran' I 指数最大,其次是 W^r 矩阵,最后是 W^{ad} 矩阵,说明空间权重矩阵作为反映空间关系的代表,所含的信息越多,越能反映出区域间的空间关系。基于此,我们利用空间滞后模型做进一步的实证检验。

---

① 资本存量数据来源于中国人力资本与劳动经济研究中心网站(http://humancapital.cufe.edu.cn/index.htm),访问日期:2019 年 12 月 1 日。

由于空间模型的特征导致 OLS 估计有偏,我们采用 MLE 进行模型的估计,估计结果见表 3-5。可以看出,环境污染物的空间滞后项(Wy)基本显著为正,验证了其外溢性特征,这一点已得到大量的实证检验(许和连等,2012)。此外,对比三类空间关联模式下空间滞后项的估计系数和显著性水平可大体发现,禀赋结构空间权重矩阵的结果基本优于其他两类的结果,说明综合了地理和经济信息的空间权重矩阵反映出的地区间空间关系更强,环境污染物的空间依赖性表现得更充分。与基准回归相符的是,企业自生能力的估计系数为正,均通过至少 10% 的显著性水平检验,符合理论预期,说明污染物的空间外溢性并不显著影响本章的结论。

表 3-5 企业自生能力与环境污染的空间滞后模型估计结果

变量	GSO2			GCOD			GDUST		
	W^{ad}	W^r	W^{re}	W^{ad}	W^r	W^{re}	W^{ad}	W^r	W^{re}
Viability	0.281***	0.303***	0.305***	0.012	0.029	0.031*	0.524**	0.675***	0.637***
	(3.914)	(3.914)	(3.964)	(1.272)	(1.389)	(1.693)	(1.868)	(2.606)	(2.542)
Wy	0.028*	0.005*	0.099*	0.015	0.008	0.099**	0.061*	0.007**	0.099***
	(1.652)	(1.652)	(1.726)	(1.026)	(1.064)	(1.999)	(1.637)	(1.992)	(2.008)
控制变量	是	是	是	是	是	是	是	是	是
R^2	0.955	0.954	0.954	0.939	0.939	0.939	0.916	0.908	0.908

注:本表中的估计结果由 MATLAB R2014a 软件估计所得。

3.5.4 基于行业层面的稳健性检验

考虑到国有企业在不同行业的分布不同,存在"垂直结构"的分布特征(王勇,2017),企业自生能力对环境污染的影响是否会因此而发生变化?为此,本小节进一步从行业层面进行稳健性检验。基于 2001—2014 年行业层面的面板数据[①],环境污染指标仍然是工业二氧化硫(SO2)、工业化学需氧

---

① 由于 2001—2014 年各统计年鉴的行业划分有所调整,并考虑数据可获得性等,本章将工业行业调整为 37 个。例如,将汽车制造业与铁路、船舶、航空航天和其他运输设备制造业合并为交通运输设备制造业;将橡胶制品业与塑料制品业合并为橡胶和塑料制品业;受数据可获得性的限制,未纳入有色金属冶炼及压延加工业与其他采矿业等。

量(COD)以及工业烟尘(DUST);企业自生能力指标仍然是国有企业比重;行业层面的控制变量参照已有文献(杨帆等,2016),选取工业行业总产值(GVO)及其平方项(GVO2)、能耗强度(EINT)、全员劳动生产率(LP)和行业结构(STRU)等。

由于行业层面尚未找到合适的外生工具变量,针对潜在的内生性问题并考虑到污染物排放的连续性,本章尝试选取环境污染的滞后一期来构建动态面板数据模型,并采用SYS-GMM估计量进行估计。根据Bond(2002)提供的经验法则,若SYS-GMM估计得出的滞后因变量的系数值介于OLS和固定效应(FE)估计的系数值之间,则SYS-GMM的估计结果是有效的。因此,本章首先采用OLS和固定效应模型进行估计,并将估计结果作为参照系;然后选择SYS-GMM模型对企业自生能力与环境污染的关系进行检验,并以此估计结果作为主要的实证依据。

表3-6报告了分行业全样本的估计结果。首先,从列(1)、列(4)和列(7)的OLS估计结果来看,企业自生能力(Viability)的估计系数为正,在一定程度上反映出行业层面的国有企业比重与环境污染仍然存在正相关关系,但其显著性水平较低,可能是由于行业间的差异性等导致OLS估计无法有效控制内生性等问题对估计结果的干扰。其次,从列(2)、列(5)和列(8)的固定效应模型估计结果来看,企业自生能力的估计系数依然为正,且显著性水平(相比于OLS结果)有所提高,说明在控制个体差异等因素后,企业自生能力与环境污染的正相关关系更明确了。最后,从列(3)、列(6)和列(9)的SYS-GMM估计结果来看,企业自生能力的估计系数均在1%的显著性水平上为正,这说明在进一步控制内生性问题后,企业自生能力与环境污染的正相关关系显著成立。由此说明,在行业层面,企业自生能力与环境污染关系的研究假说也是成立的。另外,从SYS-GMM的Sargan检验结果来看,无法拒绝"所有工具变量均有效"的原假设,说明工具变量不存在过度识别问题。从残差序列相关性的AR(1)和AR(2)检验结果来看,SYS-GMM模型存在误差项的一阶序列相关,但不存在二阶序列相关。根据Bond(2002)的经验法则,可以发现SYS-GMM估计的被解释变量滞后项系数值介于OLS和FE估计的系数值之间。以上一系列检验说明SYS-GMM估计结果是有效的。

表 3-6 分行业全样本企业自生能力对环境污染的稳健性检验

变量	GSO2			GCOD			GDUST		
	OLS	FE	SYS-GMM	OLS	FE	SYS-GMM	OLS	FE	SYS-GMM
	(1)	(2)	(3)	(4)	(5)	(6)	(7)	(8)	(9)
Viability	0.729	0.025*	0.001***	0.293	0.002	0.022***	0.012	0.001*	0.006***
	(0.922)	(1.695)	(4.739)	(0.469)	(1.468)	(45.680)	(1.125)	(1.967)	(95.862)
L.Y	0.813***	0.803***	0.809***	0.886***	0.813***	0.828***	0.668***	0.622***	0.637***
	(74.452)	(86.053)	(40.249)	(34.257)	(80.693)	(95.349)	(19.542)	(68.756)	(6.200)
GVO	−0.006	−0.014	−0.004***	−0.001	−0.006	−0.009***	−0.001	−0.014	−0.023***
	(−1.636)	(−1.430)	(−8.642)	(−0.224)	(−1.605)	(−4.504)	(−0.169)	(−0.913)	(−4.290)
GVO2	0.018	0.090	0.105***	0.016	0.040	0.045**	0.027	0.087	0.023***
	(0.462)	(1.088)	(25.941)	(0.788)	(1.250)	(2.357)	(0.333)	(0.932)	(2.909)
EINT	0.013	0.010	0.095***	0.003	0.019	0.078***	0.023***	0.076*	0.209***
	(0.968)	(0.289)	(86.382)	(0.564)	(1.587)	(14.900)	(2.743)	(2.494)	(31.761)
LP	−0.002	−0.003	−0.018***	−0.001	−0.002	−0.008***	−0.001	−0.006	−0.096***
	(−1.448)	(−0.499)	(−36.928)	(−0.556)	(−0.929)	(−5.566)	(−0.138)	(−0.691)	(−13.312)
STRU	0.005**	0.014	0.040***	0.001	0.006	0.026***	0.008	0.049	0.192***
	(2.022)	(1.325)	(56.494)	(0.043)	(1.258)	(12.097)	(0.932)	(1.031)	(39.290)
常数项	−0.586	−10.039**	−1.437***	−0.072	−3.311	−13.937**	−0.787	−3.382	−42.382***
	(−1.263)	(−2.222)	(−4.218)	(−0.207)	(−1.668)	(−42.721)	(−1.069)	(−0.711)	(−3.400)
R^2	0.994	0.982		0.990	0.978		0.990	0.984	
N	518	518	518	518	518	518	518	518	518
AR(1)			−1.278			−1.475			−2.151
			(0.009)			(0.040)			(0.031)
AR(2)			1.636			0.039			0.666
			(0.212)			(0.968)			(0.505)
Sargan			27.319			25.185			25.735
			(1.000)			(1.000)			(1.000)

注：*、**和***分别表示在10%、5%和1%水平上通过显著性检验，括号内为 t 值。

考虑到行业间的异质性,我们进一步将行业细分为污染密集型行业①和非污染密集型行业进行稳健性检验。表3-7报告了分行业子样本企业自生能力与环境污染(GSO2)的估计结果。首先,从非污染密集型行业来看,企业自生能力的估计系数均为正,且显著性水平随着内生性问题的控制程度而上升,即SYS-GMM的估计结果中,企业自生能力的估计系数最显著。这说明即使是在非污染密集型行业,也是企业缺乏自生能力程度越高,行业的污染排放强度越大,从而支持了本章的研究假说。其次,从污染密集型行业来看,相比非污染密集型行业,污染密集型行业中企业自生能力的估计系数为正,且系数值更大。这一点符合理论预期,污染密集型行业自身的排污强度原本就比非污染密集型行业要大,企业缺乏自生能力的环境污染效应也会更显著。总而言之,分行业子样本的估计结果也支持研究假说,说明本章结论在行业层面也具有合理性。

表3-7 分行业子样本企业自生能力与环境污染(GSO2)的实证结果

变量	污染密集型行业			非污染密集型行业		
	OLS	FE	SYS-GMM	OLS	FE	SYS-GMM
Viability	1.840	0.065	0.044**	0.884	0.044**	0.011**
	(0.467)	(1.126)	(2.214)	(0.433)	(2.142)	(2.389)
L.Y	0.815***	0.713***	0.800***	0.776***	0.544***	0.641***
	(5.294)	(5.842)	(6.341)	(13.917)	(4.902)	(4.976)
控制变量	是	是	是	是	是	是
R^2	0.997	0.992		0.897	0.822	

注:*、**和***分别表示在10%、5%和1%水平上通过显著性检验,括号内为t值。

3.5.5 机制检验:环境治理、环境约束和技术进步

上述分析已经表明企业自生能力对环境污染的影响,本小节进一步分

---

① 关于污染密集型行业的划分方法,本章采用国务院2006年公布的《第一次全国污染源普查方案》中明确规定的11个重污染行业,包括造纸及纸制品业(22)、农副食品加工业(13)、化学原料及化学制品制造业(26)、纺织业(17)、黑色金属冶炼及压延加工业(32)、食品制造业(14)、电力/热力的生产和供应业(44)、皮革毛皮羽毛(绒)及其制品业(19)、石油加工/炼焦及核燃料加工业(25)、非金属矿物制品业(31)、有色金属冶炼及压延加工业(33)。

析企业自生能力是通过哪些机制影响环境污染的。本部分主要通过实证检验来识别环境治理机制、环境约束机制和技术进步机制,以检验本章提出的机制假说。

表3-8报告了三类机制变量与企业自生能力的估计结果。列(1)以工业污染源治理投资指标作为被解释变量,结果显示,企业自生能力(Viability)的估计系数显著为负,说明企业缺乏自生能力将减少工业污染源治理的投资,也就意味着企业缺乏自生能力不利于环境治理的投入,从而支持本章关于环境治理机制的理论逻辑。列(2)和列(3)分别以当年实施行政处罚案件数和排污费作为环境约束机制的度量指标,结果显示:列(2)中企业自生能力的估计系数为正但不显著,这可能说明企业自生能力对行政性约束不起作用;进一步地,列(3)中企业自生能力的估计系数显著为负,说明企业自生能力对环境约束机制的影响主要是通过经济性约束起作用。这一点也是符合现实情况的,当缺乏自生能力的企业出现环境污染事故时,行政性处罚具有一定的刚性,而经济性处罚的弹性则较大,由于环境污染的负外部性难以量化,罚多罚少具有一定的主观性和调节性,因此缺乏自生能力的企业往往可以通过游说政府来减少排污费,进而加剧污染排放。列(4)至列(6)分别以自主研发经费支出、技术引进经费支出和技术改造经费支出指标作为被解释变量,结果显示,企业自生能力的估计系数均显著为负,说明企业缺乏自生能力确实会抑制技术进步,导致自主研发、技术引进和技术改造经费支出减少,这与本章的理论逻辑是相符的。缺乏自生能力的企业无法获得正常的企业利润,就更不可能去从事自主研发和技术改造,从而抑制了"波特效应"。

表3-8 三类机制变量与企业自生能力的估计结果

变量	工业污染源治理投资 (1)	当年实施行政处罚案件数 (2)	排污费 (3)	自主研发经费支出 (4)	技术引进经费支出 (5)	技术改造经费支出 (6)
Viability	−0.989*** (−3.249)	0.014 (0.045)	−0.438*** (−2.616)	−0.378** (−2.260)	−0.903** (−2.203)	−0.954*** (−4.021)

（续表）

变量	工业污染源治理投资	当年实施行政处罚案件数	排污费	自主研发经费支出	技术引进经费支出	技术改造经费支出
	（1）	（2）	（3）	（4）	（5）	（6）
控制变量	是	是	是	是	是	是
N	570	600	600	600	599	600
R^2	0.587	0.216	0.737	0.890	0.111	0.542

注：*、**和***分别表示在10%、5%和1%水平上通过显著性检验，括号内为t值。

另外，由于自主研发、技术引进和技术改造指标的数据来源于《中国科技统计年鉴》，而年鉴中1997—2010年的统计口径是各地区大中型工业企业，2011—2016年的统计口径变更为规模以上工业企业，因此，我们将样本时段划分为两个时段进行稳健性检验（估计结果略）。在样本时段1997—2010年，估计结果与全样本时段基本一致；而在样本时段2011—2016年，企业自生能力的估计系数仍然为负但显著性较弱，可能的原因主要在于该样本时段中的样本量较小，导致结果不稳定。总而言之，该实证结果支持本章提出的机制假说。

表3-9报告了三类机制变量与企业自生能力对环境污染的估计结果。由于控制变量的估计结果与前文大体一致，为了精简篇幅，我们在表中未予报告，而是将三类污染物的估计结果同时列出，其中每一列仍然表示机制变量的指标。第一部分是以工业二氧化硫排放强度（GSO2）作为因变量的估计结果；第二部分是以工业化学需氧量排放强度（GCOD）作为因变量的估计结果；第三部分是以工业烟尘排放强度（GDUST）作为因变量的估计结果。整体而言，从估计结果的显著性来看，企业自生能力（Viability）的估计系数均显著为正，依然支持理论假说。进一步从估计系数的大小来看，与基准回归[见表3-2列（2）]中的估计系数3.991相比，可以发现在加入机制变量后，企业自生能力的估计系数均有不同程度的下降，特别是列（1）中加入环境治理机制变量后，企业自生能力的估计系数均显著下降，这说明企业自生能力通过三类机制均不同程度地影响环境污染，其中环境

治理机制是企业自生能力影响环境污染更为主要的机制。而与表3-8的估计结果一致的是,环境约束机制中当年实施行政处罚案件数指标的估计系数仍然不显著,进一步说明企业自生能力可能未通过该渠道影响环境污染。另外,从三类机制变量的估计系数可以发现,除当年实施行政处罚案件数这一指标外,其他机制变量指标的估计系数均显著为负,说明通过增加工业污染源治理投资,加强排污费增收的环境约束以及提高自主研发经费支出、技术引进经费支出和技术改造经费支出的技术进步渠道,可以有效地降低环境污染。

表3-9 三类机制变量与企业自生能力对环境污染的估计结果

变量	工业污染源治理投资	当年实施行政处罚案件数	排污费	自主研发经费支出	技术引进经费支出	技术改造经费支出
	(1)	(2)	(3)	(4)	(5)	(6)
GSO2						
机制变量	−21.558***	7.489	−49.635***	−12.197	−12.763***	−42.098***
	(−3.125)	(1.310)	(−4.770)	(−1.144)	(−2.907)	(−5.705)
Viability	1.886***	3.993***	3.747***	3.948***	3.954***	3.686***
	(3.834)	(9.116)	(8.650)	(8.975)	(9.030)	(8.574)
控制变量	是	是	是	是	是	是
R^2	0.731	0.688	0.699	0.688	0.692	0.704
GCOD						
机制变量	−6.159*	−1.187	−2.742	−12.678	−9.980**	−15.494*
	(1.798)	(−0.198)	(−0.246)	(−1.135)	(−2.160)	(−1.954)
Viability	1.924***	2.541***	2.528***	2.497***	2.495***	2.429***
	(3.498)	(5.527)	(5.460)	(5.415)	(5.413)	(5.259)
控制变量	是	是	是	是	是	是
R^2	0.446	0.437	0.437	0.438	0.441	0.440
GDUST						
机制变量	−28.975***	0.330	−60.706***	−42.156***	−3.078*	−38.518***
	(−5.145)	(0.071)	(−7.345)	(−4.949)	(−1.854)	(−6.450)

(续表)

变量	工业污染源治理投资	当年实施行政处罚案件数	排污费	自主研发经费支出	技术引进经费支出	技术改造经费支出
	(1)	(2)	(3)	(4)	(5)	(6)
Viability	2.217***	3.628***	3.329***	3.478***	3.632***	3.349***
	(5.521)	(10.143)	(9.677)	(9.897)	(10.096)	(9.627)
控制变量	是	是	是	是	是	是
R^2	0.671	0.615	0.648	0.631	0.615	0.641
N	570	600	600	600	600	600

注：*、**和***分别表示在10%、5%和1%水平上通过显著性检验,括号内为t值。

表 3-10 报告了机制稳健性的估计结果,主要是将三类机制变量与企业自生能力做交互项,纳入基准模型。首先,企业自生能力的估计系数仍然显著为正,支持理论假说。其次,从各类机制变量与企业自生能力交互项的估计系数来看,除了当年实施行政处罚案件指标与企业自生能力交互项的估计系数仍然不显著,其他的估计结果均显著为负,说明在对企业自生能力求一阶偏导后,各类机制指标的增加均能降低污染物排放强度,从而进一步验证了企业自生能力通过环境治理机制、环境约束机制和技术进步机制对环境污染产生影响。

表 3-10 三类机制变量与企业自生能力对环境污染的稳健性估计结果

变量	工业污染源治理投资	当年实施行政处罚案件数	排污费	自主研发经费支出	技术引进经费支出	技术改造经费支出
	(1)	(2)	(3)	(4)	(5)	(6)
			GSO2			
机制变量与企业自生能力的交互项	-25.253***	5.308	-50.446***	-16.856*	-13.738***	-43.530***
	(-3.738)	(0.942)	(-5.151)	(-1.690)	(-3.160)	(-6.062)
Viability	2.322***	3.884***	4.777***	4.277***	4.230***	4.568***
	(4.768)	(8.575)	(10.498)	(9.117)	(9.596)	(10.488)
控制变量	是	是	是	是	是	是
R^2	0.752	0.709	0.721	0.710	0.714	0.726

（续表）

变量	工业污染源治理投资	当年实施行政处罚案件数	排污费	自主研发经费支出	技术引进经费支出	技术改造经费支出
	(1)	(2)	(3)	(4)	(5)	(6)
	GCOD					
机制变量与企业自生能力的交互项	−0.117**	−4.522	−13.095	−21.719**	−11.855***	−20.601***
	(−2.015)	(−0.766)	(−1.248)	(−2.081)	(−2.592)	(−2.668)
Viability	1.857***	2.633***	2.746***	2.910***	2.726***	2.815***
	(3.394)	(5.545)	(5.633)	(5.926)	(5.879)	(6.011)
控制变量	是	是	是	是	是	是
R^2	0.445	0.437	0.438	0.441	0.443	0.444
	GDUST					
机制变量与企业自生能力的交互项	−31.891***	−1.728	−60.605***	−43.428***	−4.269	−40.274***
	(−5.797)	(−0.376)	(−7.809)	(−5.468)	(−1.195)	(−6.944)
Viability	2.788***	3.663***	4.572***	4.364***	3.712***	4.162***
	(7.029)	(9.913)	(12.681)	(11.681)	(10.244)	(11.832)
控制变量	是	是	是	是	是	是
R^2	0.675	0.615	0.652	0.634	0.616	0.645
N	570	600	600	600	600	600

注：*、** 和 *** 分别表示在10%、5%和1%水平上通过显著性检验，括号内为 t 值。

上述机制分析已经发现，环境治理机制是企业自生能力影响环境污染更为主要的机制。上述分析采用的度量指标是工业污染源治理投资，该指标可以进一步细分为治理废水、治理废气、治理固体废弃物以及治理噪声等投资。为了更精准地识别各类污染治理投资的影响，我们根据本章的环境污染指标，进一步选取工业污染治理废水投资和工业污染治理废气投资分别对三类污染物进行实证检验。

表3-11报告了环境治理机制与企业自生能力对环境污染的估计结果。其中列（1）和列（2）以工业污染治理废气投资作为环境治理机制的度量指标，因变量为工业 SO_2 排放强度和工业烟尘排放强度。结果显示，环境治理机制的估计系数显著为负，与表3-9的估计结果一致，说明工业污染治理废

气投资有利于降低废气排放强度。列(3)则以工业污染治理废水投资作为环境治理机制的度量指标,因变量为工业化学需氧量排放强度。结果显示环境治理机制的估计结果在5%的显著性水平下为负,说明工业污染治理废水投资有利于降低废水排放强度。作为稳健性检验,列(4)至列(6)以环境治理机制和企业自生能力交互项的形式进行检验,结果显示交互项的估计系数均显著为负。由此可见,基于细分的环境治理指标的估计结果也符合本章的理论预期,进一步支持了企业自生能力对环境污染的环境治理机制假说。

表3-11 环境治理机制与企业自生能力对环境污染的估计结果

变量	(1) GSO2	(2) GDUST	(3) GCOD	(4) GSO2	(5) GDUST	(6) GCOD
环境治理机制	−11.309**	−17.741***	−0.613**			
	(−2.163)	(−4.141)	(−2.101)			
环境治理机制与企业自生能力的交互项				−13.648***	−19.652***	−3.183***
				(−2.641)	(−4.650)	(−2.532)
Viability	1.937***	2.245***	1.859***	2.157***	2.585***	1.902***
	(3.907)	(5.525)	(3.414)	(4.425)	(6.484)	(3.455)
控制变量	是	是	是	是	是	是
N	570	570	570	570	570	570
R^2	0.728	0.640	0.403	0.729	0.643	0.404

注:*、**和***分别表示在10%、5%和1%水平上通过显著性检验,括号内为t值。

3.6 结论性评述

基于新结构经济学视角,放松新古典理论的潜在假设——企业自生能力,本章初步构建了企业自生能力与环境污染的分析框架,识别出二者的环境治理机制、环境约束机制和技术进步机制,进而提出相关的研究假说。同时,本章利用1997—2016年省级层面和2001—2014年行业层面的面板数据,以工业SO_2排放强度、工业化学需氧量排放强度和工业烟尘排放强度作为环境污染指标，以国有企业比重作为企业自生能力的主要度量指标，对研究假说进行实证检验。研究结果表明：①企业缺乏自生能力的程度越高，环境污染将越严重。在选取"离受威胁地最短距离"作为企业自生能力的工具变量进行内生性处理，以及从环境污染和解释变量的滞后性、企业自生能力的指标选取、样本时段、地区差异性及环境污染的空间外溢性等维度对研究假说进行稳健性检验后，该结果依然成立。②机制研究表明，企业自生能力通过环境治理机制、环境约束机制和技术进步机制影响环境污染，其中环境治理机制是相对主要的机制。也就是说，企业缺乏自生能力，会使得环境治理投入不足、环境约束软化以及抑制技术进步，从而加剧环境污染。具体而言，缺乏自生能力的企业会通过减少工业污染源治理投资，降低排污费，以及减少自主研发经费支出、技术引进经费支出和技术改造经费支出来提高环境污染的排放强度。

以上发现有着重要的政策启示。企业自生能力作为新古典经济学的暗含前提，往往为发展中国家和转型国家所忽略，而由于在发展中国家和转型国家中存在大量缺乏自生能力的企业（林毅夫，2002a，2002b），若仅按照新古典经济理论来制定政策，而忽略企业自生能力问题，往往会导致发展中国家和转型国家产生更大的扭曲，在环境方面就表现为更严重的污染问题和机制扭曲。因此，从企业自生能力的概念出发，要想解决发展中国家和转型国家中的环境污染问题，首先得解决企业的自生能力问题，而这就需要将目标定位于要素禀赋结构的提升。为了提升要素禀赋结构，政府的发展战略选择就需要遵循符合比较优势的原则。只有在企业具备自生能力之后，相应的环境治理政策、环境约束制度及绿色环保技术才能够被有效地制定、实施和引进，"波特效应"才能够被有效地激发，环境污染问题才能够得到有效缓解。相反，如果企业缺乏自生能力，环境治理投入水平就无法提高，政府制定的环境法律和法规也就无法得到有效的实施，从而形成环境软约束，发达国家先进的绿色环保技术无法被吸收采纳，"绿色后发优势"也无法得到发挥。

参考文献

[1] 包群,彭水军,2006.经济增长与环境污染:基于面板数据的联立方程估计[J].世界经济(11):48-58.

[2] 包群,邵敏,杨大利,2013.环境管制抑制了污染排放吗?[J].经济研究(12):42-54.

[3] 陈斌开,林毅夫,2013.发展战略、城市化与中国城乡收入差距[J].中国社会科学(4):81-102+206.

[4] 付才辉,郑洁,林毅夫,2018.发展战略与环境污染——一个新结构环境经济学的理论假说与实证分析[Z].北京大学新结构经济学研究院工作论文(No.C2018008).

[5] 耿强,杨蔚,2010.中国工业污染的区域差异及其影响因素——基于省级面板数据的GMM实证分析[J].中国地质大学学报(社会科学版)(5):12-16.

[6] 林伯强,蒋竺均,林静,2009.有目标的电价补贴有助于能源公平和效率[J].金融研究(11):1-18.

[7] 林毅夫,2002a.发展战略、自生能力和经济收敛[J].经济学(季刊)(1):269-300.

[8] 林毅夫,2002b.自生能力、经济转型与新古典经济学的反思[J].经济研究(12):15-24+90.

[9] 林毅夫,李永军,2003.比较优势、竞争优势与发展中国家的经济发展[J].管理世界(7):21-28+66-155.

[10] 林毅夫,刘培林,2001.自生能力和国企改革[J].经济研究(9):60-70.

[11] 林毅夫,谭国富,2000.自生能力、政策性负担、责任归属和预算软约束[J].经济社会体制比较(4):54-58.

[12] 林毅夫,王歆,向为,2017.要素禀赋、比较优势与企业自生能力[Z].北京大学新结构经济学研究院工作论文.

[13] 林毅夫,2019.新结构经济学视角下的国有企业改革[J].社会科学战线(1):41-48+2.

[14] 林毅夫,2017.新结构经济学、自生能力与新的理论见解[J].武汉大学学报(哲学社会科学版)(6):5-15.

[15] 刘和旺,向昌勇,郑世林,2018."波特假说"何以成立:来自中国的证据[J].经济社会体制比较(1):54-62.

[16] 刘瑞明,师博,白永秀,2015.所有制结构、软预算约束与能源效率——理论与中国的经验证据[J].人文杂志(6):25-33.

[17] 卢现祥,许晶,2012.企业所有制结构与区域工业污染——基于我国 2003—2009 年的省级面板数据研究[J].中南财经政法大学学报(1):78-83+143-144.

[18] 陆旸,2009.环境规制影响了污染密集型商品的贸易比较优势吗?[J].经济研究(4):28-40.

[19] 彭海珍,任荣明,2004.所有制结构与环境业绩[J].中国管理科学(3):137-141.

[20] 申广军,2016.比较优势与僵尸企业:基于新结构经济学视角的研究[J].管理世界(12):13-24+187.

[21] 沈红波,谢越,陈峥嵘,2012.企业的环境保护、社会责任及其市场效应——基于紫金矿业环境污染事件的案例研究[J].中国工业经济(1):141-151.

[22] 孙圣民,陈强,2017.家庭联产承包责任制与中国农业增长的再考察——来自面板工具变量法的证据[J].经济学(季刊)(2):815-832.

[23] 涂正革,2008.环境、资源与工业增长的协调性[J].经济研究(2):93-105.

[24] 王敏,黄滢,2015.中国的环境污染与经济增长[J].经济学(季刊)(2):557-578.

[25] 王守坤,2018.僵尸企业与污染排放:基于识别与机理的实证分析[J].统计研究(10):58-68.

[26] 王图展,2017.自生能力、外部支持与农民合作社服务功能[J].农业经济问题(5):14-27+110.

[27] 王勇,2017."垂直结构"下的国有企业改革[J].国际经济评论(5):9-28+4.

[28] 魏玮,刘婕,2015.所有者结构异质企业参与国际分割对环境负外部性的影响研究[J].当代经济科学(4):81-89+127.

[29] 徐志伟,李蕊含,2019.污染企业的生存之道:"污而不倒"现象的考察与反思[J].财经研究(7):84-96+153.

[30] 许和连,邓玉萍,2012.外商直接投资导致了中国的环境污染吗?——基于中国省际面板数据的空间计量研究[J].管理世界(2):30-43.

[31] 杨帆,周沂,贺灿飞,2016.产业组织、产业集聚与中国制造业产业污染[J].北京大学学报(自然科学版)(3):563-573.

[32] 杨文欢,2019.因势利导与自生能力:可持续基层治理创新的分析框架[J].吉首大学学报(社会科学版)(4):134-142.

[33] 杨治,闫泽斌,余林徽,等,2015.国有企业研发投入对民营企业创新行为的影响[J].科研管理(4):82-90.

[34] 郑洁,付才辉,张彩虹,2018.财政分权与环境污染——基于新结构经济学视角[J].

财政研究(3):57-70.

[35] 周其仁,2000.公有制企业的性质[J].经济研究(11):3-12+78.

[36] Bond S R, 2002. Dynamic panel data models: A guide to micro data methods and practice[J]. Portuguese Economic Journal, 1(2): 141-162.

[37] Brock W A, Taylor M S, 2005. Economic growth and the environment: A review of theory and empirics[J]. Handbook of Economic Growth, 1: 1749-1821.

[38] Earnhart D, Lízal L, 2007. Direct and indirect effects of ownership on firm-level environmental performance[J]. Eastern European Economics, 45(4): 66-87.

[39] Eaton S, Kostka G, 2017. Central protectionism in China: The "central SOE problem" in environmental governance[J]. The China Quarterly, 231: 685-704.

[40] Grossman G M, Krueger A B, 1995. Economic growth and the environment[J]. The Quarterly Journal of Economics, 110(2): 353-377.

[41] Jiang L, Chen L, Ping L, 2014. The determinants of pollution levels: Firm-level evidence from Chinese manufacturing[J]. Journal of Comparative Economics, 42(1): 118-142.

[42] Lee M D P, 2009. Does ownership form matter for corporate social responsibility? A longitudinal comparison of environmental performance between public, private, and joint-venture firms[J]. Business and Society Review, 114(4): 435-456.

[43] Lin J Y, 2009. Economic Development and Transition: Thought, Strategy, and Viability[M]. Cambridge, UK: Cambridge University Press.

[44] Lin J Y, Tan G, 1999. Policy burdens, accountability, and the soft budget constraint[J]. American Economic Review, 89(2): 426-431.

[45] Porter M E, van der Linde C, 1995. Toward a new conception of the environment-competitiveness relationship[J]. Journal of Economic Perspectives, 9(4): 97-118.

[46] Talukdar D, Meisner C M, 2001. Does the private sector help or hurt the environment? Evidence from carbon dioxide pollution in developing countries[J]. World Development, 29(5): 827-840.

4

发展战略与环境治理：环境治理软约束的成因[①]

4.1 引 言

随着中国特色社会主义进入新时代，社会主要矛盾已经转化为人民日益增长的美好生活需要和不平衡不充分的发展之间的矛盾。在环境方面，体现为人民群众对清新空气、干净饮水和优美环境等更多优质生态产品的需要与环境污染严重、生态环境恶化等不平衡不充分的发展之间的矛盾。为此，党的十九大报告明确将污染防治攻坚战作为决胜全面建成小康社会的三大攻坚战之一。特别是 2018 年 3 月的国务院机构改革，组建自然资源部和生态环境部，其目的就在于整合分散的生态环境保护职责，统一行使各类污染排放监管与行政执法职责，加强环境污染治理。

尽管长期以来，政府和学术界一致认为环境治理[②]是解决环境污染问题的有效手段（张坤民等，1999；林伯强等，2015；陈诗一等，2018），但现实情况是，我国的环境治理低效（沈坤荣等，2017，2018），环境规制无效或"非完全执行"（Wang et al.，2003；Wang and Jin，2007；李树等，2011；包群等，2013；张华，2016），环境治理投资严重不足（吴舜泽等，2007；许和连等，2012；杨丹

[①] 本章内容曾以《发展战略与环境治理》为题发表于《财经研究》2019 年第 10 期（作者：郑洁、付才辉、赵秋运）。

[②] 本章将污染防治和污染治理理解为同一概念。

辉,2016)。例如,包群等(2013)研究发现,几乎没有证据支持地方环保立法能够有效地改善当地环境质量,其原因是地方环保执法力度不够,使得环保立法往往成为一纸空文。从我国的环境治理投资情况(见图4-1)来看,虽然环境治理投资总额呈现逐年递增的趋势,但其占同期GDP的比重增长缓慢,仅由2000年的1.13%增至2016年的1.24%。这与同期我国GDP年均增长率超过8%是不匹配的,相距甚远。已有研究表明,按照国际经验,当某一地区环境治理投资占同期GDP的1%~2%时,才能大体控制污染的加剧;而要使环境质量明显好转,则环境治理投资需占其同期GDP的3%~5%(吴舜泽等,2007)。

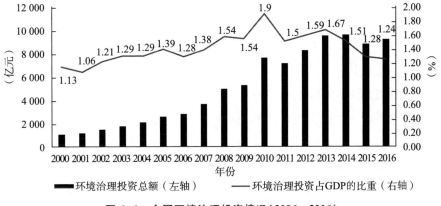

图4-1 全国环境治理投资情况(2006—2016)

资料来源:历年《中国环境年鉴》。

更为严重的是,我国的环境治理投资结构存在严重扭曲。按照我国现行环境治理投资的统计口径,环境治理投资包括城市环境基础设施建设投资、工业污染源治理投资和建设项目"三同时"环保投资三大类。其中所占比重最大的是城市环境基础设施建设投资,基本保持在50%以上,但这部分投资与污染治理的关系并不密切,主要是集中供热、园林绿化、燃气等工程投资;而与污染减排最直接相关的工业污染源治理投资所占比重最小,平均仅为13%左右,且呈现下降趋势(如图4-2所示)。这种环境治理投资结构的扭曲,进一步掩盖了我国污染治理投资不足的严峻现实(吴舜泽等,2007)。

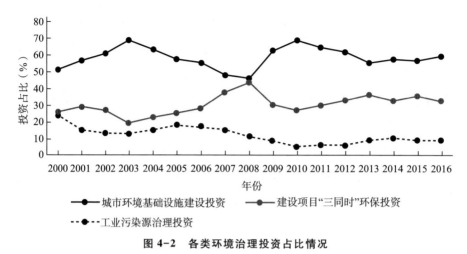

图 4-2　各类环境治理投资占比情况

资料来源：历年《中国环境年鉴》。

既然环境治理如此重要，为什么我国还长期存在环境治理严重不足的情况呢？已有研究主要是在中国式分权、政绩考核机制和地方政府竞争的框架下予以解释（杨海生等，2008；朱平芳等，2011；李胜兰等，2014；张彩云等，2018）。由于中国式分权体制，在以 GDP 作为主要考核指标的"自上而下"的激励竞争机制下，地方政府为了发展经济，将环境治理作为争夺流动性资源的博弈工具之一，采取"竞相到底"的策略，弱化环境规制，扭曲环境治理结构，从而使得环境治理不足。这一解释具有较强的合理性，实证上也得到了很好的支持。但是该解释未考虑到环境治理不足导致的环境恶化可能对经济发展起到反向抑制作用，进而可能改变地方政府"竞相到底"的策略。且该假说也无法解释现阶段有些地区存在"逐底竞争"，而有些地区不存在"逐底竞争"的现象（赵霄伟，2014）。

本章尝试从新结构经济学视角出发，对环境治理问题给出新的解释。本章认为政府的发展战略是环境治理的主要影响因素，政府发展战略的选择直接影响到环境治理的最优安排。若地方政府选择了违背比较优势的发展战略，将导致地区产业结构与其要素禀赋结构不匹配，使得产业结构偏离最优产业结构，导致产业中的企业缺乏自生能力。此时，即使政府出台一系列环境治理政策，这些政策也会由于企业缺乏自生能力而无法得到有效执行，造成环境软约束问题。与此同时，缺乏自生能力的企业在正常的经营管理下无法获得最大收益,也就无法给政府贡献最大税收,使得政府的财政收入不足;不仅如此,这些企业通常还需要政府的大量保护补贴,造成财政赤字,从而政府不得不减少环境治理投资,甚至扭曲环境治理投资结构,最终导致环境治理不足。

4.2 文献综述

已有研究主要是在中国式分权、政绩考核机制和地方政府竞争的框架下对环境治理问题予以解释,本章称之为"中国式地方政府竞争假说"。[①] 该假说认为,由于中国式分权体制,在以 GDP 作为主要考核指标的"自上而下"的激励竞争机制下,地方政府为了发展经济,将环境治理作为争夺流动性要素的博弈工具之一(朱平芳等,2011),采取"竞相到底"的策略(李胜兰等,2014),弱化环境规制(张华,2016),扭曲环境治理结构(傅勇等,2007),使得环境治理不足。因此,该假说也认为改善现行的政绩考核体制是解决环境治理问题的重要方面。此外,在对该假说的实证检验方面,已有研究大多采用空间计量模型的方法予以支持。杨海生等(2008)构建三部门模型分析地方政府竞争对其环境政策制定的影响,并利用 1998—2005 年省级面板数据进行实证检验,结果表明地方政府把环境政策作为争夺资本和劳动力等流动性生产要素的一种辅助手段。朱平芳等(2011)基于地方分权的视角,从理论与实证的角度分析得出,地方政府为吸引外商直接投资而导致的环境政策博弈显著存在。闫文娟(2012)认为财政分权并不是环境治理投资偏低的主要原因,关键是由于政府竞争,财政分权对环境治理投资的负面影响被明显放大。张华(2016)基于地方政府竞争理论,从地区间环境规制策略互动的视角分析认为,在以财政分权和政治集权为核心的中国式分权背景下,财政激励、政治激励和私人利益激励诱发的"增长型地方政府"为了争夺流动性资源,往往通过税收、支出和规制等政策工具实现自身经济利益和

---

① 此外,一些学者还从公众角度分析了公众诉求对环境治理的影响,如郑思齐等(2013)、于文超等(2014)。

政治利益的最大化,进而导致了地区间环境规制的策略互动行为,孕育了环境规制非完全执行的普遍现象。张彩云等(2018)进一步实证考察了政绩考核机制对环境政策执行效果的影响。他们基于2003—2014年中国272个地级市的面板数据,运用空间杜宾模型研究发现,合理的政绩考核指标设定使地方政府间策略互动向"良性竞争"方向发展:严格的环境绩效指标增强了城市间"竞相向上"的策略互动;经济绩效指标则削弱了城市间"竞相向上"的策略互动。

与发展战略在诸如国有企业(Lin et al., 1999)、收入不平等(林毅夫等, 2003, 2013)和经济增长(徐朝阳等, 2010)等一系列中国经济现象上具有很强的解释力一样,其在环境问题上同样具有很强的解释力(付才辉等, 2018;王坤宇, 2017;郑洁等, 2018)。例如,付才辉等(2018)基于新结构经济学的分析框架,提出了一个发展战略与环境污染的新结构环境经济学理论假说,并基于全球数据、中国省级与地市级数据进行了实证分析,认为遵循比较优势的发展战略是最有利于环境的发展方式。王坤宇(2017)分析了发展战略对能源效率的影响,认为国家间能源效率的巨大差异主要归因于各个国家在不同发展阶段实施的不同发展战略。郑洁等(2018)则从新结构经济学视角对财政分权与环境污染的关系提出新的解释,认为财政分权程度的提高有利于地区发展战略遵循其比较优势,而发展战略遵循比较优势的地区,能够有效地抑制财政分权对环境污染的负面影响。

综上所述,尽管中国式地方政府竞争假说对环境治理问题有较强的解释力,但仍存在几点不足。第一,该假说未考虑反向因果关系等内生性问题。例如,环境治理不足导致的环境恶化对经济发展会产生反向抑制作用,由此可能改变地方政府"竞相到底"的策略。第二,该假说是在新古典经济学的理论框架内予以解释,而新古典经济学暗含的前提是产业中的企业具备自生能力。也就是说,通过放松环境规制等一系列手段,地方政府引进的企业是具备自生能力的,是能够拉动地区经济增长的。然而,现实情况是,大多数地区通过招商引资方式引入的企业,非但没有为地区的经济发展做出贡献,反而成为地方政府的负担(如成为"僵尸企业"等),与此同时还导致了严重的环境问题。中国式地方政府竞争假说对此无法给出很好的解释。

第三,该假说也无法回答"波特效应",即合理而严格的环境治理可以促使企业进行更多的创新活动以提升企业的生产率和竞争力,创新补偿可以部分或全部弥补由污染治理额外带来的外部成本,从而释放环境红利和经济红利,创造节能减排和经济增长的双赢机会(Porter,1991;Porter et al.,1995;Ambec et al.,2002)。

由此可见,基于新古典经济学的中国式地方政府竞争假说仍存在很大的改进空间,需要新的理论给出新的解释。鉴于此,本章立足于新结构经济学,从企业的自生能力出发,对以上问题进行解释。尽管新结构经济学在环境污染问题上已有着墨,例如,付才辉等(2018)在构建发展战略与环境污染的理论分析框架时,将环境治理作为中间机制予以考虑,但对环境治理问题尚未进行系统的论述。因此,相比于已有文献,本章的贡献可能在于:①基于新结构经济学视角,就发展战略对环境治理的影响进行理论和实证分析,并识别出主要的影响机制:企业自生能力机制和财政赤字机制。②在环境治理指标的选取方面更为全面。本章根据污染产生过程和政府环境治理手段,选取地方性环保法规和行政规章数、排污费、行政处罚案件数、环保系统人员数、环境治理投资总额和环境治理结构等六类指标,并利用熵权法构造环境治理综合指数来度量环境治理。③内生性问题的处理。本章根据已有研究和我国发展战略的历史演变逻辑,较为创新地选取"离受威胁地最短距离"和"老工业基地数目"作为发展战略技术选择指数(TCI)的外生工具变量,从而有效识别发展战略对环境治理的影响及其机制。

4.3 发展战略与环境治理的理论分析及特征性事实

4.3.1 理论分析

新结构经济学根据发展战略是否符合比较优势,将其划分为遵循比较优势的发展战略和违背比较优势的发展战略(Lin,2003)。采取遵循比较优势的发展战略的地区,其产业结构与要素禀赋结构相匹配,那么符合比较优势产业中的企业就具备自生能力;反之,不符合比较优势的产业中的企业缺乏自生能力(林毅夫,2017)。

全球治理委员会在1995年将治理定义为:或公或私的个人和机构经营管理相同事务的诸多方式的总和。治理的特征之一在于,它不是一套规则条例,也不是一种活动,而是一个过程。环境治理作为国家治理的一项重要内容,既是由我国现今的基本国情和经济、社会发展的客观需求所决定的,也是生态文明建设的根本要求(王树义,2014)。根据王树义等(2016)的定义,环境治理是以达致生态文明为目标,由国家机构、市场主体、公民社会多元参与,使相互冲突的不同利益得以协调并采取联合行动,进行生态环境保护政策的制定和执行的良性互动过程。而在此过程中,出于环境污染的外部性等原因,政府扮演着至关重要的角色。因此,本章在此定义的基础上,聚焦于政府的环境治理,即政府对企业污染行为做出的治理。

那么,发展战略对环境治理的影响机理如何?基于新结构经济学视角,发展战略大体可以通过企业自生能力的微观机制和财政赤字机制对环境治理产生作用。

第一,发展战略影响环境治理的直接机制是企业的自生能力。对于采取遵循比较优势的发展战略的地区而言,其产业结构符合要素禀赋结构所决定的比较优势,从而这些产业中的企业的生产成本和交易成本能够实现最低,企业具备自生能力(林毅夫,2017)。当这些具备自生能力的企业面对政府合理而严格的环境治理政策时,就有能力采用绿色环保的生产要素(例如,调整能源消费结构)和节能减排技术,加大绿色技术创新,从而使得环境治理政策得到有效执行。换言之,具备自生能力的企业在面对环境约束时,其最优选择是通过要素禀赋的绿色化、采用节能减排技术来履行环境治理的职责,实现产品(产业)的转型升级。这也是实现"波特效应"的关键。著名的"波特假说"认为,合理而严格的环境治理可以促使企业进行更多的创新活动以提升企业的生产率和竞争力,创新补偿可以部分或全部弥补由污染治理额外带来的外部成本,从而释放环境红利和经济红利,创造节能减排和经济增长的双赢机会(Porter,1991;Porter et al.,1995;Ambec et al.,2002)。而"波特效应"能否实现的关键就在于,企业是否具备自生能力,政府的发展战略是否符合比较优势。

相反,如果政府采取的发展战略违背比较优势,将导致企业不具备自生能力。在此情况下,企业自身都难以维持生存,更不可能将污染成本内部化。即使政府出台严格的环境保护法律法规,企业也将无法执行,从而导致环境约束失效,出现环境软约束问题(付才辉等,2018)。事实上,以中国为例,从20世纪90年代初开始,中国在地方层面就陆续颁布了大量的环境立法,1996—2004年的地方性环保立法平均数高达6件,特别是2002年立法通过数高达11件。然而,包群等(2013)发现,几乎没有证据支持地方性环保立法能够有效地改善当地环境质量,其原因是地方环保执法力度不够,使得环保立法往往成为一纸空文。进一步地,造成环保立法无法执行的根本原因就在于当地的企业没有自生能力,"波特效应"机制无法得到有效激发。

第二,发展战略还通过财政赤字机制影响环境治理。遵循比较优势的发展战略,意味着产业(技术)选择符合当地的比较优势,与其要素禀赋结构相匹配,这些产业中的企业也是具备自生能力的。那么,这些具备自生能力的企业就能够在要素成本最小化的情况下实现利润最大化,从而能够给社会创造最多的剩余,于是政府也能够从中获得最多的税收收入,拥有充足的财政资金。而政府在拥有充足的财政资金的情况下,就能够加强环境治理,例如增加环境治理投资额度、增加环境治理人员数量、加强环境监管,等等。

相反,如果政府采取违背比较优势的发展战略,其产业(技术)选择不符合当地的比较优势,企业也很难维持生存。这些企业不仅无法为政府贡献税收,还需要政府的保护补贴,导致政府的财政收入不足,甚至出现财政赤字。政府在出现严重财政赤字的情况下,就无法提供充足的环境治理,例如可能会减少环境治理投资额度、减少环境治理人员数量、弱化环境监管,等等。已有研究均认为,财政赤字越高的地区,地方政府的财政压力越大,越倾向于通过降低环境规制水平来吸引投资,从而导致环境治理更差(于文超等,2014;张华,2016;张彩云等,2018)。进一步地,以环境治理投资为例,财政赤字不仅将导致环境治理投资总额的减少,还可能导致政府的财政支出发生结构性扭曲,降低环境治理投资支出占财政总支出的比重,导致环境治理供给的进一步减少。根据傅勇等(2007)的研究,地方政府缺少合适的激励和约束来增加公共财政支出,导致环境治理的供给不足。许和连等(2012)发现,目前我国部分省份的环保投入占 GDP 的比重不到 0.03%,最高的只有 0.83%,甚少的环保资金投入无法遏制环境污染的加剧。杨丹辉(2016)认为,地方财政收入与环境治理投资有直接关系。例如,近年来东北等地区的经济下滑,导致其污染治理投入明显不足,环境基础设施建设滞后,集中表现为这些省份的城市污水处理率、城市垃圾无害化处理率、工业固体废弃物综合利用率等治理指标的水平普遍低于全国平均水平。席鹏辉等(2017)也发现地方财政压力的增大显著降低了环境治理投资水平。

基于以上理论分析,我们提出核心研究假说:

核心假说:在其他条件不变的前提下,发展战略越是违背比较优势的地区,环境治理水平越低。

在此基础上,我们进一步提出两个机制假说:

机制假说 1:发展战略越是违背比较优势的地区,企业自生能力将越弱,从而导致环境治理水平越低。

机制假说 2:发展战略越是违背比较优势的地区,财政赤字将越严重,从而导致环境治理水平越低。

4.3.2 特征性事实

基于新结构经济学视角,我们从理论上可以说明发展战略与环境治理的逻辑关系。那么,现实世界是否存在这些关系呢? 图 4-3 就描绘了发展战略(用 TCI 表示)与环境治理综合指数关系的散点图。可以看出,两者拟合线的斜率显著为负,说明两者之间呈现显著的负相关关系,即发展战略越是违背比较优势,环境治理水平越低。这初步说明本章提出的理论假说与经验特征性事实之间存在一致性。但是,由于环境治理综合指数是将环境治理各维度指标加权的结果,其经济含义较弱,为此我们进一步利用环境治理的六类指标,即地方性环保法规和行政规章(以下简称"地方性环保法规")数、环保系统人员数、排污费、行政处罚案件数、环境治理投资总额和环境治理结构(环境治理投资总额占财政支出的比重),绘制了各指标与发展战略关系的散点图(详见本章附录)。

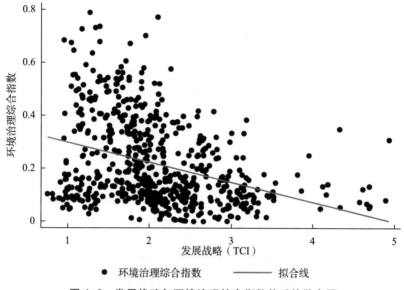

图 4-3　发展战略与环境治理综合指数关系的散点图

首先，由发展战略与地方性环保法规数关系的散点图来看，两者的相关性较弱，初步判断发展战略对环保立法的影响不太显著，似乎不符合理论预期。但结合已有研究和经验事实可以发现，这一结果可能是合理的。已有研究和经验事实表明，尽管我国环保立法较为健全，但是执法不严是普遍现象（包群等，2013；夏光，2015），后文将对此进一步讨论。其次，从发展战略与环保系统人员数、排污费和行政处罚案件数等环境治理指标关系的散点图来看，发展战略指标与各指标之间均呈现明显的负相关关系，即发展战略越是违背比较优势的地区，其环保系统人数越少，排污费征收越少，对环境污染的行政处罚也越少，从而可以在一定程度上说明发展战略越是违背比较优势的地区，其环境治理水平越低。最后，从发展战略与环境治理投资总额关系的散点图可以看出，其拟合线的斜率显著为负，可以在一定程度上说明发展战略越是违背比较优势，环境治理投资越不足。进一步从发展战略与环境治理结构的散点图可以看出，发展战略越是违背比较优势，环境治理结构会越扭曲，这一特征性事实与引言所述的我国环境治理投资不足以及结构扭曲等现象（吴舜泽等，2007）是一致的。

4.4 发展战略与环境治理的实证设计

4.4.1 计量模型设定

首先,为了检验核心研究假说,即发展战略越是违背比较优势的地区,其环境治理水平越低,我们构建计量模型如下:

$$EGOV_{it} = \alpha_0 + \alpha_1 TCI_{it} + X_{it}\beta + \gamma_i + \delta_t + \varepsilon_{it} \quad (4.1)$$

其中,$EGOV_{it}$表示i地区第t期环境治理变量;TCI_{it}表示i地区第t期发展战略违背比较优势的程度,理论预期其估计系数为负;X_{it}表示控制变量;γ_i表示地区固定效应,用来控制地区间持续存在的个体差异;δ_t表示时间固定效应,用来控制随时间变化的因素所产生的影响;ε_{it}是随机误差项。

其次,为了检验两个机制假说,我们构建的计量模型如下:

$$EGOV_{it} = \alpha_0 + \alpha_1 SOE_{it} + X_{it}\beta + \gamma_i + \delta_t + \varepsilon_{it} \quad (4.2)$$

$$EGOV_{it} = \alpha_0 + \alpha_1 TCI_{it} \times SOE_{it} + \alpha_2 TCI_{it} + \alpha_3 SOE_{it} + X_{it}\beta + \gamma_i + \delta_t + \varepsilon_{it} \quad (4.3)$$

$$EGOV_{it} = \alpha_0 + \alpha_1 DEF_{it} + X_{it}\beta + \gamma_i + \delta_t + \varepsilon_{it} \quad (4.4)$$

$$EGOV_{it} = \alpha_0 + \alpha_1 TCI_{it} \times DEF_{it} + \alpha_2 TCI_{it} + \alpha_3 DEF_{it} + X_{it}\beta + \gamma_i + \delta_t + \varepsilon_{it} \quad (4.5)$$

式(4.2)首先就企业自生能力对环境治理的影响进行实证检验。其中,$EGOV_{it}$仍然表示i地区第t期环境治理变量;SOE_{it}表示i地区第t期企业的自生能力,其经济含义是地区企业自生能力越弱,则环境治理水平也越低。式(4.3)则进一步实证检验企业自生能力作为发展战略影响环境治理的机制效应,核心变量是$TCI_{it} \times SOE_{it}$,表示发展战略与企业自生能力的交互项,用来识别其机制效应。之所以选取交互项来识别机制效应,是因为已有实证研究基本认为,交互项能够体现两个变量交互作用对因变量的影响(阚大学等,2016;方福前等,2017;郑洁等,2018)。由于企业自生能力变量难以直接度量,本章采用国有企业比重作为代理变量。然而,国有企业自身对环境治理的影响效应较为复杂,若仅用其独立项很难说明结果是由于发展战略导致国有企业对环境治理产生影响。故我们在实证模型中不仅加入国有企业的独立项,以控制其他机制对环境治理的影响,而且用发展战略与国有企业的交互项来识别其机制效应,以期得到较为"干净"的机制效应。理论预期其估计系数为负,表示发展战略越是违背比较优势,企业自生能力越弱,从而环境治理水平越低。为了得到该机制的净效应,我们控制了发展战略和企业自生能力的独立项。

同理,式(4.4)首先就财政赤字对环境治理的影响进行实证检验,其中DEF_{it}表示i地区第t期财政赤字变量,理论预期其估计系数为负,经济含义为财政赤字越大的地区,环境治理水平越低。式(4.5)则实证检验财政赤字作为发展战略影响环境治理的机制效应,核心变量是$TCI_{it} \times DEF_{it}$,表示发展战略与财政赤字的交互项,用来识别财政赤字作为发展战略影响环境治理的机制效应。理论预期其估计系数为负,表示发展战略通过财政赤字使得环境治理水平降低。同样,为了得到该机制的净效应,我们控制了发展战略和财政赤字的独立项。

4.4.2 变量及数据说明

(1)发展战略的指标选取

为检验本章提出的理论假说,最关键的是要构建发展战略的度量指标。Lin(2003)构造了一个被广为采用的技术选择指数(TCI)[①]来度量发展战略的特征。其理论逻辑是:一个经济体或地区的要素禀赋结构决定了该经济体或地区的最优产业结构,而违背比较优势的发展战略是对最优产业结构的一种扭曲,因此产业结构的这种扭曲程度就可以作为发展战略的一个合理度量指标(林毅夫,2002;陈斌开等,2013):

$$TCI_{it} = \frac{AVM_{it}}{LM_{it}} \bigg/ \frac{GDP_{it}}{L_{it}} \qquad (4.6)$$

[①] 关于 TCI 的详细介绍可参见林毅夫等,《新结构经济学文集》,上海世纪出版集团,2012 年,附录部分。

其中，AVM_{it}是i经济体或地区第t年的工业增加值；GDP_{it}是i经济体或地区第t年的国内生产总值；LM_{it}是i经济体或地区第t年的工业就业人数；L_{it}是i经济体或地区第t年的总就业人数。TCI越大，表示i经济体或地区的发展战略违背其比较优势的程度越高。

（2）环境治理的指标选取

大部分文献采用单一或综合的环境污染物去除率来度量环境治理。例如，朱平芳等（2011）利用废水、废尘与SO_2的排放量构造相对指标来度量环境规制；沈坤荣等（2017）利用SO_2去除率和工业烟（粉）尘去除率构造环境规制综合指数；张彩云等（2018）选择SO_2去除率作为环境治理指标。这类指标存在的问题是环境污染物去除率是众多因素共同作用的结果，而不仅仅是环境治理的结果。例如，经济发展水平、企业生产规模、生产技术清洁度等都会影响环境污染物的去除率（包群等，2013），从而难以确定是否为环境治理的作用。另外，若采用单一的环境污染物去除率度量环境治理也存在较大偏差，可能高估或低估环境治理问题。例如，采用SO_2去除率作为环境治理绩效衡量的指标，存在高估环境治理效果的问题，因为我国自"十一五"期间起就将SO_2和化学需氧量这两项明确为约束性指标，那么地方政府就会针对这类指标所对应的污染物加强治理，而对于其他污染物则不会加强治理，从而高估环境治理效果；同样，对于其他污染物指标则存在低估环境治理效果的问题。

由于本章主要聚焦于政府的环境治理行为，因此在环境治理指标选取方面，选用的主要是能够代表地方政府环境治理行为的指标。已有研究大部分采用地方性环保法规数、排污费、行政处罚案件数、环保系统人员数和环境治理投资总额等作为政府环境治理的替代指标（Levinson，1996；杨海生等，2008；王兵等，2010；包群等，2013；张华，2016）。但各指标多侧重于体现政府环境治理的某一特定方面，难以刻画政府环境治理的全貌（陈诗一等，2018）。故本章的思路是，通过熵权法提取上述各指标的信息来构建综合反映政府环境治理的综合指数。具体而言，首先，将各个指标的数据进行标准化处理；其次，求各指标的信息熵；再次，确定各指标的权重；最后，根据各指标权重进行加权,进而得到环境治理综合指数。① 在进一步分析环境治理异质性时,分别利用各指标的人均值作为环境治理各维度的替代指标。

(3) 机制变量的指标选取

① 企业自生能力(SOE)。为了检验机制假说1,本章选取国有企业比重作为企业自生能力的度量指标。理由如下:国有企业是中华人民共和国成立初期采取的重工业优先发展战略的产物。当时,为了实现赶英超美、快速实现工业化以及满足国防等方面的需要,中国选择了重工业优先发展战略。然而,重工业的核心特征是对资本的需求大、对劳动的需求小,这与中国劳动力富余、资本稀缺的资源禀赋特征不匹配,发展重工业不符合当时中国经济的比较优势(陈斌开等,2013)。重工业产业难以在市场经济条件下发展起来,追求利润最大化的私营企业不会自发地进入重工业产业,需要政府干预经济,通过国有化来优先发展重工业。由此可知,国有企业是政府实施发展战略的重要微观主体。相比于私营企业,政府对国有企业具有更大的行政干预性。因此,政府的发展战略违背其要素禀赋结构决定的比较优势的程度越大,产业中企业的自生能力越弱,私营企业越不会进入该产业,政府只有通过国有企业来实施这些违背比较优势的发展战略,从而使得国有企业在其中的比重越大,而这些国有企业大多是缺乏自生能力的(申广军,2016)。综上所述,本章选取国有及国有控股企业总产值与工业总产值的比重作为企业自生能力的度量指标,理论预期其对环境治理的影响为负。

② 财政赤字(DEF)。根据理论分析可知,违背比较优势发展战略会导

---

① 具体的计算方法如下:① 标准化处理的方法:假设给定 k 个指标 $X_1, X_2, \cdots, X_k$,其中 $X_i = \{x_1, x_2, \cdots, x_n\}$,则标准化后的 $Y_{ij} = \dfrac{X_{ij} - \min(X_i)}{\max(X_i) - \min(X_i)}$。② 求各指标信息熵的方法:根据信息论中信息熵的定义,一组数据的信息熵 $E_j = -\ln(n)^{-1} \sum\limits_{i=1}^{n} p_{ij} \ln p_{ij}$。其中 $p_{ij} = \dfrac{Y_{ij}}{\sum\limits_{i=1}^{n} Y_{ij}}$,若 $p_{ij} = 0$,则定义 $\lim\limits_{p_{ij} \to 0} p_{ij} \ln p_{ij} = 0$。③ 确定各指标权重的方法:根据信息熵的计算公式,计算出各指标的信息熵为 $E_1, E_2, \cdots, E_k$。通过信息熵计算各指标的权重: $W_i = \dfrac{1 - E_i}{k - \sum E_i} (i = 1, 2, \cdots, k)$。

致企业缺乏自生能力,而这些企业不仅无法为政府提供税收收入,还需要政府的保护补贴,从而造成地方政府的财政收入减少、财政支出增加,进而导致财政赤字扩大。进一步地,随着财政赤字的扩大,地方政府更没有激励从事环境治理,从而导致环境治理不足。因此,本章采用财政支出与财政收入的差额占 GDP 的比重来衡量财政赤字(张华,2016),理论预期其对环境治理的影响为负。

(4) 控制变量的选取①

① 经济发展阶段(RGDP)。根据环境库兹涅茨曲线假说的分析,环境治理会受到经济发展阶段的影响(张文彬等,2010;张华,2016)。在经济发展水平较低时,人们更加关注经济增长而弱化环境治理;当经济发展水平达到一定程度后,环境治理会受到人们的更多关注。因此,我们引入人均 GDP 及其二次项来控制经济发展阶段对环境治理的影响。

② 财政分权(FDEC)。根据本章文献综述部分提到的"中国式地方政府竞争假说",财政分权是影响环境治理的重要因素之一。为此,我们根据陈硕等(2012)对财政分权的各类度量指标的分类,选取财政自主度指标(省本级收入/省本级支出)作为财政分权的度量指标,理论预期其估计系数为负。

③ 政府竞争(GCOM)。根据"中国式地方政府竞争假说"可知,地方政府竞争越激烈,会导致环境治理越弱。与此同时,外商直接投资可能存在"污染避难所效应"。基于已有研究,我们选择各省份人均实际利用外商直接投资来衡量政府竞争程度(张军等,2007;闫文娟,2012),理论预期其估计系数为负。

④ 政绩考核指标(GGROWTH)。已有研究认为,对经济绩效的追求促使地方政府致力于能够带来官员晋升的领域,从而挤占环境保护的资源投入,弱化地方环境管制标准,从而损害地区的环境质量(于文超等,2014)。我们参照张彩云等(2018),选择 GDP 增长率作为经济绩效指标,理论预期

---

① 已有研究还选取了人口密度和失业率等控制变量。考虑到变量间的相关性,本章在控制变量的选取上做了一定的权衡取舍。

其估计系数为负。

⑤ 公众环保诉求(EPUBLIC)。公众环保诉求是"政府—市场—社会"多元共治的现代环境治理体系的重要组成部分,已有研究也表明,公众环保诉求能够有效地推动地方政府进行更多的环境治理(郑思齐等,2013;于文超等,2014)。我们根据已有研究选取环保来信总数并以人口规模进行标准化处理,作为反映公众环保诉求的度量指标,理论预期其估计系数为正。

⑥ 环境压力(POLL)。已有研究表明,环境治理与当地的环境质量状况密切相关,环境污染程度越严重的地区,政府越有动机采取更加严格的环境管制,即环境压力可能倒逼地方政府加强环境治理(包群等,2013)。我们选取 SO_2 排放量占 GDP 的比重作为度量环境压力的指标,理论预期其估计系数为正。

⑦ 产业结构(STRU)。已有研究认为,产业结构与环境治理存在正相关,第二产业占比越高,则需要的环境治理投资越多。我们用第二产业增加值与第三产业增加值之比来衡量产业结构,理论预期其估计系数为正。

⑧ 经济开放程度(OPEN)。已有研究认为,现阶段我国的经济开放程度越高,可能越不利于环境治理,因为贸易对地方经济发展的促进作用可能是通过生产和出口资源消耗多、污染排放严重的产品实现的(李胜兰等,2014)。因此,本章选取进出口贸易总额占 GDP 的比重来度量经济开放程度,理论预期其估计系数为负。

(5) 数据来源及说明

本研究的样本由 1997—2016 年 30 个省级层面[①]的面板数据组成。各变量原始数据来源于 CCER 经济金融数据库,历年的《中国统计年鉴》《中国环境统计年鉴》《中国环境年鉴》《中国工业经济统计年鉴》《中国能源统计年鉴》以及各省份统计年鉴。所有价格型指标均调整为 1997 年不变价格。表 4-1 给出了各变量的描述性统计,从中可以看出有些变量存在离群值问题,为此,下文的实证检验均进行了离群值处理。

---

① 受数据限制,不包括港澳台地区和西藏自治区。

表 4-1 变量的描述性统计

变量名	含义/度量指标	观察值	平均值	标准差	最小值	最大值
EINDEX	环境治理综合指数	600	0.22	0.16	0.00	0.79
ELAW	地方性环保法规数(件)	600	2.61	4.48	0.00	47.00
PFEE	排污费(亿元)	600	4.48	4.46	0.03	28.73
PCASE	行政处罚案件(起)	600	2 999.12	4 605.34	1.00	38 434.00
ESTAFF	环保系统人员数(人)	600	5 691.06	4 423.93	337.00	27 122.00
EIT	环境治理投资总额(亿元)	420	177.01	179.08	3.60	1 416.20
TCI	技术选择指数	600	2.13	0.84	0.75	7.47
RGDP	人均GDP(元/人)	600	25 809.67	22 395.23	2 234.58	118 127.60
FDEC	财政分权	600	0.53	0.18	0.15	0.95
GGROWTH	经济增长率(%)	600	13.27	6.22	−22.40	32.27
GCOM	人均实际利用外商直接投资(元/人)	600	782.54	1 096.87	4.13	8 508.97
EPUBLIC	环保来信总数(件/万人)	600	5.28	6.28	0.01	42.75
OPEN	经济开放程度	600	0.32	0.61	0.03	12.05
POLL	环境压力	600	119.57	131.08	0.73	992.03
STRU	产业结构	600	1.27	0.71	0.23	6.48
DEF	财政赤字	600	0.10	0.08	0.01	0.52
SOE	国有企业比重	600	0.45	0.21	0.09	0.90

4.5 实证结果及分析

4.5.1 基准回归

表 4-2 报告了以环境治理综合指数作为被解释变量的基准回归结果。列(1)至列(3)采用 OLS 估计,结果显示发展战略(用 TCI 度量)的估计系数均在 10% 以上水平显著为负,初步判断符合理论预期。通过这种逐步加入控制变量的方式,我们可以在一定程度上说明遗漏变量问题不会对估计结

果产生根本性的影响。列(4)以个体固定效应(FE)模型进行估计,结果显示相比于 OLS 的结果,发展战略的估计系数变得不显著为正。列(5)进一步加入 19 个反映时间特征的年度虚拟变量,结果显示发展战略的估计系数仍然不显著为正。列(6)和列(7)考虑到模型设定可能对结果的影响,采用随机效应模型进行估计,可以看出发展战略的估计系数为负但不显著。观察各控制变量的估计结果也可以发现,控制变量的估计系数及显著性也存在较大的波动。以上估计结果的不稳健,预示着模型的内生性是不可回避的问题,为此,后文重点对可能存在的内生性问题进行处理。

表 4-2 基准回归结果

变量	(1) OLS	(2) OLS	(3) OLS	(4) FE	(5) FE+YEAR	(6) RE	(7) RE+YEAR
TCI	−0.066***	−0.018*	−0.019*	0.002	0.008	−0.007	−0.001
	(−8.262)	(−1.837)	(−1.764)	(0.154)	(0.651)	(−0.623)	(−0.008)
RGDP		−0.383**	−0.382**	−0.046	−0.169	0.116	0.062
		(−2.568)	(−2.191)	(−0.282)	(−0.918)	(0.763)	(0.351)
RGDP2		0.018**	0.017**	0.001	0.006	−0.007	−0.006
		(2.334)	(1.964)	(0.082)	(0.546)	(−0.897)	(−0.597)
FDEC		−0.272***	−0.188***	−0.122**	−0.135**	−0.151***	−0.188***
		(−11.335)	(−3.847)	(−2.438)	(−2.382)	(−3.102)	(−3.446)
GCOM		−0.007***	−0.005***	0.001	0.001	0.001	0.001
		(−5.515)	(−3.798)	(0.385)	(0.270)	(0.173)	(0.178)
GGROWTH			−0.003***	0.001	0.002	−0.001	0.001
			(−2.831)	(0.610)	(1.269)	(−0.228)	(0.702)
EPUBLIC			0.004	−0.016***	−0.005	−0.013***	0.000
			(0.910)	(−4.239)	(−0.809)	(−3.624)	(0.025)
POLL			0.013	−0.022	−0.027*	−0.021	−0.021
			(1.335)	(−1.416)	(−1.679)	(−1.484)	(−1.386)
STRU			0.056***	−0.034	0.004	−0.013	0.016
			(4.019)	(−1.275)	(0.119)	(−0.522)	(0.626)

（续表）

变量	(1) OLS	(2) OLS	(3) OLS	(4) FE	(5) FE+YEAR	(6) RE	(7) RE+YEAR
OPEN			−0.011	−0.015	−0.003	−0.017	−0.014
			(−1.031)	(−0.991)	(−1.024)	(−1.251)	(−1.015)
常数项	0.356***	−1.510**	−1.656*	0.848	1.484*	0.061	0.331
	(19.843)	(−2.093)	(−1.943)	(1.085)	(1.671)	(0.084)	(0.394)
N	600	600	600	600	600	600	600
R^2	0.102	0.264	0.306	0.067	0.173	0.057	0.159
F	68.262	42.563	25.928	4.016	3.912		

注：*、**和***分别表示在10%、5%和1%水平上通过显著性检验，括号内为t值。

4.5.2 内生性处理

基准回归的估计结果说明，若不考虑内生性问题，则本章的估计结果不太支持研究假说。本章的内生性主要来源于以下几个方面：首先，TCI作为发展战略的一个度量指标，本身反映的是发展战略的结果，很大程度上具有内生性。其次，环境治理不足导致环境污染恶化，进而抑制经济发展的现实情况，也有可能迫使地方政府改变已有的发展战略选择，造成反向因果问题。特别是，现阶段我国的环境污染问题已经十分严峻，已有的重工业赶超战略已经不可持续，倒逼地方政府不得不转变经济发展思路。最后，遗漏变量问题也可能存在。影响环境治理的因素众多，尽管本章已经选取了已有文献识别出的重要变量，但一些不可测量的变量被遗漏也是不可避免的。

为了控制内生性问题对估计结果的影响，本章的识别策略是：首先，采用解释变量的滞后项作为工具变量，观察该估计结果；其次，引入外生变量作为发展战略的工具变量，以缓解内生性问题。参考陈斌开等（2013）以及付才辉等（2018）对发展战略工具变量的选取，本章选取"离受威胁地最短距离"和"老工业基地数目"作为发展战略的外生工具变量。

追溯历史，我国各地区的TCI与当地历史上的重工业优先发展程度有关，因此历史上的重工业布局是当期TCI的一个潜在工具变量（陈斌开等，

2013)。中华人民共和国成立初期,为了实现赶英超美、快速实现工业化以及满足国防等方面的需要,我国选择了重工业优先发展战略。在重工业优先发展战略的实施过程中,具有深远影响的是从 1964 年开始的"三线建设"①,其重工业布局直接影响到改革开放以后的中国经济发展。

出于国防的目的,"三线建设"的范围一般是指由沿海、边疆地区向内陆地区收缩划分的三道防线。20 世纪 60 年代中国的威胁主要来自苏联、美国等,重工业部门一般选址在离上述国家或地区都比较远的地方,如陕西、甘肃、四川等地,由此形成当时的重工业布局。因此,使用"离受威胁地最短距离"作为现阶段 TCI 的工具变量就成为可能。本章采用陈斌开等(2013)对"离受威胁地最短距离"的定义,即各地区省会城市离北部边界线、东部海岸线或南部海岸线的最短距离。利用中国地图和谷歌地图,可测算出各地区省会城市的"离受威胁地最短距离"。

除此之外,在"三线建设"时期,我国通过新建和搬迁等方式逐步将重工业转移到内陆地区,客观上形成了当时的老工业基地格局。所谓的老工业基地,是指我国"一五""二五"和"三线建设"时期国家布局建设、以重工业骨干企业为依托聚集形成工业基地,基本单元是老工业城市。根据上述历史时期国家重工业布局情况,可以确定全国共有老工业城市 120 个,分布在 27 个省(区、市),其中地级城市 95 个,直辖市、计划单列市、省会城市 25 个。我们整理出各个省(区、市)所有的老工业城市(老工业基地)数量,如表 4-3 所示。由表 4-3 可以看出,老工业基地数目最多的地区是辽宁,达到 13 个,其次是四川和河南,分别为 9 个,吉林和黑龙江等地区分别达到 7 个,这些地区处于"三线建设"时期的三线范围内,在当时备战的特定形势下,成为较理想的战略后方;而处于沿海地区的浙江、福建、海南没有老工业基地,广东地区也仅有 2 个,这些地区处于"三线建设"时期的一线位置。因此,本章进一步选取"老工业基地数目"作为 TCI 的工具变量。

---

① 所谓"三线建设"指的是自 1964 年起在中国中西部地区的 13 个省、自治区进行的一场以战备为指导思想的大规模国防、科技、工业和交通基本设施建设。它历经三个"五年计划",投入资金 2 052 亿元,投入人力高峰时达 400 多万人,安排了 1 100 个建设项目,对当时和之后的国民经济结构产生了深远的影响(陈斌开等,2013)。

表 4-3　各地区老工业基地数目　　　　　　　　　　（单位:个）

地区	北京	天津	河北	山西	内蒙古	辽宁	吉林	黑龙江	上海	江苏	浙江	安徽	福建	江西	山东
数目	1	1	7	6	2	13	7	7	1	4	0	7	0	4	3
地区	河南	湖北	湖南	广东	广西	海南	重庆	四川	贵州	云南	陕西	甘肃	青海	宁夏	新疆
数目	9	7	7	2	2	0	1	9	4	1	5	5	1	2	2

资料来源:根据《全国老工业基地调整改造规划(2013—2022年)》整理所得。

图 4-4 和图 4-5 分别描述了"离受威胁地最短距离"和"老工业基地数目"与 TCI 的关系。从图中可以看出,"离受威胁地最短距离"和"老工业基地数目"与 TCI 均正相关。其中,"离受威胁地最短距离"与 TCI 的正相关性更强,"离受威胁地最短距离"越大,TCI 越大;"老工业基地数目"越多的地区,ICI 也倾向于越大。鉴于此,本章使用这两个变量作为发展战略的工具变量以缓解内生性问题。

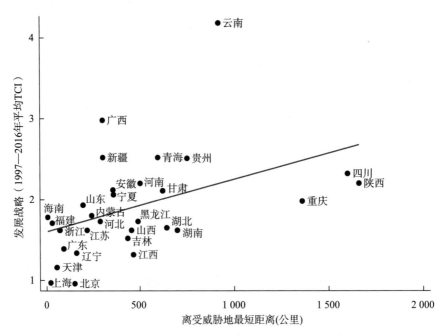

图 4-4　"离受威胁地最短距离"与 TCI 关系的散点图

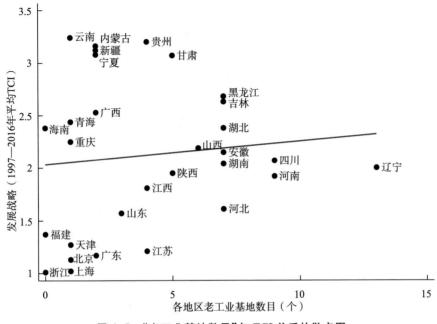

图 4-5 "老工业基地数目"与 TCI 关系的散点图

表 4-4 报告了内生性处理的估计结果。列(1)选取 TCI 滞后一期和二期作为本身的工具变量进行 2SLS 估计,可以看出 TCI 的估计系数为负但不显著。列(2)进一步将所有的解释变量滞后一期作为各自的工具变量进行 2SLS 估计,可以看出 TCI 的估计系数为负且通过 10% 的显著性检验,说明在进一步控制内生性后,发展战略对环境治理的影响略微显现,但仍不够显著。为此,列(3)引入"离受威胁地最短距离"(Distance)和"老工业基地数目"(Counts)作为发展战略的外生工具变量进行 2SLS 估计。从结果来看,与列(1)和列(2)相比,TCI 的估计系数绝对值不仅明显增大,而且显著性水平也显著提高,通过 1% 的显著性检验,说明通过外生工具变量对内生性的控制,发展战略对环境治理的影响得到有效识别,符合理论预期。进一步考虑到可能存在的异方差问题,列(4)采用 GMM 估计,估计结果与列(3)基本一致,说明估计结果具有一定的稳健性。因此,在后续的实证检验中,本章以列(3)的估计模型为基准进行实证检验。

表 4-4 内生性估计结果

变量	(1) TCI 滞后项作为工具变量	(2) 所有解释变量滞后项作为工具变量	(3) 两个外生工具变量的 2SLS	(4) 两个外生工具变量的 GMM	(5) 半简化式回归
TCI	-0.018	-0.022*	-1.011***	-1.019***	-0.008
	(-1.383)	(-1.717)	(-2.691)	(-2.778)	(-0.827)
Distance					-0.001
					(-1.297)
Counts					0.022
					(1.068)
RGDP	-0.429**	-0.406*	-3.891**	-3.958**	-0.042
	(-2.041)	(-1.933)	(-2.189)	(-2.067)	(0.244)
RGDP2	0.020*	0.019*	0.181**	0.184**	0.001
	(1.870)	(1.769)	(2.151)	(2.034)	(0.050)
FDEC	-0.192***	-0.196***	-1.040***	-1.038***	-0.308***
	(-3.382)	(-3.466)	(-2.788)	(-2.849)	(-6.200)
GCOM	-0.004**	-0.004***	-0.016**	-0.016***	-0.007***
	(-2.548)	(-2.586)	(-2.221)	(-2.786)	(-5.004)
GGROWTH	-0.003***	-0.003**	-0.019**	-0.019**	-0.001
	(-2.584)	(-2.498)	(-2.066)	(-2.065)	(-1.165)
EPUBLIC	0.003	0.003	0.019	0.020	0.001
	(0.670)	(0.665)	(0.969)	(0.859)	(0.041)
POLL	0.009	0.008	0.057	0.055	0.012
	(0.832)	(0.807)	(1.260)	(1.451)	(1.306)
STRU	0.051***	0.052***	0.418***	0.420***	0.039***
	(3.422)	(3.534)	(2.851)	(3.035)	(3.089)
OPEN	-0.016	-0.016	-0.150**	-0.151**	-0.028**
	(-1.317)	(-1.380)	(-2.210)	(-2.539)	(-2.375)
常数项	-1.882*	-1.752*	22.506**	22.829**	0.037
	(-1.812)	(-1.690)	(2.290)	(2.187)	(0.044)
R^2	0.301	0.301	0.598	0.598	0.428

(续表)

变量	(1) TCI滞后项作为工具变量	(2) 所有解释变量滞后项作为工具变量	(3) 两个外生工具变量的2SLS	(4) 两个外生工具变量的GMM	(5) 半简化式回归
			第一阶段回归结果		
L1.TCI	0.908*	0.933***			
	(1.812)	(22.720)			
L2.TCI	0.031	0.016			
	(0.740)	(0.390)			
Distance			0.001*	0.001*	
			(1.941)	(1.980)	
Counts			0.021***	0.021***	
			(2.640)	(2.710)	
F	677.77	420.39	72.87	93.09	
P-value	0.000	0.000	0.000	0.000	
N	540	540	600	600	600

注:*、**和***分别表示在10%、5%和1%水平上通过显著性检验,括号内为t值。

列(5)进一步对工具变量的外生性进行检验。我们参考孙圣民等(2017)利用半简化式回归(semi-reduced form regression)方法检验工具变量的外生性的做法。该方法的基本思路是:若工具变量与原方程的扰动项不相关,则将工具变量引入原方程进行估计,理论预期工具变量的估计系数应该不显著,从而在一定程度上佐证工具变量的外生性条件。从列(5)的估计结果可以看出,工具变量"离受威胁地最短距离"和"老工业基地数目"的系数未通过显著性检验,由此说明本章选取的工具变量满足外生性条件。另外,从相关的假设检验来看,所选择的工具变量是合理的,不存在过度识别问题。

我们以列(3)的估计结果作为基准,分析控制变量的估计结果。首先,从人均GDP及其二次项的估计结果来看,一次项系数为负,二次项系数为正,且均通过5%的显著性检验,说明随着经济发展水平的提高,环境治理呈现 U 形变迁的趋势。在经济发展水平较低时,环境治理水平较弱;随着经济发展水平的不断提高,环境治理水平逐渐提高。这种发展阶段与"先污染,后治理"的特征性经验事实是相符的。财政分权(FDEC)的估计系数显著为负,说明财政分权程度越高,越不利于环境治理,该结果与已有研究的结论是一致的(张华,2016)。政府竞争(GCOM)的估计系数显著为负,说明地方政府竞争不利于环境治理,该结果与理论预期一致。政绩考核指标(GGROWTH)的估计系数显著为负,说明地方政府对于经济考核指标的追求确实不利于环境治理,该结果与张彩云等(2018)的结论一致。公众环保诉求(EPUBLIC)的估计系数为正但未通过显著性检验,说明我国目前公众环保诉求对环境治理的作用较弱。已有研究也发现,尽管公众环保诉求会促使地方政府颁布更多的环保法规,但是政府未必会执行(于文超等,2014),公众对于环境治理的话语权还较弱。环境压力(POLL)的估计系数为正但未通过显著性检验,说明环境压力对环境治理的倒逼机制尚未形成,该结果与公众环保诉求的估计结果是一致的,因为环境压力的增加主要是通过公众环保诉求这一途径起作用。产业结构(STRU)的估计系数显著为正,说明产业结构的优化有利于环境治理。经济开放程度(OPEN)的估计系数显著为负,说明目前经济开放对我国的环境治理是不利的,原因可能在于我国生产和出口的主要是资源消耗多、污染排放严重的产品(李胜兰等,2014)。

4.5.3 稳健性检验:地区、时间和指标选取

根据上述内生性处理的实证结果可知,利用两个外生工具变量的估计结果更具合理性。因此,本小节的稳健性检验以两个外生工具变量的 2SLS 估计模型为基准。①

(1)地区稳健性检验

考虑到我国各地区的要素禀赋、产业结构和发展阶段均存在差异性,可能会影响估计结果的稳健性,我们按照《中国统计年鉴》的划分方法,将我国分为东部、中部和西部地区,进行分样本估计。表 4-5 中的列(1)至列(3)报

---

① 考虑到篇幅问题,未报告第一阶段的估计结果,下同。

告了分地区的估计结果。从发展战略的估计系数来看,尽管各地区的估计系数大小存在一定的差异,但均显著为负,说明整体而言,本章提出的核心假说在各地区是成立的,即地区的发展战略越是违背比较优势,其环境治理水平就越弱。

表 4-5 地区和时间稳健性的估计结果

变量	(1) 东部	(2) 中部	(3) 西部	(4) 2008年金融危机	(5) 金融危机与发展战略交互	(6) 2013年雾霾事件	(7) 雾霾事件与发展战略交互	(8) 两事件合并
TCI	-1.908***	-0.452***	-0.110***	-1.166**	-1.082**	-1.023***	-1.098**	-1.186**
	(-2.908)	(-4.489)	(-3.361)	(-2.462)	(-2.551)	(-2.613)	(-2.430)	(-2.347)
dum2008				-1.384**	-0.201*			-1.423**
				(-2.181)	(-1.821)			(-2.133)
dum2008_TCI					-0.576**			-0.578**
					(-2.138)			(-2.110)
dum2013						0.128	0.700	0.101
						(1.060)	(1.608)	(0.382)
dum2013_TCI							-0.297	-0.012
							(-1.625)	(-0.103)
RGDP	-1.146	-0.449	-0.392	-4.392**	-6.585**	-4.096**	-4.984**	-6.839**
	(-0.690)	(-0.645)	(-1.176)	(-2.134)	(-2.148)	(-2.114)	(-2.002)	(-2.028)
RGDP2	0.005	0.017	0.017	0.209**	0.321**	0.193**	0.237**	0.336**
	(0.067)	(0.455)	(1.007)	(2.113)	(2.142)	(2.073)	(1.974)	(2.017)
FDEC	-0.375	-0.103	-0.381***	-1.191***	-0.690**	-1.085***	-0.989**	-0.759**
	(-0.860)	(-0.654)	(-4.242)	(-2.671)	(-2.351)	(-2.678)	(-2.543)	(-2.294)
GCOM	-0.036***	0.057***	-0.000	-0.019**	-0.017**	-0.018**	-0.018**	-0.018**
	(-3.229)	(4.967)	(-0.041)	(-2.220)	(-2.053)	(-2.192)	(-2.078)	(-2.011)
GGROWTH	-0.019**	-0.001	-0.002	-0.021**	-0.019*	-0.016**	-0.019*	-0.016*
	(-2.296)	(-0.441)	(-1.150)	(-2.013)	(-1.916)	(-2.007)	(-1.937)	(-1.804)

(续表)

变量	(1) 东部	(2) 中部	(3) 西部	(4) 2008年金融危机	(5) 金融危机与发展战略交互	(6) 2013年雾霾事件	(7) 雾霾事件与发展战略交互	(8) 两事件合并
EPUBLIC	0.055	0.016	0.004	0.032	0.046*	0.020	0.022	0.049*
	(1.541)	(1.222)	(0.624)	(1.378)	(1.695)	(0.997)	(1.025)	(1.686)
POLL	0.422**	0.258***	0.028*	0.086	0.131*	0.065	0.086	0.142*
	(2.495)	(5.094)	(1.741)	(1.534)	(1.794)	(1.318)	(1.440)	(1.721)
STRU	0.324	0.417***	0.056***	0.452***	0.441***	0.419***	0.439***	0.447***
	(1.436)	(4.258)	(2.970)	(2.703)	(2.637)	(2.786)	(2.605)	(2.526)
OPEN	−0.394**	−0.036	−0.041**	−0.196**	−0.142**	−0.162**	−0.156**	−0.162*
	(−2.440)	(−0.883)	(−2.208)	(−2.238)	(−1.978)	(−2.146)	(−2.015)	(−1.917)
常数项	−13.216	−4.485	2.798*	24.849**	35.706**	23.441**	28.045**	36.854**
	(−1.387)	(−1.420)	(1.663)	(2.211)	(2.191)	(2.210)	(2.075)	(2.071)
R^2	0.774	0.624	0.383	0.600	0.644	0.601	0.611	0.646
N	220	160	220	600	600	600	600	600

注:*、**和***分别表示在10%、5%和1%水平上通过显著性检验,括号内为 t 值。

(2) 时间稳健性检验①

从图4-2中可以明显发现,2008年金融危机爆发后,环境治理投资总额中三类投资的趋势发生明显变化,城市环境基础设施建设投资显著增加,而工业污染源治理投资和建设项目"三同时"环保投资显著减少。其原因可能是地方政府为了保证经济增长,利用各种资源和渠道加大投资,以保证经济稳定,扭曲环境治理结构也成为其中的渠道之一。考虑到2008年金融危机事件对环境治理的影响,本章引入2008年金融危机虚拟变量来识别这一事件对环境治理的影响。具体而言,我们将2008年之前赋值为"0",2008年之后赋值为"1"。理论预期该虚拟变量的估计系数为负,含义是金融危机导致

---

① 我们将样本期分为2008年之前和2008年之后两个时段进行估计,发现估计结果与已有结果基本一致。

环境治理不足。在此基础上,我们进一步引入金融危机虚拟变量与发展战略的交互项,以识别金融危机事件导致的发展战略变化对环境治理的影响。理论预期该交互项的估计系数为负,原因是金融危机过后,为了防止经济增速下降,地方政府可能采取新一轮的赶超战略。例如,当时在中央层面就实施了"四万亿计划"。

同样,2013年的大范围严重雾霾天气引发了人们对环境污染问题的普遍关注,从而可能倒逼地方政府加强环境治理。从图4-2中也可以看出,2013年工业污染源治理投资有略微的上升,其中可能包含了雾霾事件的环境治理效应。因此,本章引入"2013年雾霾事件"这一虚拟变量。具体地,我们将2013年之前赋值为"0",将2013年之后赋值为"1"。理论预期该虚拟变量的估计系数为正,含义是雾霾事件促进了环境治理。在此基础上,我们进一步引入雾霾事件虚拟变量与发展战略的交互项,以识别雾霾事件导致的发展战略变化对环境治理的影响。理论预期该交互项的估计系数为正,原因是雾霾事件可能倒逼地方政府采取更加遵循比较优势的发展战略,从而有利于环境治理。

表4-5中的列(4)至列(8)报告了时间稳健性的估计结果。列(4)在原有模型的基础上,加入2008年金融危机虚拟变量(dum2008),可以发现其估计系数显著为负,说明金融危机事件给环境治理带来了负面冲击。尽管中央"四万亿计划"的十项措施之一是加强生态环境建设,但总体来看对改善生态环境的实际效果不明显。列(5)进一步引入金融危机与发展战略的交互项(dum2008_TCI),结果显示该交互项的估计系数也显著为负,符合理论预期,说明在金融危机的冲击下,地方政府确实有动机采取新一轮的赶超战略,使得环境治理问题更为严重。列(6)在原有模型的基础上,加入2013年雾霾事件虚拟变量(dum2013),从估计结果来看,其系数未通过显著性检验,说明雾霾事件对环境治理的影响较弱。列(7)进一步引入雾霾事件和发展战略的交互项(dum2013_TCI),其估计结果也不显著,说明雾霾事件对发展战略的冲击较小,从而对环境治理也未产生影响。列(8)进一步将金融危机事件和雾霾事件同时纳入模型,估计结果显示金融危机的影响仍然显著为

负,而雾霾事件的影响仍然不显著,从而可能说明经济事件对环境治理的影响要大于环境事件对环境治理的影响;同样,经济事件通过发展战略对环境治理的影响也可能要大于环境事件通过发展战略对环境治理的影响。

(3) 环境治理指标的稳健性检验

以上实证结果采用的是环境治理综合指数作为环境治理的度量指标。考虑到环境治理各维度存在较大的异质性,本小节进一步采用地方性环保法规数、排污费、行政处罚案件数、环保系统人员数和环境治理投资总额等指标对发展战略影响环境治理的稳健性进行实证检验。

表4-6报告了发展战略对环境治理稳健性影响的估计结果。列(1)至列(4)分别以地方性环保法规数、排污费、行政处罚案件数和环保系统人员数作为被解释变量,结果显示TCI的估计系数均显著为负,支持本章提出的理论假说,说明违背比较优势的发展战略抑制了地方性环保法规的出台,不利于排污费的收取,导致行政处罚不严以及环保系统人员投入不足。这一结果与已有研究和经验事实是一致的。已有研究也认为我国的环境治理低效(沈坤荣等,2017),环境规制无效或存在"非完全执行"(Wang et al.,2003;Wang and Jin,2007;李树等,2011;包群等,2013;张华,2016)。进一步地,从估计系数的大小可以发现,发展战略对地方性环保法规数影响的估计系数的绝对值最小,对行政处罚案件数影响的估计系数的绝对值最大。这说明发展战略对环境治理的各维度均有显著影响,但影响大小存在较大差异。造成这种差异的原因可能是:尽管违背比较优势的发展战略抑制了地方性环保法规的出台,但由于受到上级(中央)政府的环境治理要求,地方政府会相应地出台一些配套的环保法规和行政规章;然而对于这些法规的执行,上级(中央)政府很难监督,地方政府更不会完全执行,从而就体现为违背比较优势的发展战略对排污费和行政处罚等的影响更大。这一结论与已有研究是一致的。包群等(2013)发现,几乎没有证据支持地方性环保立法能够有效地改善当地环境质量,其原因是地方环保执法力度不够,使得环保立法往往成为一纸空文。

表 4-6 环境治理指标稳健性检验的估计结果

变量	(1) 地方性环保法规数的对数	(2) 排污费的对数	(3) 行政处罚案件数的对数	(4) 环保系统人员数的对数	(5) 环境治理投资总额的对数	(6) 工业污染源治理投资额的对数	(7) 工业污染源治理投资额/财政支出
TCI	-1.560**	-5.205***	-7.342***	-5.289***	-9.509	-6.359*	-0.148*
	(-2.210)	(-2.600)	(-2.634)	(-2.690)	(-1.035)	(-1.898)	(-1.665)
RGDP	-6.244*	-17.747*	-29.802**	-18.657**	-71.751	-30.034*	-0.497
	(-1.797)	(-1.874)	(-2.261)	(-2.006)	(-0.975)	(-1.662)	(-1.035)
RGDP2	0.260	0.861*	1.420**	0.869**	3.450	1.468*	0.024
	(1.586)	(1.921)	(2.278)	(1.975)	(0.987)	(1.719)	(1.037)
FDEC	-1.850**	-6.355***	-7.259***	-5.179***	-11.946	-7.822**	-0.161*
	(-2.448)	(-3.197)	(-2.623)	(-2.653)	(-1.175)	(-2.182)	(-1.695)
GCOM	0.004	-0.098**	-0.149***	-0.097**	-0.193	-0.140**	-0.004**
	(0.211)	(-2.465)	(-2.701)	(-2.495)	(-1.196)	(-2.288)	(-2.166)
GGROWTH	0.031	-0.115**	-0.149**	-0.107**	0.136	-0.151*	-0.003
	(1.453)	(-2.364)	(-2.202)	(-2.235)	(0.902)	(-1.749)	(-1.224)
EPUBLIC	0.005	0.209**	0.334**	0.201**	-0.075	0.115	0.006*
	(0.096)	(2.037)	(2.335)	(1.989)	(-0.282)	(0.941)	(1.770)
POLL	0.348***	0.030	0.299	0.456*	0.085	0.063	0.039***
	(2.713)	(0.123)	(0.890)	(1.925)	(0.219)	(0.181)	(4.261)
STRU	0.726**	2.582***	3.044***	2.412***	3.663	2.888**	0.049
	(2.347)	(3.310)	(2.802)	(3.148)	(1.132)	(2.168)	(1.376)
OPEN	-0.279*	-1.198***	-1.109**	-1.184***	-2.195	-1.257**	-0.013
	(-1.792)	(-3.325)	(-2.211)	(-3.344)	(-1.197)	(-2.147)	(-0.819)
常数项	40.335**	97.550*	171.660**	114.782**	392.689	163.545	2.878
	(2.107)	(1.863)	(2.355)	(2.232)	(0.977)	(1.632)	(1.082)
R^2	0.574	0.624	0.683	0.629	0.544	0.671	0.661
N	426	600	600	600	420	570	570

注:*、**和***分别表示在10%、5%和1%水平上通过显著性检验,括号内为 t 值。

列(5)则以环境治理投资总额作为被解释变量,由估计结果可见 TCI 的估计系数为负,但未通过显著性检验。根据《中国环境年鉴》可知,我国环境治理投资总额的统计口径包括三部分:城市环境基础设施建设投资、工业污染源治理投资和建设项目"三同时"环保投资。其中,城市环境基础设施建设投资主要用于建造企业和居民的公共服务设施,而不用于治理工业污染(赵连阁等,2014)。该项投资占环境治理投资总额的比例长期以来在50%以上。由于发展战略主要是通过工业等产业结构对环境治理产生影响,因此这种"统计偏误"可能是造成该项系数不显著的主要原因。为此,列(6)采用工业污染源治理投资额作为被解释变量进行估计,结果显示 TCI 的估计系数显著为负,从而支持本章提出的理论假说。列(7)进一步以工业污染源治理投资额/财政支出作为被解释变量,以此反映环境治理结构。从估计结果可以发现 TCI 的估计系数仍显著为负,说明违背比较优势的发展战略导致环境治理结构的扭曲。这一点也解释了我国扭曲的环境治理结构现象(傅勇等,2007)。通过以上环境治理异质性分析可以发现,相比于已有研究,本研究对环境治理各维度的解释更加全面。

4.5.4 机制检验

根据理论分析可知,发展战略影响环境治理的两个机制是以企业自生能力为主的微观机制和以财政赤字为主的宏观机制。为此,本小节将利用经验数据进行实证检验。另外,根据前文分析可知,企业自生能力机制变量主要以国有企业比重作为度量指标,因此在本小节后续的表述中,我们均用国有企业比重替代企业自生能力机制进行说明。

首先,我们考察发展战略与国有企业比重、财政赤字和环境治理间的特征性事实。图4-6显示了发展战略、国有企业比重与环境治理关系的散点图,可以看出,发展战略与国有企业比重呈现显著的正相关关系,即发展战略越是违背比较优势的地区,其国有企业比重越大;而国有企业比重与环境治理呈现显著的负相关关系,即国有企业比重越大的地区,其环境治理水平越低。同样地,图4-7显示了发展战略、财政赤字与环境治理关系的散点图,可以看出,发展战略与财政赤字呈现显著的正相关关系,即发展战略越是违背比较优势的地区,其财政赤字越大;而财政赤字与环境治理呈现显著的负相关关系,即财政赤字越大的地区,其环境治理水平越低。由此可以初步判断,发展战略可能通过国有企业和财政赤字影响环境治理。

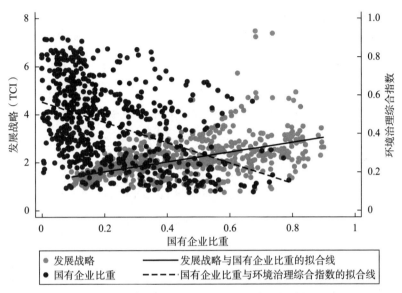

图 4-6　发展战略、国有企业比重与环境治理关系的散点图

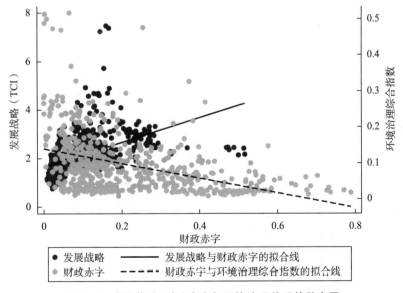

图 4-7　发展战略、财政赤字与环境治理关系的散点图

表4-7进一步报告了机制检验的估计结果。列(1)采用固定效应模型对式(4.2)进行实证估计,可以发现,国有企业(SOE)的估计系数显著为负,符合模型预期,进一步说明国有企业比重越大的地区,其环境治理水平越低,与前文散点图描述的经验事实相符。列(2)是对式(4.3)国有企业机制净效应进行的估计,考虑到内生性问题,我们采用发展战略与国有企业交互项的滞后一期和滞后二期作为工具变量进行2SLS估计。结果显示,发展战略与国有企业交互项(TCI_SOE)的估计系数为负,且通过1%的显著性检验,从而验证了本章提出的理论假说,即国有企业作为发展战略的重要微观机制,会对环境治理产生影响。也就是说,违背比较优势的发展战略会通过国有企业这一微观机制作用于环境治理,使得环境治理水平下降。同理,列(3)和列(4)分别对财政赤字这一机制进行实证检验。列(3)采用固定效应模型对式(4.4)进行实证估计,发现财政赤字(DEF)的估计系数显著为负,符合模型预期,说明财政赤字越严重的地区,越不利于环境治理,这与前文散点图描述的经验事实也是一致的。列(4)进一步对式(4.5)财政赤字机制净效应进行估计,考虑到内生性问题,采用发展战略与财政赤字交互项的滞后一期和滞后二期作为工具变量进行2SLS估计,结果显示,发展战略与财政赤字交互项(TCI_DEF)的估计系数为负且通过5%的显著性检验,从而验证了本章提出的理论假说,即财政赤字作为发展战略的重要宏观机制,会对环境治理产生影响。也就是说,违背比较优势的发展战略会通过财政赤字这一机制作用于环境治理,使得环境治理水平不足。考虑到国有企业和财政赤字两个机制间可能存在相互影响,列(5)进一步将两个机制纳入同一模型进行实证估计。从结果来看,发展战略与国有企业交互项(TCI_SOE)和发展战略与财政赤字交互项(TCI_DEF)的估计系数仍基本显著为负,支持本章提出的理论假说,说明国有企业作为发展战略的微观机制和财政赤字作为发展战略的宏观机制均对环境治理产生机制效应。同时,发展战略、国有企业和财政赤字的独立项的估计结果也均符合理论预期,进一步验证了本章结论的稳健性。

表 4-7 机制检验的估计结果

变量	(1) 国有企业	(2) 国有企业机制效应	(3) 财政赤字	(4) 财政赤字机制效应	(5) 国有企业机制和财政赤字机制效应
SOE	-0.230***	-0.933***			-0.782***
	(-6.117)	(-2.937)			(-3.730)
TCI_SOE		-0.460**			-0.365***
		(-2.190)			(-2.655)
DEF_H			-0.452*	-3.374*	-0.426*
			(-1.919)	(-1.658)	(-1.865)
TCI_DEF				-1.873**	-0.317
				(-2.141)	(-1.562)
TCI_H		-0.340**		-0.404**	-0.223**
		(-2.152)		(-2.080)	(-2.159)
RGDP	-0.012	-0.056**	-0.025***	-0.013	-0.036*
	(-1.277)	(-2.238)	(-2.716)	(-0.544)	(-1.734)
RGDP2	0.253	1.130**	0.534***	0.376	0.743*
	(1.418)	(2.280)	(2.999)	(0.780)	(1.796)
FDEC	-0.129**	-0.238***	-0.193***	-0.037	-0.167**
	(-2.465)	(-2.863)	(-3.652)	(-0.298)	(-2.158)
GCOM	-0.005***	-0.004***	-0.004***	-0.001	-0.004**
	(-3.073)	(-2.615)	(-2.786)	(-0.167)	(-2.453)
GGROWTH	-0.003***	-0.002	-0.003***	-0.005**	-0.002*
	(-3.378)	(-1.303)	(-3.182)	(-2.572)	(-1.933)
EPUBLIC	0.001	0.001	0.005	0.001	0.007
	(0.108)	(0.233)	(0.923)	(0.021)	(1.272)
POLL	0.018*	0.005	0.012	0.029	0.011
	(1.914)	(0.439)	(1.267)	(1.480)	(0.918)
STRU	0.048***	0.017	0.048***	0.015	0.024
	(3.728)	(0.860)	(3.574)	(0.475)	(1.259)
OPEN	-0.006	-0.077*	-0.009	-0.098*	-0.041
	(-0.501)	(-1.945)	(-0.784)	(-1.844)	(-1.423)

（续表）

变量	(1) 国有企业	(2) 国有企业 机制效应	(3) 财政赤字	(4) 财政赤字 机制效应	(5) 国有企业机制和财 政赤字机制效应
常数项	−0.897	−4.707**	−2.458***	−2.787	−2.977
	(−1.032)	(−2.087)	(−2.870)	(−1.123)	(−1.524)
R^2	0.344	0.260	0.343	0.303	0.363
N	600	540	600	540	480

注：*、**和***分别表示在10%、5%和1%水平上通过显著性检验，括号内为 t 值。

尽管上述实证结果已经很好地支持了机制假说，但这只是第一步，我们更想知道的是发展战略通过国有企业机制和财政赤字机制对环境治理各维度产生的异质性影响，从而得出更加丰富的政策启示。为此，我们将被解释变量替换为反映环境治理各维度的 6 个指标。

表 4-8 报告了中间机制对环境治理异质性影响的估计结果。① 列(1)以地方性环保法规数作为环境治理的度量指标，估计结果显示，国有企业机制(TCI_SOE)和财政赤字机制(TCI_DEF)的估计系数均不显著，且发展战略、国有企业和财政赤字的独立项均未通过显著性检验，说明发展战略对地方性环境法规的出台这一环境治理维度的影响较弱，该结果与前文环境治理异质性检验中的发现基本一致。列(2)至列(5)分别以排污费、行政处罚案件数、环保系统人员数和工业污染源治理投资额作为环境治理的度量指标，结果发现，国有企业机制(TCI_SOE)和财政赤字机制(TCI_DEF)的估计系数均高度显著为负，进一步说明国有企业和财政赤字是发展战略影响环境治理的重要机制。发展战略通过国有企业和财政赤字使得排污费征收减少、对污染的行政处罚减少、环保系统人员投入和工业污染源治理投资不足。列(6)则以工业污染源治理投资额/财政支出度量环境治理结构，同样可以发现，国有企业机制(TCI_SOE)和财政赤字机制(TCI_DEF)的估计系数均显著为负，支持理论假说，进一步说明发展战略通过国有企业和财政赤字使得环境治理结构扭曲。

---

① 本章还分别就两个机制对环境治理的异质性影响进行估计，结果与将两者纳入同一模型的估计结果基本一致，估计结果见附录中的附表 4-1 和附表 4-2。

表 4-8　中间机制对环境治理异质性影响的估计结果

变量	(1) 地方性环保法规数的对数	(2) 排污费的对数	(3) 行政处罚案件数的对数	(4) 环保系统人员数的对数	(5) 工业污染源治理投资额的对数	(6) 工业污染源治理投资额/财政支出
TCI_SOE	0.544	-2.267***	-3.890***	-2.328***	-1.233**	-0.072*
	(0.640)	(-3.767)	(-3.665)	(-4.270)	(-2.016)	(-1.693)
TCI_DEF	-2.636	-4.099***	-3.831**	-3.529***	-3.209***	-0.084**
	(-1.353)	(-4.622)	(-2.450)	(-4.394)	(-4.242)	(-2.114)
TCI	-0.001	-0.850*	-2.343***	-1.204***	-0.438	-0.042
	(-0.002)	(-1.886)	(-2.947)	(-2.949)	(-0.982)	(-1.086)
SOE	-1.934	-5.011***	-6.469***	-4.454***	-2.544***	-0.083
	(-1.615)	(-5.464)	(-4.000)	(-5.363)	(-2.619)	(-1.055)
DEF	-9.450	-8.077***	-5.444	-5.029*	-9.583***	-0.747***
	(-1.383)	(-2.585)	(-0.988)	(-1.777)	(-3.619)	(-2.797)
RGDP	-0.085	-0.276***	-0.234	-0.268***	-0.118	-0.007
	(-0.466)	(-3.047)	(-1.466)	(-3.269)	(-1.182)	(-0.850)
RGDP2	2.185	6.623***	5.314*	5.612***	3.530*	0.157
	(0.596)	(3.663)	(1.667)	(3.427)	(1.758)	(1.016)
FDEC	-0.412	-1.710***	-2.156***	-1.013***	-1.712***	-0.025
	(-0.781)	(-5.041)	(-3.605)	(-3.299)	(-5.394)	(-0.850)
GCOM	-0.015	-0.030***	-0.057***	-0.033***	-0.034***	-0.001**
	(-1.232)	(-4.217)	(-4.571)	(-5.133)	(-5.141)	(-2.291)
GGROWTH	0.001	-0.005	-0.011	-0.007	-0.005	-0.001**
	(0.050)	(-0.880)	(-1.128)	(-1.436)	(-0.951)	(-2.083)
EPUBLIC	0.051	0.023	0.087**	0.051**	0.126***	0.007***
	(1.281)	(0.963)	(2.092)	(2.380)	(5.996)	(3.311)
POLL	0.158*	0.420***	0.121	0.136***	0.014	0.055***
	(1.806)	(7.937)	(1.294)	(2.830)	(0.286)	(12.122)
STRU	0.090	0.482***	0.227	0.433***	0.313***	0.010
	(0.568)	(5.869)	(1.567)	(5.831)	(3.748)	(1.459)

（续表）

变量	(1) 地方性环保法规数的对数	(2) 排污费的对数	(3) 行政处罚案件数的对数	(4) 环保系统人员数的对数	(5) 工业污染源治理投资额的对数	(6) 工业污染源治理投资额/财政支出
OPEN	0.070	−0.549***	−0.540**	−0.639***	−0.375***	−0.023**
	(0.333)	(−4.345)	(−2.425)	(−5.584)	(−3.068)	(−2.087)
常数项	15.372	−36.723***	−17.998	−18.123**	−18.654*	−0.928
	(0.883)	(−4.298)	(−1.195)	(−2.342)	(−1.937)	(−1.269)
R^2	0.007	0.681	0.389	0.558	0.758	0.404
N	480	480	480	480	480	480

注：*、**和***分别表示在10%、5%和1%水平上通过显著性检验，括号内为t值。

4.6 结论性评述

本章基于新结构经济学视角，对发展战略与环境治理的关系进行理论分析，并识别出两个主要机制，即企业自生能力机制和财政赤字机制，从而提出本章的研究假说。与此同时，本章利用1997—2016年的省级面板数据，对两者的关系及其中间机制进行实证检验。研究发现：①在样本期，地区的发展战略越是违背比较优势，其环境治理水平越低。在选取"离受威胁地最短距离"和"老工业基地数目"作为发展战略的外生工具变量后，这一结果得到有效识别，支持本章的研究假说。②从环境治理的分指标来看，发展战略对环境治理各维度的影响存在差异性。相比而言，发展战略对地方性环保法规数的影响较小，对排污费、行政处罚案件数、环保系统人员数、环境治理投资总额和环境治理结构的影响较大。这种影响的差异性对现实世界中环境治理问题的解释更加全面。③考虑到地区异质性后，本章的研究假说对于我国的东部、中部和西部地区均是成立的，无论是东部、中部还是西部地区的省份，其发展战略违背当地比较优势的程度越严重，其环境治理问题越严重。进一步考虑时间异质性后，本章发现，相比于环境事件，经济事件对发展战略和环境治理的冲击更为明显。具体而言，2008年金融危机对发展战略和环境治理的冲击效应要大于2013年雾霾事件对发展战略和环境治理的冲击效应。④根据机制检验的结果，违背比较优势的发展战略确实使得企业缺乏自生能力，从而弱化环境约束，使得环境治理不足；与此同时，违背比较优势的发展战略还使得政府的财政赤字变得严重，进一步扭曲环境治理投资结构，导致环境治理不足。

  以上发现有着重要的政策启示。首先，环境治理的最优化是发展战略遵循比较优势的内生结果。一个地区环境治理的好坏不是靠单纯的行政化、运动式的环保执法，而是内生于其具有比较优势的产业中企业的自生能力。只有当企业具备自生能力时，政府的环境治理政策才能够得到有效执行，成为硬约束。企业在硬约束下，才能激发出绿色技术创新，优化产能结构，走上"波特效应"的发展路径，这样才能实现环境治理的最优化。不仅如此，环境污染的外部性决定了环境治理的外部性，因此政府在环境治理上需要更加有为。这种有为不仅表现在技术职能上（例如，政府可以促进对发达国家清洁能源等绿色技术的采用），更表现在发展思路的转变上。已有的发展思路大多将重点放在争夺资本、外商直接投资和劳动等要素，仅把生态环境要素看作争夺其他要素的一种筹码，生态环境要素的比较优势未能得到有效发挥。在这一点上，"贵州模式"具有很好的启示。贵州利用其特有的喀斯特地貌等不可替代的自然环境要素，引进大数据产业，使其成为贵州工业的第三大增长点，既促进了经济增长，又实现了环境保护，将生态环境的潜在比较优势充分转化为竞争优势，真正践行了"绿水青山就是金山银山"的发展理念，而不是一味地遵循发展重工业等产业发展路径。其次，环境治理是一个复杂的过程，还需要进一步健全环境治理体系，优化环境治理机制。例如，近年来在水污染治理领域兴起的"河长制"，就是一项十分重要的"自下而上"的环境治理机制。最后，还需要优化财政支出结构。国家在制定财政政策和补贴政策时，需要考虑到环境治理的外部性和财政支出在环境治理方面的扭曲，建立起消除扭曲的调节机制。例如，政府可通过转移支付或者专项资金等形式消除扭曲，以缓解财政支出的偏向问题。

附　录

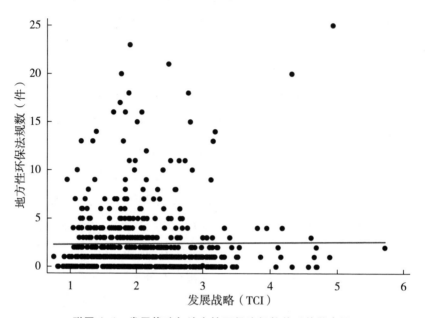

附图 4-1　发展战略与地方性环保法规数关系的散点图

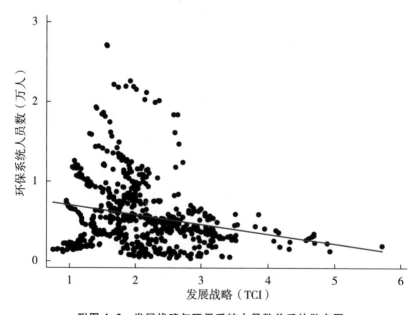

附图 4-2　发展战略与环保系统人员数关系的散点图

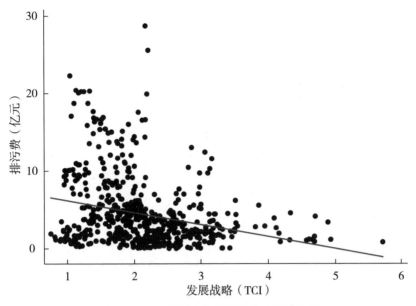

附图4-3 发展战略与排污费关系的散点图

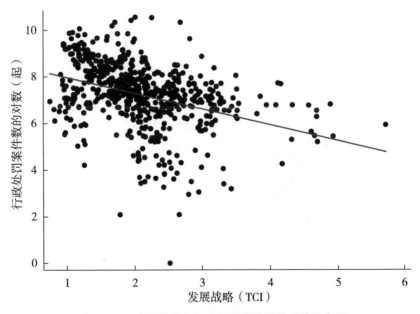

附图4-4 发展战略与行政处罚案件数关系的散点图

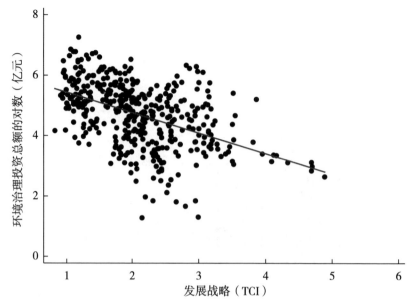

附图 4-5　发展战略与环境治理投资总额关系的散点图

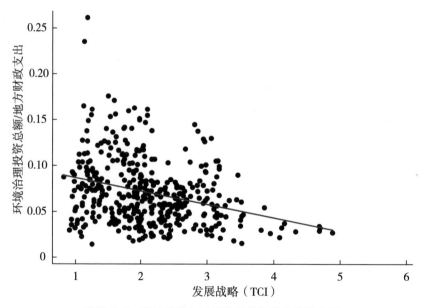

附图 4-6　发展战略与环境治理结构关系的散点图

附表 4-1 国有企业机制效应的估计结果

	(1) 地方性环保法规数的对数	(2) 排污费的对数	(3) 行政处罚案件数的对数	(4) 环保系统人员数的对数	(5) 工业污染源治理投资额的对数	(6) 工业污染源治理投资额/财政支出
TCI	−1.644	−1.908**	−3.969***	−2.122***	−2.133***	−1.113
	(−1.530)	(−2.490)	(−2.814)	(−2.879)	(−2.643)	(−1.317)
TCI_SOE	2.243	−2.912***	−5.443***	−2.909***	−2.970***	−1.868*
	(1.557)	(−2.854)	(−2.899)	(−2.965)	(−2.677)	(−1.660)
SOE	−3.748*	−5.887***	−8.987***	−5.281***	−4.834***	−3.980**
	(−1.822)	(−3.817)	(−3.165)	(−3.560)	(−2.829)	(−2.340)
RGDP	−0.271	−0.466***	−0.563**	−0.456***	−0.499***	−0.259*
	(−1.383)	(−3.849)	(−2.528)	(−3.913)	(−3.082)	(−1.941)
RGDP2	4.844	10.330***	11.935***	9.346***	11.171***	6.476**
	(1.251)	(4.293)	(2.695)	(4.039)	(3.411)	(2.440)
FDEC	−1.193*	−2.129***	−2.423***	−1.242***	−2.052***	−1.523***
	(−1.818)	(−5.275)	(−3.262)	(−3.200)	(−5.421)	(−3.421)
GCOM	−0.018	−0.032***	−0.058***	−0.035***	−0.033***	−0.047***
	(−1.397)	(−3.994)	(−3.974)	(−4.536)	(−3.903)	(−5.390)
GGROWTH	−0.002	0.002	0.000	−0.002	−0.002	−0.009
	(−0.235)	(0.233)	(0.036)	(−0.341)	(−0.263)	(−1.266)
EPUBLIC	0.046	0.070***	0.150***	0.088***	0.129***	0.089***
	(1.101)	(2.709)	(3.145)	(3.535)	(4.882)	(3.101)
POLL	−0.232**	0.349***	0.092	−0.150***	−0.057	0.412***
	(−2.556)	(6.054)	(0.865)	(−2.706)	(−0.896)	(6.491)
STRU	−0.063	0.400***	0.013	0.312***	0.111	0.210**
	(−0.430)	(4.175)	(0.075)	(3.382)	(0.885)	(1.982)
OPEN	−0.456	−0.871***	−0.967***	−0.903***	−0.838***	−0.500**
	(−1.633)	(−4.530)	(−2.733)	(−4.886)	(−4.079)	(−2.358)
常数项	−16.466	−53.357***	−49.384**	−35.611***	−54.088***	−35.761***
	(−0.931)	(−4.874)	(−2.451)	(−3.383)	(−3.489)	(−2.962)

（续表）

	（1）地方性环保法规数的对数	（2）排污费的对数	（3）行政处罚案件数的对数	（4）环保系统人员数的对数	（5）工业污染源治理投资额的对数	（6）工业污染源治理投资额/财政支出
R^2	0.033	0.622	0.155	0.378	0.634	0.586
N	378	540	540	540	420	540

注：*、**和***分别表示在10%、5%和1%水平上通过显著性检验，括号内为t值。

附表 4-2　财政赤字机制效应的估计结果

	（1）地方性环保法规数的对数	（2）排污费的对数	（3）行政处罚案件数的对数	（4）环保系统人员数的对数	（5）工业污染源治理投资额的对数	（6）工业污染源治理投资额/财政支出
TCI	−0.365	−3.707***	−5.387***	−3.207***	−2.343**	−4.307***
	(−0.477)	(−2.838)	(−2.765)	(−2.843)	(−2.284)	(−2.817)
TCI_DEF	−3.167	−16.496***	−24.808***	−15.183***	−10.627**	−17.985***
	(−0.772)	(−2.803)	(−2.827)	(−2.988)	(−2.488)	(−2.611)
DEF	−11.508	−31.915**	−47.270**	−27.941**	−22.718**	−33.316**
	(−1.004)	(−2.331)	(−2.316)	(−2.364)	(−2.466)	(−2.079)
RGDP	−2.949	−4.988	−0.899	−2.688	−3.277	−4.999
	(−1.041)	(−1.538)	(−0.186)	(−0.960)	(−1.278)	(−1.317)
RGDP2	0.126	0.159	0.129	0.091	0.079	0.140
	(0.880)	(0.979)	(0.534)	(0.649)	(0.631)	(0.736)
FDEC	−0.744	−0.669	−0.033	−0.071	−0.789	−0.001
	(−1.367)	(−0.796)	(−0.027)	(−0.098)	(−1.210)	(−0.001)
GCOM	−0.014	−0.002	−0.014	−0.008	−0.018	−0.009
	(−1.136)	(−0.089)	(−0.447)	(−0.444)	(−1.195)	(−0.354)
GGROWTH	−0.001	−0.027*	−0.045**	−0.027**	−0.018*	−0.038**
	(−0.077)	(−1.926)	(−2.113)	(−2.234)	(−1.867)	(−2.295)
EPUBLIC	0.035	0.071	0.138	0.088*	0.153***	0.108
	(0.825)	(1.226)	(1.602)	(1.774)	(3.873)	(1.606)

（续表）

	（1）地方性环保法规数的对数	（2）排污费的对数	（3）行政处罚案件数的对数	（4）环保系统人员数的对数	（5）工业污染源治理投资额的对数	（6）工业污染源治理投资额/财政支出
POLL	−0.170*	0.552***	0.401**	0.008	0.074	0.594***
	(−1.873)	(4.238)	(2.066)	(0.067)	(0.811)	(3.894)
STRU	0.171	0.359*	0.044	0.341*	0.237	0.001
	(1.104)	(1.658)	(0.137)	(1.827)	(1.528)	(0.006)
OPEN	−0.103	−0.476	−1.339**	−0.392	−0.273	−0.789*
	(−0.449)	(−1.325)	(−2.501)	(−1.264)	(−0.981)	(−1.877)
常数项	17.989	−40.860**	−6.427	−14.897	−25.270*	−43.035**
	(1.346)	(−2.447)	(−0.258)	(−1.033)	(−1.810)	(−2.202)
R^2	0.043	0.542	0.354	0.556	0.576	0.463
N	329	480	480	480	420	480

注：*、**和***分别表示在10%、5%和1%水平上通过显著性检验，括号内为t值。

参考文献

[1] 包群,彭水军,2006.经济增长与环境污染:基于面板数据的联立方程估计[J].世界经济(11):48-58.

[2] 包群,邵敏,杨大利,2013.环境管制抑制了污染排放吗?[J].经济研究(12):42-54.

[3] 陈斌开,林毅夫,2013.发展战略、城市化与中国城乡收入差距[J].中国社会科学(4):81-102.

[4] 陈诗一,2016.新常态下的环境问题与中国经济转型发展[J].中共中央党校学报(2):94-99.

[5] 陈诗一,陈登科,2018.雾霾污染、政府治理与经济高质量发展[J].经济研究(2):20-34.

[6] 陈硕,高琳,2012.央地关系:财政分权度量及作用机制再评估[J].管理世界(6):43-59.

[7] 方福前,邢炜,2017.经济波动、金融发展与工业企业技术进步模式的转变[J].经济研究(12):76-90.

[8] 付才辉,郑洁,林毅夫,2018.发展战略与环境污染——一个新结构环境经济学的理论假说与实证分析[Z].北京大学新结构经济学研究院工作论文(No.C2018008).

[9] 傅勇,张晏,2007.中国式分权与财政支出结构偏向:为增长而竞争的代价[J].管理世界(3):4-12.

[10] 阚大学,吕连菊,2016.要素市场扭曲加剧了环境污染吗——基于省级工业行业空间动态面板数据的分析[J].财贸经济(5):146-159.

[11] 李胜兰,初善冰,申晨,2014.地方政府竞争、环境规制与区域生态效率[J].世界经济(4):88-110.

[12] 李树,陈刚,陈屹立,2011.环境立法、执法对环保产业发展的影响——基于中国经验数据的实证分析[J].上海经济研究(8):71-82.

[13] 林伯强,李江龙,2015.环境治理约束下的中国能源结构转变——基于煤炭和二氧化碳峰值的分析[J].中国社会科学(9):84-107.

[14] 林毅夫,2002.发展战略、自生能力和经济收敛[J].经济学(季刊)(1):269-300.

[15] 林毅夫,2017.新结构经济学、自生能力与新的理论见解[J].武汉大学学报(哲学社会科学版)(6):5-15.

[16] 林毅夫,陈斌开,2013.发展战略、产业结构与收入分配[J].经济学(季刊)(4):1109-1140.

[17] 林毅夫,刘培林,2003.中国的经济发展战略与地区收入差距[J].经济研究(3):

19-25.

[18] 申广军,2016.比较优势与僵尸企业:基于新结构经济学视角的研究[J].管理世界(12):13-24+187.

[19] 沈坤荣,金刚,2018.中国地方政府环境治理的政策效应——基于"河长制"演进的研究[J].中国社会科学(5):92-115+206.

[20] 沈坤荣,金刚,方娴,2017.环境规制引起了污染就近转移吗?[J].经济研究(5):44-59.

[21] 孙圣民,陈强,2017.家庭联产承包责任制与中国农业增长的再考察——来自面板工具变量法的证据[J].经济学(季刊)(2):815-832.

[22] 王兵,吴延瑞,颜鹏飞,2010.中国区域环境效率与环境全要素生产率增长[J].经济研究(5):95-109.

[23] 王坤宇,2017.国家发展战略与能源效率[J].经济评论(5):3-13.

[24] 王树义,2014.环境治理是国家治理的重要内容[J].法制与社会发展(5):51-53.

[25] 王树义,蔡文灿,2016.论我国环境治理的权力结构[J].法制与社会发展(3):155-166.

[26] 吴舜泽,陈斌,逯元堂,等,2007.中国环境保护投资失真问题分析与建议[J].中国人口·资源与环境(3):112-117.

[27] 席鹏辉,梁若冰,谢贞发,2017.税收分成调整、财政压力与工业污染[J].世界经济(10):170-192.

[28] 夏光,2015.我国环境治理能力严重不足[J].环境与生活(11):60-61.

[29] 徐朝阳,林毅夫,2010.发展战略与经济增长[J].中国社会科学(3):94-108.

[30] 许和连,邓玉萍,2012.外商直接投资导致了中国的环境污染吗?——基于中国省际面板数据的空间计量研究[J].管理世界(2):30-43.

[31] 闫文娟,2012.财政分权、政府竞争与环境治理投资[J].财贸研究(5):91-97.

[32] 杨丹辉,2016.新常态下经济增长与环境治理:基于后发国家EKC的思考[J].当代经济管理(1):1-6.

[33] 杨海生,陈少凌,周永章,2008.地方政府竞争与环境政策——来自中国省份数据的证据[J].南方经济(6):15-30.

[34] 于文超,高楠,龚强,2014.公众诉求、官员激励与地区环境治理[J].浙江社会科学(5):23-35.

[35] 张彩云,苏丹妮,卢玲,等,2018.政绩考核与环境治理——基于地方政府间策略互动的视角[J].财经研究(5):4-22.

[36] 张华,2016.地区间环境规制的策略互动研究——对环境规制非完全执行普遍性的解释[J].中国工业经济(7):74-90.

[37] 张军,高远,傅勇,等,2007.中国为什么拥有了良好的基础设施?[J].经济研究(3):4-19.

[38] 张可,汪东芳,周海燕,2016.地区间环保投入与污染排放的内生策略互动[J].中国工业经济(2):68-82.

[39] 张坤民,孙荣庆,1999.中国环境污染治理投资现状与发展趋势分析[J].中国环境科学(2):97-101.

[40] 张文彬,张理芃,张可云,2010.中国环境规制强度省际竞争形态及其演变——基于两区制空间 Durbin 固定效应模型的分析[J].管理世界(12):34-44.

[41] 赵连阁,钟搏,王学渊,2014.工业污染治理投资的地区就业效应研究[J].中国工业经济(5):70-82.

[42] 赵霄伟,2014.地方政府间环境规制竞争策略及其地区增长效应——来自地级市以上城市面板的经验数据[J].财贸经济(10):105-113.

[43] 郑洁,付才辉,张彩虹,2018.财政分权与环境污染——基于新结构经济学视角[J].财政研究(3):57-70.

[44] 郑思齐,万广华,孙伟增,等,2013.公众诉求与城市环境治理[J].管理世界(6):72-84.

[45] 朱平芳,张征宇,姜国麟,2011.FDI 与环境规制:基于地方分权视角的实证研究[J].经济研究(6):133-145.

[46] Ambec S, Barla P, 2002. A theoretical foundation of the Porter hypothesis[J]. Economics Letters, 75(3): 355-360.

[47] Cole M A, Elliott R, Shimamoto K, 2005. Why the grass is not always greener: The competing effects of environmental regulations and factor intensities on US specialization[J]. Ecological Economics, 54(1): 95-109.

[48] Konisky D M, 2007. Regulatory competition and environmental enforcement: Is there a race to the bottom? [J]. American Journal of Political Science, 51(4): 853-872.

[49] Lanoie P, Patry M, Lajeunesse R, 2008. Environmental regulation and productivity: Testing the Porter hypothesis[J]. Journal of Productivity Analysis, 30(2): 121-128.

[50] Levinson A, 1996. Environmental regulations and manufacturers' location choices: Evidence from the census of manufactures[J]. Journal of Public Economics, 62(1-2): 5-29.

[51] Lin J Y, 2003. Development strategy, viability, and economic convergence[J]. Econom-

ic Development and Cultural Change, 51(2): 277-308.

[52] Lin J Y, Tan G, 1999. Policy burdens, accountability, and the soft budget constraint[J]. American Economic Review, 89(2): 426-431.

[53] Porter M E, 1991. America's green strategy[J]. Scientific American, 264(4): 193-246.

[54] Porter M E, van der Linde C, 1995. Toward a new conception of the environment-competitiveness relationship[J]. Journal of Economic Perspectives, 9(4): 97-118.

[55] Wang H, Jin Y, 2007. Industrial ownership and environmental performance: Evidence from China[J]. Environmental & Resource Economics, 36(3): 255-273.

[56] Wang H, Mamingi N, Laplante B, et al., 2003. Incomplete enforcement of pollution regulation: Bargaining power of Chinese factories[J]. Environmental & Resource Economics, 24(3): 245-262.

5

财政分权与环境污染：分权在发展与污染之间的权衡[①]

5.1 引 言

随着中国特色社会主义进入新时代，社会主要矛盾已经转化为人民日益增长的美好生活需要和不平衡不充分的发展之间的矛盾。改革开放以来，我国的经济增长取得了令人瞩目的成就，但是经济增长不等同于经济发展，目前的经济发展是不平衡不充分的，特别是未能有效地协调好经济与环境的关系。中国经济在取得高速增长的同时，环境污染问题却愈发严重。NASA（美国国家航空航天局）2010 年公布的卫星监测数据显示，我国 2001—2006 年的 PM2.5 浓度均值为 50~80ug/m³，而同期发达国家的 PM2.5 浓度均值在 15ug/m³ 以下，至 2016 年，我国 PM2.5 浓度均值仍达到 49.59ug/m³[②]，成为 PM2.5 污染最严重的国家之一。

为了改善环境，推进生态文明建设，促进经济社会可持续发展，修订后

[①] 本章内容曾以《财政分权与环境污染——基于新结构经济学视角》为题发表于《财政研究》2018 年第 3 期（作者：郑洁、付才辉、张彩虹）。

[②] 数据来源于中国空气质量在线监测分析平台，https://www.aqistudy.cn/historydata/weixin.php（访问日期：2018 年 1 月 31 日）。

的《中华人民共和国环境保护法》自2015年1月1日起施行,其中第六条规定"地方各级人民政府应当对本行政区域的环境质量负责"。也就是说,环境治理的事权在地方政府,而非中央政府。然而,自1993年的分税制改革以来,我国中央政府与地方政府普遍存在"财权"与"事权"不对称问题(张军,2008;陈硕等,2012)。那么,中央政府和地方政府间的财政分权是否会影响到地区环境质量的改善?其影响程度如何?对此问题的研究不仅具有重要的学术价值,更关系到我国社会主要矛盾的解决。

目前,关于财政分权对环境污染的影响,学界存在两类理论观点:一类观点认为财政分权有利于环境质量的改善(Tiebout,1956;Oates,2002;邓玉萍等,2013;谭志雄,2015);另一类观点认为财政分权加剧了环境污染(Silva et al.,1996;Kunce et al.,2007;傅勇等,2007;张克中等,2011;黄寿峰,2017)。已有研究结论的不一致,不利于我们理解其中的因果机制,而这种因果机制对于制定政策尤其重要。因此,我们有必要重新梳理和研究这一问题。本章基于新结构经济学视角,试图将两类观点纳入统一的框架,为财政分权对环境污染的影响提供一个全面的解释。

5.2 文献综述

有关环境污染的文献众多,其中最早的是关于环境污染与经济增长之间的"倒U形"环境库兹涅茨曲线假说的研究,即环境污染和人均收入之间呈"倒U形"曲线的关系(Grossman et al.,1995)。在此基础上,众多学者还识别了要素市场扭曲、城市化、腐败、技术进步、环境规制、产业结构调整以及对外贸易等因素对环境污染的影响。其中,关于要素市场扭曲(冷艳丽等,2016;阚大学等,2016)、城市化程度(Martínez-Zarzoso et al.,2011;Dogan et al.,2016)和腐败(Cole et al.,2004)等因素的研究大多认为它们导致了环境污染的进一步恶化;关于技术进步(Stern,2002;Bruvoll et al.,2003)、环境规制(陆旸,2009)和产业结构调整(韩楠,2016)等因素的研究大多认为它们能够改善环境质量,抑制环境恶化;关于对外贸易对环境污染的影响,由于存在污染替代论、"污染天堂"假说与"底线赛跑"假说等,学界尚未就其综合效应达成共识(李小平,2010;许和连等,2012)。已有研究不仅在理论上对中国的环境污染具有重要的解释力,而且在实证上具有重要的参考价值,可以避免出现遗漏重要变量的问题。

财政分权对环境污染的影响也受到诸多学者的关注。已有的理论文献大体可分为两类:一类文献认为财政分权有利于环境质量的改善,另一类文献则认为财政分权加剧了环境污染。其中,早期的环境联邦主义理论认为,财政分权有利于环境质量的改善(Tiebout,1956;Oates,2002)。该理论假设政府是仁慈的,对环境保护始终承担责任,为吸引居民和资源流入本辖区,财政分权能够有效地激励地方政府进行公共服务支出,而提供较高水平的环境质量就是其中一项重要内容(Stigler,1957)。相比于联邦政府,分权的地方政府更能够准确知道辖区内居民对公共品的偏好,从而能够更好地满足辖区内居民偏好的公共品需求,因此财政分权是处理环境偏好异质性的有效手段。在经验层面上,Millimet(2003)实证检验了里根和布什总统执政时期美国环境分权政策的影响,结果表明在20世纪80年代中期以前,环境分权政策对环境没有显著影响,而80年代中期的分权导致了"逐顶竞争"现象。Besley et al.(2003)和Faguet(2004)的研究认为财政分权能反映当地居民对环境质量的要求。郭志仪等(2011)、邓玉萍等(2013)和谭志雄(2015)等以中国为研究对象,实证考察了中国分税制改革以来财政分权对环境污染的影响,实证结果支持环境联邦主义的观点。

但随着分权理论的演化,另一类观点认为,早期的环境联邦主义理论把政府假设为"公共人"是不合理的,政府官员本质上是独立的追求效用最大化的"理性人"(布坎南等,2000)。诺斯悖论也表明了政府的理性行为,即在制定公共政策的过程中,一旦政府官员的最大化目标与社会福利目标相冲突,政府官员将倾向于牺牲社会整体福利而谋求自身利益最大化(North,1981)。该观点认为,在政治晋升和经济激励下的分权体制使得地方政府间产生恶性竞争(刘建民等,2015),地方政府为了吸引外资,可能会放松环境规制(Silva et al.,1996;Kunce et al.,2007;马晓钰等,2013),导致大批环境不达标的企业驻扎本地。与此同时,地方政府如果缺少合适的激励和约束,往往会忽视环境问题,地方政府的公共财政支出也会发生扭曲(Holmstrom et al.,1991),导致环境治理的供给不足(傅勇等,2007;闫文娟,2012),加剧环境污染(López,1994;Keen et al.,1997;张欣怡,2015)。例如,Ljungwall et al.(2005)对中国的研究表明,经济落后地区为了吸引外资,更倾向于以牺牲环境为代价。张克中等(2011)基于碳排放的视角进行实证研究的结果表明,财政分权程度的提高可能会降低地方政府对碳排放管制的努力,不利于碳排放量的减少。黄寿峰(2017)的实证研究结果表明,财政分权度的提高会削弱地方政府对环境的把控,从而加剧地区的雾霾污染。

综上所述,已有的理论文献关于财政分权对环境污染的影响尚无定论。早期的环境联邦主义理论(本章称之为"公共人"学派)过于强调政府作为"公共人"的角色,相信政府能在改善环境质量方面起到积极作用,充分发挥财政分权对环境质量的正向影响机制;忽视了政府官员作为行为主体,在其目标与政府职能目标不一致时可能会牺牲社会整体福利而谋求自身利益最大化,以及在激励和约束不匹配等理论前提不满足的情况下可能造成的一系列扭曲问题。而另一学派(本章称之为"理性人"学派)的观点则只强调政府官员作为"理性人",为了实现自身利益最大化,不顾政府作为公共组织所必须承担的基本公共服务职能,过于强调财政分权对环境污染的负向影响机制。无论是早期的"公共人"学派,还是后来的"理性人"学派,其理论观点对于财政分权对环境污染的影响都具有一定的解释力,但都无法解释全部。鉴于此,本章基于新结构经济学理论,将上述两类理论观点纳入统一的分析框架,为全面解释财政分权对环境污染的影响提供一个新的视角。本章认为,在中国式财政分权体制下,如果地方政府能够扮演"有为政府"的角色,充分发挥地区的比较优势,那么一系列对环境利好的财政分权机制均能够得到有效发挥,环境污染问题就能够得到有效的治理;相反,如果地方政府未能扮演"有为政府"的角色,而是采取违背比较优势的发展战略,那么一系列对环境利好的财政分权机制将无法得到有效发挥,将会导致"逐底竞争"的现象,环境污染问题也将恶化。

与相关文献相比,本章的贡献在于:基于新结构经济学视角,将已有的两类关于财政分权对环境污染影响的观点纳入统一的分析框架,为全面解释财政分权对环境污染的影响提供一个新的视角。

5.3 财政分权与环境污染的理论分析及特征性事实

5.3.1 理论分析

新结构经济学由林毅夫提出和倡导,强调经济发展是一个产业、技术、基础设施、制度结构不断变迁的过程,在这个过程中既要有"有效的市场",也要有"有为的政府"。其中,政府本身在经济发展中就是最为重要的制度安排,其制定的发展战略在国民经济中发挥着重要作用。Lin(2003)从产业(技术)结构和要素禀赋结构的匹配程度出发,提出将政府的各种经济发展政策分类为不同的发展战略。发展战略的概念是对政府的各种经济政策行为的高度抽象概括。根据是否符合比较优势,可将发展战略划分为遵循比较优势的发展战略和违背比较优势的发展战略。具体而言:①在遵循比较优势的发展战略下,政府的各项经济政策是基于本地的要素禀赋结构来选择相应的产业、产品和技术结构对企业进行支持,企业则根据市场中要素的相对价格信息选择进入符合比较优势的行业,以及选择特定的技术生产产品。由于企业进入的是符合本地比较优势的产业,因此这类企业是具备自生能力的,能够在没有外部扶持的情况下生存。②若采取违背比较优势的发展战略,政府的各项经济政策忽视了当地要素禀赋结构所决定的比较优势,从而造成地区的产业结构偏离其最优结构,企业一旦进入不具有比较优势的产业,生产的产品在市场上就不具有竞争力。因此,这类企业是不具备自生能力的,要想在激烈的市场竞争中生存,只能依靠政府补贴、税收优惠等一系列经济扭曲来维持。

从概念上,财政分权是指中央政府向地方政府下放一部分财政管理与决策权的过程(Martinez-Vazquez et al.,2003;Feltenstein et al.,2005),由此一定程度的财政分权总是对应于某一级政府实际拥有的财政自主度（陈硕等，2012）。1994年分税制改革以来，中国式分权（Qian et al.，1998）的主要特征在于政治集权和经济分权并存，地方政府官员主要对中央以GDP为标尺的单一考核机制负责（李猛，2009；闫文娟，2012）。

　　由于我国地域广阔，地区差异明显，每个地区的资源禀赋和潜在比较优势不同，只有充分掌握每个地区的资源禀赋等信息及其面临的约束条件，才能制定出符合其比较优势的发展战略。在此背景下，若由中央政府直接为各个地区制定发展战略，由于信息不对称、收集和处理信息的成本过高等问题，中央政府很难针对各个地区的资源禀赋条件制定符合其比较优势的发展战略，会造成"一刀切"的局面。相比于中央政府，地方政府具有明显的信息优势，更加了解地方所处的发展阶段（Oates，1999），在制定发展战略上比中央政府更有效率。因此，在财政分权体制下，地区分权程度越高，该地方政府在经济发展上的自主权越大，根据地方政府掌握的信息情况，其制定出遵循比较优势的发展战略的概率将越高。而发展战略越是符合比较优势，其导致的环境污染将越少。付才辉等（2018）对这一理论机制做了较为详细的论述。他们提出的新结构环境经济学认为，遵循比较优势的发展战略使得地方的产业结构与其禀赋结构相匹配，其中的企业就具备自生能力，地区的资本积累速度将可以达到最快，经济也有可能实现长期最快增长（林毅夫，2012），从而地区的财政收入也越多，地方政府在财政收入充足的情况下，才能将更多的财政支出用于环境治理；且具备自生能力的企业在面临更强的环境约束时，也有能力将环境污染内部化，从而能够有效地解决地区的环境污染问题。郭志仪等（2011）通过对中国工业水污染的研究发现，财政分权程度与水污染排放负相关，原因在于地方政府的公共支出提高了企业的生产效率，并改善了当地的环境质量。

　　相反，如果地区的财政分权程度低，中央政府对地方经济发展的干预程度高，那么地方的发展战略违背其比较优势的可能性就大，从而可能导致地方的产业结构扭曲，偏离其禀赋结构，而其中的企业也就不具备自生能力。企业无法获得盈利的同时，地区整体经济的发展也将放缓。但是地方政府官员在以 GDP 为导向的政治晋升和经济激励下,为了实现经济发展的目标,不得不通过降低环境准入门槛吸引外资、放松环境规制、扭曲财政支出结构以及减少环境治理投入等一系列扭曲性的机制来促进经济增长,这一系列扭曲性的机制均内生于地方政府违背比较优势的发展战略。在此背景下所刺激的经济增长是不可持续的,这是因为:一方面,企业不具备自生能力,即使环境约束趋紧,也无法将环境污染内部化,从而出现环境软约束问题(付才辉等,2018);另一方面,地方政府的财政收入也不足以支撑环境治理支出,从而导致环境污染恶化。

基于以上理论分析,我们提出以下研究假设:财政分权程度越高的地区,发展战略越符合其比较优势,导致的环境污染问题越轻。

5.3.2 特征性事实

在进行实证分析之前,我们首先通过描述特征性事实来观察财政分权与发展战略的初步关系。我们以财政自主度指标(FDEC1)和技术选择指数的倒数(TCIR)分别作为财政分权和发展战略的代理变量,并基于1997—2014 年省级层面数据,得到财政分权和发展战略之间的统计关系。从财政分权与发展战略关系的散点图(见图 5-1)来看,财政分权与发展战略正相关,相关系数为 0.502,说明随着财政分权程度的提高,地方的发展战略遵循比较优势的程度也会提高。进一步地,从我国东部、中部和西部地区的财政分权核密度图(见图 5-2)来看,东部地区的财政分权程度整体上高于中部和西部地区,就平均值而言,东部地区为 0.722,中部地区为 0.468,西部地区为 0.389,该结果与张晏等(2005)一致。与此同时,从发展战略的分地区核密度图(见图 5-3)来看,东部地区的 TCIR 的分布情况整体上有偏于中部和西部地区,即东部地区的发展战略扭曲程度小于中部和西部地区;就均值而言,东部地区为 0.243,中部地区为 0.007,西部地区为 0.005。由此可以看出,基本的特征性事实支持本章的理论预期。

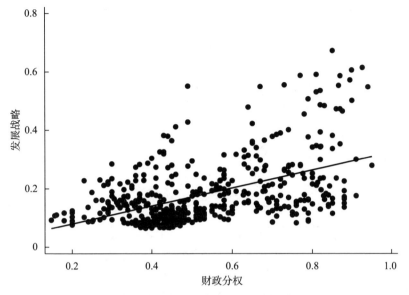

图 5-1 财政分权与发展战略关系的散点图

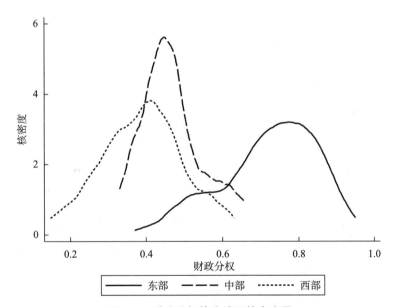

图 5-2 财政分权的分地区核密度图

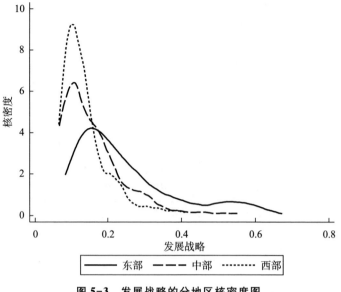

图 5-3 发展战略的分地区核密度图

5.4 财政分权与环境污染的实证设计

5.4.1 计量模型设定

通过以上的理论分析以及财政分权与发展战略的统计分析,为进一步验证本章研究假设的科学性,我们建立计量模型。

首先,我们建立模型(5.1)以检验地区财政分权程度与发展战略的关系:

$$\text{TCIR}_{it} = \alpha_0 + \alpha_1 \text{FDEC}_{it} + X_{it}\beta + \gamma_i + \delta_t + \varepsilon_{it} \tag{5.1}$$

其中,TCIR_{it}表示 i 地区第 t 年的发展战略情况;FDEC_{it}表示 i 地区第 t 年的财政分权程度,理论预期估计系数α_1为正,表示地区财政分权程度越高,其发展战略越符合本地的比较优势;X_{it}表示一系列控制变量;γ_i和δ_t分别表示个体固定效应和时间固定效应;ε_{it}为随机干扰项。

其次,我们建立模型(5.2)以检验地区发展战略对环境污染的影响:

$$\text{EP}_{it} = \alpha_0 + \alpha_1 \text{TCIR}_{it} + X_{it}\beta + \gamma_i + \delta_t + \varepsilon_{it} \tag{5.2}$$

其中,EP_{it}表示 i 地区第 t 年的环境污染水平;理论预期发展战略对环境污染的估计系数α_1为负,表示地区的发展战略越遵循其比较优势,越能够降低地区的环境污染水平。

最后,我们分别建立模型(5.3)和模型(5.4)来检验财政分权和发展战略对环境污染的影响:

$$EP_{it} = \alpha_0 + \alpha_1 FDEC_{it} + \alpha_2 TCIR_{it} + X_{it}\beta + \gamma_i + \delta_t + \varepsilon_{it} \quad (5.3)$$

$$EP_{it} = \alpha_0 + \alpha_1 FDEC_{it} + \alpha_2 FDEC_{it} \times TCIR_{it} + X_{it}\beta + \gamma_i + \delta_t + \varepsilon_{it} \quad (5.4)$$

由于中国正处于经济转轨时期,存在诸多的经济制度扭曲(李飞跃等,2011),导致财政分权可能整体上加剧环境污染,因此理论预期财政分权对环境污染影响的估计系数为正;发展战略对环境污染影响的估计系数预期仍为负;而$FDEC_{it} \times TCIR_{it}$表示财政分权和发展战略对环境污染的交互效应,理论预期其估计系数α_2为负,表示发展战略可以减缓财政分权对环境污染的恶化作用。

5.4.2 变量及数据说明

(1) 环境污染物的指标选取。Oates(2002)基于中央和地方两级政府的设定,根据环境污染物的属性,将其划分为纯公共品、具有地区溢出效应的环境污染物以及地方性公共品。一般而言,把温室气体(如CO_2)和臭氧层减少作为纯公共品,把SO_2、碳氢化合物和氮化合物等作为具有地区溢出效应的环境污染物,把汽车尾气、本地湖泊污染和固体污染物作为地方性公共品。本文选取CO_2作为纯公共污染物的代表,SO_2作为地区外溢性污染物的代表,工业固体废弃物(以下简称"固体废弃物")作为地方性公共品的代表,以此检验不同环境污染物是否存在环境"搭便车"现象。

(2) 财政分权的指标选取。已有的度量财政分权的指标大体可以分为支出指标、收入指标和财政自主度指标三类,陈硕等(2012)对财政分权的各类度量指标进行了详细的综述和评估。本章的样本时段是分税制改革后的1997—2014年,在此期间我国财政分权体制尚未发生重大变化,结构比较稳定,且根据陈硕等(2012)依据三类指标测算的1994—2009年的结果可以看出,这三类指标中收入指标和财政自主度指标能够更好地反映中央财政与地方财政的关系。考虑到本章的数据结构是省级面板数据,我们选取财政自主度指标作为基准指标,并分别以收入指标和支出指标作为稳健性检验的度量指标。

(3)发展战略的指标选取。遵循新结构经济学的研究传统,我们利用技术选择指数(TCI)来度量发展战略。其基本思想是:一个经济体或地区的要素禀赋结构决定了该经济体或地区的最优产业结构,而违背比较优势的发展战略是对最优产业结构的一种扭曲,产业结构的这种扭曲程度就可以作为发展战略的一个合理度量指标。TCI 的定义如下:

$$TCI_{it} = \frac{AVM_{it}}{LM_{it}} \bigg/ \frac{GDP_{it}}{L_{it}} \quad (5.5)$$

其中,AVM_{it} 是 i 地区第 t 年的工业增加值;GDP_{it} 是 i 地区第 t 年的生产总值;LM_{it} 是 i 地区第 t 年的工业就业人数;L_{it} 是 i 地区第 t 年的总就业人数。TCI 越大,表示 i 地区的发展战略违背其比较优势的程度越高;反之,TCI 越小,表示 i 地区的发展战略越遵循其比较优势。由此可以看出 TCI 是一个逆向指标,为了下文分析的方便,我们进一步对 TCI 取倒数,即 TCIR。TCIR 越大,表示发展战略越符合比较优势;TCIR 越小,表示发展战略越违背比较优势。

(4)控制变量。基于环境库茨涅茨曲线假说,我们引入人均 GDP 及其二次项,并结合国内分析环境污染的文献,引入能耗强度(EINT)(林伯强等,2014)、能源结构(ESTRU)(林伯强等,2009;李锴等,2011)、环境规制(ER)、城市化程度(URBAN)(李锴等,2011)、外商直接投资(FDI)(许和连等,2012;彭水军等,2013)等控制变量。其中,能耗强度以各地区能源消费总量与 GDP 之比表示,选取各地区煤炭消费量占当地一次能源消费总量的比重作为能源结构的代理变量,选取 SO_2 去除率作为环境规制的代理变量,选取实际利用外商直接投资占 GDP 的比重作为外商直接投资的代理变量,城市化程度以城市人口占总人口的比重表示。

(5)数据说明。本章的样本由 1997—2014 年 30 个省级层面[①]的面板数据组成。各变量的原始数据来源于 CCER 经济金融数据库,历年的《中国统计年鉴》《中国环境统计年鉴》《中国能源统计年鉴》以及各省份统计年鉴;

---

① 受数据可获得性的限制,不包括港澳台地区和西藏自治区。

资本存量数据根据张军等(2004)进行补充和调整;财政分权指标数据来源于陈硕等(2012),并根据其算法扩充至2014年。所有价格型指标均调整为1997年不变价格。具体变量的描述性统计见表5-1。

表5-1 主要变量的描述性统计

变量	含义	观察值	平均值	标准差	最小值	最大值
LN_SOLID	固体废弃物的对数	540	8.055	1.093	4.234	10.727
LN_CO	CO_2的对数	540	10.024	0.918	6.532	11.950
LN_SO	SO_2的对数	540	12.998	0.950	9.735	14.381
TCIR	技术选择指数的倒数	540	0.182	0.112	0.065	0.673
FDEC1	财政分权自主度指标	540	0.533	0.182	0.148	0.950
FDEC2	财政分权收入指标	540	1.593	1.923	0.340	12.322
FDEC3	财政分权支出指标	540	4.051	3.075	1.080	18.730
RGDP	人均GDP	540	19 002.470	16 480.100	2 199.057	91 242.120
ER	环境规制	540	35.766	22.327	0.000	82.676
FDI	外商直接投资	540	25 392.100	36 243.640	0.000	225 642.800
EINT	能耗强度	540	2.425	4.253	0.401	40.413
ESTRU	能源结构	540	0.562	0.140	0.134	0.843
URBAN	城市化程度	540	0.456	0.158	0.215	0.893

5.5 实证结果及分析

5.5.1 基准回归

本章首先利用OLS对研究假设进行估计,表5-2报告了三类污染物的基准回归结果。列(1)和列(2)检验了财政分权对发展战略的影响,可以发现,财政分权自主度指标(FDEC1)的估计系数在加入控制变量前后均显著为正,即财政分权指数越大,技术选择指数(TCIR)也将越大,其经济学含义为财政分权程度越大的地区,其发展战略越符合比较优势,这一点与理论预

表 5-2 基准回归结果

变量	TCIR (1)	TCIR (2)	CO$_2$ (3)	CO$_2$ (4)	CO$_2$ (5)	CO$_2$ (6)	SO$_2$ (7)	SO$_2$ (8)	固体废弃物 (9)	固体废弃物 (10)	固体废弃物 (11)
FDEC1	0.308***	0.165***		1.005***	1.277***		1.911***	2.489***		0.438	0.372
	(12.700)	(6.599)		(4.417)	(4.651)		(7.855)	(8.340)		(1.491)	(1.050)
TCIR			−0.697*	−1.213***		−2.190***	−3.171***		−0.584*	−0.809	
			(−1.780)	(−3.021)		(−5.017)	(−7.385)		(−1.778)	(−1.562)	
F1_T					−1.650***			−3.843***			−0.238
					(−2.826)			(−6.061)			(−0.315)
RGDP		−7.927***	51.040***	56.678***	58.135***	9.739	20.458**	26.582***	68.243***	70.697***	75.934***
		(−10.094)	(6.729)	(7.508)	(7.817)	(1.152)	(2.535)	(3.290)	(7.103)	(7.262)	(7.908)
RGDP2		0.090***	−0.557***	−0.606***	−0.610***	−0.221**	−0.315***	−0.356***	−0.691***	−0.712***	−0.770***
		(10.800)	(−6.785)	(−7.457)	(−7.461)	(−2.420)	(−3.624)	(−4.003)	(−6.648)	(−6.798)	(−7.293)
ER		−0.001*	−0.006***	−0.006***	−0.006***	−0.002	−0.002	−0.003	−0.011***	−0.011***	−0.011***
		(−1.856)	(−4.039)	(−4.096)	(−4.308)	(−1.117)	(−1.149)	(−1.637)	(−5.627)	(−5.627)	(−5.760)
FDI		−0.086***	−0.998***	−0.697***	−0.669***	−1.247***	−0.674***	−0.639***	0.769***	0.638***	0.688***
		(−6.831)	(−10.606)	(−6.075)	(−5.621)	(11.894)	(−5.500)	(−4.944)	(6.451)	(4.310)	(4.476)
EINT		0.212***	2.077***	2.269***	2.146***	3.670***	4.036***	3.678***	2.156***	2.239***	2.087***
		(2.887)	(3.159)	(3.510)	(3.337)	(5.010)	(5.840)	(5.262)	(2.589)	(2.687)	(2.513)

(续表)

变量	TCIR (1)	TCIR (2)	CO_2 (3)	CO_2 (4)	CO_2 (5)	SO_2 (6)	SO_2 (7)	SO_2 (8)	固体废弃物 (9)	固体废弃物 (10)	固体废弃物 (11)
ESTRU		−0.005	3.766***	3.736***	3.690***	4.153***	4.096***	3.990***	4.123***	4.110***	4.106***
		(−0.199)	(16.746)	(16.929)	(16.640)	(16.574)	(17.361)	(16.562)	(14.474)	(14.440)	(14.342)
URBAN		0.624***	0.538	0.194	0.115	0.897*	0.242	0.156	1.301**	1.451**	1.858***
		(14.972)	(1.215)	(0.440)	(0.265)	(1.817)	(0.513)	(0.330)	(2.318)	(2.548)	(3.301)
常数项	0.018	−0.066***	6.645***	6.374***	6.222***	10.132***	9.617***	9.284***	4.941***	4.823***	4.843***
	(1.297)	(−2.594)	(30.147)	(28.362)	(26.121)	(41.255)	(40.026)	(35.878)	(17.696)	(16.640)	(15.746)
N	540	540	540	540	540	540	540	540	540	540	540
R^2	0.251	0.670	0.613	0.627	0.627	0.551	0.602	0.588	0.562	0.563	0.561
F	161.286	122.317	95.749	90.622	90.282	74.506	81.619	77.075	77.775	69.561	68.957

注：*、** 和 *** 分别表示在 10%、5% 和 1% 水平上通过显著性检验，括号内为 t 值。FDEC1 和 F1_T 代表自权分权自主度指标。

期相符。列(3)、(6)和(9)检验了发展战略对环境污染的影响,结果显示TCIR的估计系数均显著为负,说明发展战略越是遵循比较优势的地区,其环境污染越轻;反之,地区的TCIR越小,其环境污染越严重。列(4)、(7)和(10)同时将财政分权与发展战略纳入实证模型,结果显示,FDEC1的估计系数显著为正,TCIR的估计系数显著为负,说明以财政分权自主度指标衡量的财政分权对环境污染整体上起到恶化效应,而在财政分权体制下,地区的发展战略越遵循比较优势,越能够有效减缓地区的环境污染。进一步地,列(5)、(8)和(11)将财政分权与发展战略以交互项的形式纳入实证模型,估计结果显示,财政分权与发展战略交互项(F1_T)的估计系数显著为负,进一步论证了本章的研究假设:随着财政分权程度的提高,遵循比较优势的发展战略能够有效减缓环境污染。

在控制变量中,人均GDP估计系数为正且二次项为负,至少在10%的水平上通过显著性检验,说明"倒U形"环境库兹涅茨曲线假说基本成立。能耗强度、能源结构、城市化程度的估计系数基本显著为正,说明单位能源消耗越多、以煤为主的能源结构比重越大、城市化程度越高,越可能加重环境污染;而环境规制和外商直接投资的估计系数基本显著为负,说明环境规制的加强和外国直接投资的增加有利于减轻环境污染问题。

5.5.2 稳健性检验

本节对模型的主要结论进行稳健性检验。由于在基准回归中三类污染物的估计结果基本一致,因此稳健性检验分析主要以SO_2污染指标为主(出于篇幅考虑,CO_2和固体废弃物的估计结果未列出)。本节的稳健性检验主要从不同的模型设定、财政分权指标的差异、样本地区的差异以及异常值处理四个方面进行。

(1) 模型设定和财政分权指标的差异

表5-3报告了部分稳健性检验的实证结果。其中列(1)至列(4)考虑了不同的模型设定对本章实证结果的影响,可以发现,无论采用固定效应模型还是随机效应模型进行估计,回归结果均与理论预期相符,一定程度上说明

表 5-3 稳健性检验的回归结果

变量	TCIR (1)	TCIR (2)	SO$_2$ (3)	SO$_2$ (4)	TCIR (5)	TCIR (6)	SO$_2$ (7)	SO$_2$ (8)	TCIR (9)	TCIR (10)	SO$_2$ (11)	SO$_2$ (12)
FDEC1	0.346*** (8.709)		0.091 (1.415)	0.028 (1.115)								
TCIR		−1.108*** (−4.954)	−1.147*** (−4.731)			−2.190*** (−5.017)	−2.271*** (−5.208)			−2.190*** (−5.017)	−2.242*** (−5.145)	
F1_T				−0.967*** (−2.594)								
FDEC2					0.007* (1.770)		0.083** (2.278)	0.056 (1.061)				
F2_T								−0.033** (2.323)				
FDEC3									0.003 (1.275)			
F3_T												0.005 (0.081)
RGDP	−8.625*** (−10.226)	26.462*** (5.614)	26.147*** (5.471)	31.164*** (6.549)	−9.391** (−11.943)	9.739 (1.152)	12.364 (1.456)	35.104** (3.980)	−9.348** (−11.515)	9.739 (1.152)	14.114 (1.624)	35.508* (3.720)
RGDP2	0.079*** (9.551)	−0.243** (−5.276)	−0.242** (−5.236)	−0.282** (−5.979)	0.098** (9.883)	−0.221** (−2.420)	−0.33** (−3.21)	−0.568** (−5.202)	0.107*** (12.908)	−0.221** (−2.420)	−0.221** (−2.431)	−0.466** (−4.532)

(续表)

变量	TCIR (1)	TCIR (2)	SO$_2$ (3)	SO$_2$ (4)	TCIR (5)	TCIR (6)	SO$_2$ (7)	SO$_2$ (8)	TCIR (9)	TCIR (10)	SO$_2$ (11)	SO$_2$ (12)
ER	0.001***	−0.010***	−0.010***	−0.011***	−0.000*	0.002	0.002	0.003	−0.000**	0.002	0.001	0.002
	(5.133)	(−7.763)	(−7.710)	(−8.263)	(−1.880)	(1.117)	(1.149)	(1.530)	(−2.106)	(1.117)	(0.733)	(1.191)
FDI	−0.010	−0.247***	−0.255***	−0.262***	−0.037***	1.247***	1.279***	1.372***	−0.047***	1.247***	1.134***	1.241***
	(−0.608)	(−3.073)	(−3.085)	(−3.112)	(−3.346)	(11.894)	(12.14)	(12.425)	(−3.825)	(11.894)	(9.610)	(10.251)
EINT	0.405**	−0.359	−0.378	−0.655	0.196**	3.670***	3.664***	3.222***	0.196***	3.670***	3.657***	3.215***
	(2.428)	(−0.421)	(−0.442)	(−0.755)	(2.555)	(5.010)	(5.024)	(4.325)	(2.554)	(5.010)	(5.009)	(4.309)
ESTRU	0.239***	0.346	0.334	0.183	0.002	4.153***	4.179***	4.180***	−0.005	4.153***	4.082***	4.093***
	(3.769)	(1.061)	(1.019)	(0.552)	(0.075)	(16.574)	(16.73)	(16.241)	(−0.182)	(16.574)	(16.188)	(15.793)
URBAN	0.402***	2.200***	2.266***	2.069***	0.700***	0.897*	0.427	−1.215**	0.767***	0.897*	1.284**	−0.461
	(4.114)	(4.576)	(4.469)	(4.007)	(15.168)	(1.817)	(0.801)	(−2.547)	(17.771)	(1.817)	(2.435)	(−0.875)
常数项	−0.259***	12.080***	12.022***	12.092***	−0.016	10.132***	10.223***	10.270***	−0.024	10.132***	10.133***	10.194***
	(−4.389)	(44.407)	(39.184)	(38.055)	(−0.627)	(41.255)	(41.263)	(40.089)	(−0.923)	(41.255)	(41.397)	(38.226)
N	540	540	540	540	540	540	540	540	540	540	540	540
固定效应	是	是	是	是	否	否	否	否	否	否	否	否
R^2	0.411	0.414	0.413	0.392	0.641	0.551	0.555	0.529	0.640	0.551	0.554	0.529
F	46.457	46.929	41.656	38.593	108.088	74.506	67.394	60.893	107.556	74.506	67.136	60.774

注：*、**和***分别表示在10%、5%和1%水平上通过显著性检验，括号内为 t 值。FDEC1 和 F1_T 代表财政分权收入指标；FDEC3 和 F3_T 代表财政分权支出指标；FDEC2 和 F2_T 代表财政分权自主度指标。

模型设定对本章结果没有根本性影响。列(5)至列(8)以财政分权收入指标(FDEC2)进行实证检验,可以看出,该结果与基准回归中以财政分权自主度(FDEC1)作为分权指标的估计结果一致,也与张欣怡(2015)使用系统GMM的估计结果一致,说明财政分权程度越高的地区,整体上环境污染越严重,但是其发展战略越遵循地区的比较优势,并显著地抑制环境污染的恶化。列(9)至列(12)以财政分权支出指标(FDEC3)进行实证检验,结果显示,FDEC3的估计系数显著为负,得出此结果的文献有郭志仪等(2011)、邓玉萍等(2013)和谭志雄(2015),等等。此结果与财政分权自主度指标和财政分权收入指标的结果相反,可能的原因是:根据陈硕等(2012)对分权"指标的逻辑"的解释,财政分权支出指标更多反映的是支出规模,捕捉到的是支出水平的提高有利于环境质量的改善。

(2) 分地区回归结果

考虑到我国地域广阔,地区间差异较大,本研究进一步将我国各地区划分为东部、中部和西部地区,划分方式参照《中国统计年鉴》中的规定,回归结果见表5-4。列(1)至列(3)检验了财政分权对地区发展战略的影响。可以发现,东部地区的FDEC1的估计系数无论是系数大小还是显著性水平均高于中部和西部地区,且西部地区的估计系数不显著为负,此结果验证了前文特征性事实中财政分权与发展战略的关系,财政分权度在东部、中部和西部地区依次递减,与此同时,地区遵循比较优势发展战略的程度也依次递减,说明东部地区长期以来享有较高的财政自主权,而中部和西部地区,特别是西部地区的财政自主权长期偏低(张晏等,2005;陈硕等,2012)。在此背景下,东部地区相比于中部和西部地区更能够根据自身的资源禀赋结构,发展符合其比较优势的产业。列(4)至列(6)检验了发展战略对地区环境污染的影响。估计结果显示,TCIR的估计系数在东部、中部和西部地区均显著为负,进一步说明地区遵循比较优势的发展战略是减轻环境污染的重要因素。列(7)至列(12)将财政分权与发展战略以不同形式纳入环境污染模型,可以发现,无论在东部、中部还是西部地区,财政分权均显著加剧了环境污染,而发展战略因素均显著抑制了环境污染的恶化,进一步说明本章的研究结论在分地区样本中也是稳健成立的。

表 5-4 分地区的回归结果

	TCIR			SO_2			SO_2			SO_2		
	东部 (1)	中部 (2)	西部 (3)	东部 (4)	中部 (5)	西部 (6)	东部 (7)	中部 (8)	西部 (9)	东部 (10)	中部 (11)	西部 (12)
FDEC1	0.384***	0.299***	−0.005				3.501***	1.571***	3.531***	4.270***	2.363***	4.440***
	(4.376)	(4.083)	(−0.103)				(5.823)	(3.899)	(6.749)	(6.410)	(4.840)	(7.458)
TCIR				−3.212***	−1.662***	−2.987***	−4.151***	−2.308***	−2.939***			
				(−6.166)	(−3.550)	(−2.964)	(−8.257)	(−4.885)	(−3.282)			
F1_T										−4.863***	−4.180***	−6.786***
										(−7.440)	(−4.803)	(−3.174)
RGDP	−3.393	−16.404**	−9.087**	−7.563	130.368***	32.804	10.331	131.001***	65.951***	14.041	138.763***	70.337***
	(−1.421)	(−4.902)	(−5.322)	(−0.452)	(6.517)	(1.402)	(0.662)	(6.929)	(3.086)	(0.877)	(7.544)	(3.348)
RGDP2	0.051***	0.283***	0.106***	0.024	−2.190***	−0.485	−0.131	−2.284***	−0.925***	−0.149	−2.422***	−0.967***
	(2.620)	(4.476)	(4.214)	(0.174)	(−5.893)	(−1.441)	(−1.017)	(−6.488)	(−3.019)	(−1.132)	(−7.046)	(−3.185)
ER	0.000	−0.000	−0.000	0.004	−0.006***	0.007**	0.008**	−0.006***	0.004	0.008*	−0.006***	0.004
	(0.000)	(−0.757)	(−1.094)	(1.041)	(−3.762)	(2.432)	(1.976)	(−4.415)	(1.514)	(1.915)	(−4.272)	(1.494)
FDI	−0.105***	0.017	−0.089	1.136***	−0.535*	−2.256***	−0.744***	−0.560***	−0.352	−0.722***	−0.601***	−0.345
	(−5.747)	(0.312)	(−1.579)	(9.379)	(−1.803)	(−3.386)	(−5.740)	(−1.995)	(−0.536)	(−5.300)	(−2.131)	(−0.525)

(续表)

	TCIR			SO$_2$			SO$_2$			SO$_2$		
	东部 (1)	中部 (2)	西部 (3)	东部 (4)	中部 (5)	西部 (6)	东部 (7)	中部 (8)	西部 (9)	东部 (10)	中部 (11)	西部 (12)
EINT	7.343***	2.341**	0.251***	69.616***	35.725***	4.061***	114.230***	31.622***	2.449***	110.554***	32.061***	2.502***
	(3.003)	(2.029)	(3.876)	(4.420)	(5.669)	(4.837)	(7.005)	(5.228)	(3.127)	(6.608)	(5.268)	(3.159)
ESTRU	−0.174*	−0.004	0.004	6.727***	0.654	2.984***	5.117***	0.676	2.250***	5.132***	0.569	2.216***
	(−1.836)	(−0.036)	(0.110)	(11.012)	(1.127)	(6.816)	(8.212)	(1.234)	(5.571)	(7.997)	(1.035)	(5.476)
URBAN	0.387***	0.815***	0.606***	2.680***	−4.872***	−1.521	1.032	−3.859***	−1.548	0.789	−4.111***	−1.882
	(3.453)	(7.111)	(6.121)	(3.505)	(−7.026)	(−1.066)	(1.368)	(−5.473)	(−1.221)	(1.023)	(−6.022)	(−1.524)
常数项	−0.168**	−0.196**	0.005	7.701***	13.396***	11.349***	6.379***	12.436***	10.387***	5.804***	12.101***	10.092***
	(−2.518)	(−2.217)	(0.143)	(18.569)	(32.186)	(27.104)	(14.437)	(26.794)	(26.075)	(12.151)	(24.971)	(24.684)
N	198	144	198	198	144	198	198	144	198	198	144	198
R^2	0.669	0.699	0.387	0.799	0.764	0.397	0.832	0.789	0.524	0.822	0.788	0.522
F	45.248	37.924	14.796	87.737	52.277	15.393	97.123	53.705	22.393	90.792	53.330	22.232

注：*、**和***分别表示在10%、5%和1%水平上通过显著性检验，括号内为t值。FDEC1和F1_T代表分权自主度指标。

此外,本章还针对样本数据中可能出现的异常值做了稳健性检验①,特别是针对核心解释变量——财政分权指标和发展战略指标做了 1% 和 5% 的离群值处理(winsorization)。基本思路是:如果样本数据中变量值大于该变量 99 分位数或 95 分位数,那么该样本值用 99 分位数或 95 分位数替代;同理,如果样本数据中变量值小于该变量 1 分位数或 5 分位数,则该样本值用 1 分位数或 5 分位数替代。经过 1% 和 5% 的离群值处理后的估计结果与表 5-2 报告的估计结果基本一致,说明考虑异常值问题后,本章的估计结果依然是稳健的。

5.5.3 进一步讨论

关于环境污染具有空间外溢性,学界已基本达成共识(许和连等,2012)。不同环境污染物由于扩散性和外部性不同而具有不同强度的空间外溢特征,从而导致不同污染物可能存在环境"搭便车"现象(Silva,1997;Helland et al.,2003;Sigman,2004,2014;黄寿峰,2017)。因此,在分析财政分权和发展战略对环境污染的影响时,考虑地理空间相关性就显得非常必要。现有的空间计量模型主要有空间滞后模型、空间误差模型和空间杜宾模型。由于空间杜宾模型实际上是前两类模型的综合,因此我们利用空间杜宾模型来实证检验财政分权、发展战略与环境污染之间可能存在的空间相关性。

在运用空间计量模型研究空间溢出效应时,空间权重矩阵的确定是至关重要的一步。已有研究文献中空间关系的设定方式主要分为地理空间权重矩阵和经济空间权重矩阵两种(Anselin,1988)。为此,本章基于基本的 0-1 空间权重矩阵,结合我国各省份铁路网密度以及禀赋结构特征,分别构建以下三种空间权重矩阵:①0-1 空间权重矩阵,记为 W^{ad}。该空间权重矩阵是依据地理是否相邻来设定的,地理相邻的地区被赋值"1",其他的地区被赋值"0",并对矩阵做行标准化处理。②铁路网密度空间权重矩阵,记为 W^r,公式为:

---

① 尽管北京地区的各项指标不存在异常值情况,但是考虑到北京地区的政治特殊性,我们另外做了剔除北京样本的回归,发现估计结果基本不受影响。

$$W^{r} = W^{ad} .* E^{r}, \quad E^{r} = \frac{1}{|\text{RD}_i - \text{RD}_j|}, \quad i \neq j \tag{5.6}$$

其中,E^r 表示地区铁路网密度差异矩阵,两地区的铁路网密度差异越大,表示其空间关系越弱;RD_i 表示地区 i 的铁路网密度,铁路网密度=各省(区、市)的铁路营业线路里程/各省(区、市)的土地面积。③禀赋结构空间权重矩阵,记为 W^{re}。从新结构经济学视角出发,禀赋结构是分析地区经济发展的逻辑起点,而其他一系列经济因素均内生于禀赋结构。因此,我们采用各地区的禀赋结构来设定空间权重矩阵,而禀赋结构可以选取人均资本存量作为计量指标,具体的矩阵设定如下:

$$W^{re} = W^{r} .* E^{e}, \quad E^{e} = \frac{1}{|K_i - K_j|}, \quad i \neq j \tag{5.7}$$

其中,W^{re} 综合反映了地区间在地理、交通和经济上的空间关系;E^e 表示地区间人均资本存量①的差异矩阵。

本章利用 Moran' I 指数对三种污染物的空间相关性进行检验,结果见表 5-5。可以看出,在三种空间关联模式下,CO_2 和 SO_2 的 Moran' I 指数显著为正,呈现显著的空间正相关关系,而固体废弃物的 Moran' I 指数大部分情况下未通过显著性检验,说明固体废弃物的空间相关性较弱。具体而言,对比三种空间关联模式下各变量的 Moran' I 指数可以发现,总体上,以 W^{re} 空间权重矩阵测算出的 Moran' I 指数最大,其次是 W^r 矩阵,最后是 W^{ad} 矩阵,说明空间权重矩阵作为反映空间关系的代表,所含的信息越多,越能反映出区域间的空间关系。另外,从 Moran 散点图(图 5-4 和图 5-5)可以看出,CO_2 和 SO_2 的拟合线斜率为正,表明两者均存在显著的空间集聚特征。基于此,我们进行空间杜宾模型的实证检验。

表 5-5 环境污染物的空间相关性检验(1997—2014)

	CO_2			SO_2			固体废弃物		
	W^{ad}	W^r	W^{re}	W^{ad}	W^r	W^{re}	W^{ad}	W^r	W^{re}
1997	0.232	0.272	0.318	0.234	0.238	0.273	0.104	0.138	0.173
1998	0.218	0.247	0.320	0.208	0.171	0.23	0.108	0.171	0.130

---

① 资本存量数据根据张军等(2004)进行补充和调整。

（续表）

	CO_2			SO_2			固体废弃物		
	W^{ad}	W^r	W^{re}	W^{ad}	W^r	W^{re}	W^{ad}	W^r	W^{re}
1999	0.247	0.317	0.327	0.198	0.263	0.253	0.098	0.163	0.153
2000	0.225	0.293	0.287	0.106	0.153	0.171	0.066[a]	0.151[a]	0.121[a]
2001	0.258	0.389	0.415	0.184	0.133	0.165	0.074[a]	0.133[a]	0.135[a]
2002	0.248	0.374	0.422	0.172	0.125	0.164	0.062[a]	0.115[a]	0.144[a]
2003	0.229	0.324	0.368	0.126	0.083	0.118	0.036[a]	0.083[a]	0.118[a]
2004	0.264	0.368	0.425	0.138	0.132	0.173	0.039[a]	0.112[a]	0.123[a]
2005	0.294	0.424	0.451	0.158	0.181	0.219	0.058[a]	0.111[a]	0.119[a]
2006	0.286	0.418	0.459	0.157	0.198	0.239	0.027[a]	0.098[a]	0.139[a]
2007	0.287	0.398	0.443	0.167	0.177	0.226	0.027[a]	0.077[a]	0.126
2008	0.292	0.414	0.472	0.15	0.198	0.237	0.050[a]	0.098[a]	0.137
2009	0.275	0.447	0.456	0.156	0.241	0.276	0.053[a]	0.041	0.176
2010	0.265	0.432	0.48	0.153	0.218	0.28	0.051[a]	0.018	0.181
2011	0.258	0.461	0.498	0.148	0.375	0.442	0.048	0.075	0.142
2012	0.248	0.345	0.426	0.132	0.270	0.384	0.032	0.071	0.144
2013	0.252	0.356	0.425	0.145	0.252	0.363	0.052	0.062	0.142
2014	0.257	0.387	0.454	0.163	0.226	0.325	0.014	0.053	0.111

注：本表结果利用软件 MATLAB R2014a 计算所得；上标 a 表示未通过显著性检验，未注明上标 a 的表示通过 10% 以内的显著性检验。

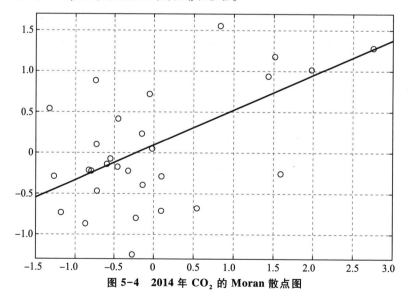

图 5-4　2014 年 CO_2 的 Moran 散点图

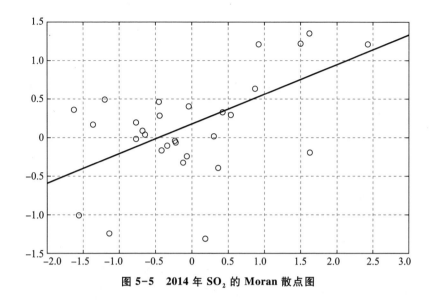

图 5-5 2014 年 SO_2 的 Moran 散点图

表 5-6 报告了空间杜宾模型的估计结果,该结果采用 MLE 估计。第一,我们讨论三类环境污染物是否存在环境"搭便车"现象。基于 Sigman(2014)的研究思路,对比三类环境污染物的估计结果可知:一方面,从空间滞后项(Wy)的估计系数来看,在三种空间关联模式下,CO_2 和 SO_2 的估计系数均显著为正,而固体废弃物的系数为正但显著性水平较弱,该结果与空间相关性检验的结果一致,说明 CO_2 和 SO_2 具有较强的空间外溢性,而固体废弃物的空间外溢性较弱;另一方面,从财政分权的空间项($W \times FDEC1$)和发展战略的空间项($W \times TCIR$)来看,固体废弃物的估计系数基本未通过显著性检验,说明财政分权和发展战略对固体废弃物的影响基本上不存在空间相关性,而 CO_2 和 SO_2 的估计系数均通过显著性检验且符合理论预期。因此,综合三类污染物的估计结果不难发现,相比于固体废弃物,CO_2 和 SO_2 存在显著的污染"搭便车"现象。

表 5-6 各类环境污染物空间杜宾模型的回归结果

变量	CO_2			SO_2			固体废弃物		
	W^{nd}	W^r	W^{re}	W^{nd}	W^r	W^{re}	W^{nd}	W^r	W^{re}
Wy	0.261***	0.295***	0.204***	0.199***	0.272***	0.244***	0.010	0.106	0.011*
	(2.754)	(2.913)	(3.095)	(3.465)	(5.820)	(6.119)	(1.159)	(1.044)	(1.296)

（续表）

变量	CO_2			SO_2			固体废弃物		
	W^{ad}	W^r	W^{re}	W^{ad}	W^r	W^{re}	W^{ad}	W^r	W^{re}
FDEC1	0.037***	0.051***	0.142***	0.039**	0.045***	0.040**	0.046*	0.057**	0.050**
	(2.236)	(2.340)	(2.924)	(2.150)	(2.689)	(2.273)	(1.694)	(2.144)	(1.865)
TCIR	−0.105***	−0.041***	−0.003***	−0.022***	−0.021***	−0.028***	−0.009*	−0.009*	−0.016***
	(−2.622)	(−2.654)	(−2.042)	(−2.895)	(−3.099)	(−3.843)	(−1.354)	(−1.394)	(−2.143)
W×FDEC1	0.117*	0.101*	0.112*	0.009*	0.006*	0.019*	0.016	0.029	0.021
	(1.772)	(1.757)	(1.782)	(1.810)	(1.871)	(1.876)	(0.583)	(1.224)	(0.854)
W×TCIR	−0.318***	−0.312***	−0.312***	−0.026*	−0.009*	−0.007*	−0.037	−0.037	−0.026*
	(−2.629)	(−3.483)	(−4.060)	(−1.841)	(−1.868)	(−1.773)	(−1.229)	(−1.340)	(−1.925)
RGDP	0.012*	0.035*	0.009*	0.003	0.002*	0.001**	0.001	0.003**	0.001
	(1.491)	(1.561)	(1.423)	(1.036)	(1.600)	(1.190)	1.055	(1.873)	(1.048)
RGDP2	−0.029**	−0.075**	−0.028**	−0.005**	−0.004**	−0.001	−0.001	−0.008	−0.002
	(−1.694)	(−1.896)	(−1.765)	(−1.959)	(−1.857)	(−1.010)	(−1.100)	(−1.128)	(−1.334)
EINT	0.137**	0.183***	0.139*	0.004*	0.004*	0.001	0.001	0.014	0.001
	(1.953)	(2.668)	(1.979)	(1.435)	(1.510)	(1.122)	(1.034)	(1.150)	(1.023)
ESTRU	11.276***	14.708***	12.376***	0.950***	1.347***	1.132***	1.649***	1.835***	1.742***
	(4.388)	(6.143)	(4.967)	(3.206)	(5.083)	(3.970)	(3.693)	(4.356)	(4.016)
FDI	0.002	0.011*	0.011*	−0.002**	−0.001*	−0.001*	−0.003***	−0.002**	−0.003***
	(0.368)	(1.921)	(1.799)	(−2.256)	(−1.228)	(−1.639)	(−3.330)	(−2.151)	(−3.048)
URBAN	18.731***	16.886***	12.408***	0.091	0.171	0.396	4.044***	3.839***	3.523***
	(4.649)	(4.402)	(3.024)	(0.194)	(0.395)	(0.844)	(5.747)	(5.653)	(4.933)
W×RGDP	0.064**	0.075***	0.045**	0.003	0.002	0.001	0.002	0.006	0.002
	(1.650)	(2.424)	(1.757)	(1.731)	(0.668)	(0.343)	(0.238)	(1.089)	(0.358)
W×RGDP2	−0.126**	−0.146**	−0.087**	−0.006*	−0.005*	−0.002	−0.005*	−0.014*	−0.006**
	(−1.864)	(−2.702)	(−1.982)	(−1.735)	(−1.837)	(−1.391)	(−1.443)	(−1.442)	(−1.762)
W×EINT	−0.779***	−0.847***	−0.460***	−0.033**	−0.056***	−0.028***	0.021	0.038	0.002
	(−5.187)	(−8.954)	(−6.817)	(−1.939)	(−5.303)	(−3.642)	(0.814)	(1.258)	(0.142)
W×ESTRU	19.217***	14.710***	13.097***	1.566***	0.581*	0.209	0.757	2.213***	−0.320
	(3.558)	(3.847)	(3.995)	(2.534)	(1.371)	(0.556)	(0.812)	(3.288)	(−0.560)

（续表）

变量	CO_2			SO_2			固体废弃物		
	W^{ad}	W^r	W^{re}	W^{ad}	W^r	W^{re}	W^{ad}	W^r	W^{re}
$W \times FDI$	-0.002	-0.016**	-0.039***	-0.001	0.001	-0.002*	-0.001	-0.002	-0.002
	(-0.174)	(-1.655)	(-3.870)	(-0.897)	(-0.196)	(-1.544)	(-0.530)	(-0.975)	(-0.971)
$W \times URBAN$	3.594	6.922	32.168***	3.966***	4.547***	1.558**	1.434	1.193	2.658***
	(0.424)	(0.990)	(5.041)	(4.058)	(5.822)	(2.139)	(0.960)	(0.954)	(2.370)
R^2	0.908	0.914	0.911	0.957	0.963	0.958	0.935	0.938	0.937

注：本表结果采用 MATLAB R2014a 估计。*、**和***分别表示在10%、5%和1%水平上通过显著性检验，括号内为 t 值。

第二，从 FDEC1 和 TCIR 的估计系数来看，其估计结果与表5-2的基准回归结果基本一致，但系数值显著下降。以 SO_2 的结果来看，基准回归中 FDEC1 的系数值为1.911，TCIR 的系数值为-3.171，而空间杜宾模型中 FDEC1 的系数值平均为0.041，TCIR 的系数值平均为-0.023。进而，我们转向财政分权和发展战略空间项的估计系数，可以发现，$W \times FDEC1$ 的估计系数显著为正，$W \times TCIR$ 的估计系数显著为负，说明地区的财政分权不但会对本地的环境污染产生恶化效应，而且会对周边地区的环境污染产生恶化效应；同时，地区遵循比较优势发展战略对环境污染的抑制作用也存在空间外溢效应。这也解释了为什么相对于基准回归，考虑空间因素后，FDEC1 和 TCIR 的估计系数值均显著下降。黄寿峰（2017）关于财政分权对雾霾影响的研究也发现，财政分权度的提高会显著加剧本地区及周边地区的雾霾污染。

5.6 结论与启示

本章基于新结构经济学视角，就财政分权对环境污染的影响提供了一个新的解释，并利用1997—2014年的省级面板数据对研究假设进行实证检验。研究认为，分税制改革以来，财政分权总体上加剧了环境污染；但是，财政分权程度的提高有利于地区发展战略遵循其比较优势，而发展战略遵循比较优势的地区，能够有效地抑制财政分权对环境污染的负面冲击。在通过不同的模型设定、财政分权指标差异、地区差异以及异常值处理四个方面的稳健性检验后,该结论仍然成立。进一步讨论发现,不同环境污染物的空间外溢程度有所不同;相比于固体废弃物,CO_2 和 SO_2 存在污染"搭便车"现象;地区的财政分权不仅会对本地的环境污染产生恶化效应,而且会对周边地区的环境污染产生恶化效应;同时,地区遵循比较优势发展战略对环境污染的抑制作用也存在空间外溢效应。

本章的研究可以得到如下启示:①地方政府在环境污染问题上扮演着重要的角色,在中国特殊的财政分权制度背景下,地方政府能否扮演"有为政府"的角色是解决环境污染问题的关键。地方政府应充分了解当地的要素禀赋结构,选择符合当地比较优势的产业和技术来发展经济,而这种发展路径可能是最有利于环境的发展方式。②针对环境污染的外溢效应和可能存在的污染"搭便车"现象,不仅需要地方政府"各自为政",还需要加大跨区域合作治理。尽管现行的《中华人民共和国环境保护法》第六条规定地方各级人民政府应当对本行政区域的环境质量负责,但是现实的治理结果表明,这种治理结构和权利配置无法有效地解决环境污染问题。因此,在环境治理方面,需要某种程度的中央集权,尽可能地把外部性问题内部化,从而有效解决环境污染的外溢问题。

参考文献

[1] 布坎南,塔洛克,2000.同意的计算[M].陈光金,译,北京:中国社会科学出版社.
[2] 陈硕,高琳,2012.央地关系:财政分权度量及作用机制再评估[J].管理世界(6):43-59.
[3] 邓玉萍,许和连,2013.外商直接投资、地方政府竞争与环境污染——基于财政分权视角的经验研究[J].中国人口·资源与环境(7):155-163.
[4] 付才辉,郑洁,林毅夫,2018.发展战略与环境污染——一个新结构环境经济学的理论假说与实证分析[Z].北京大学新结构经济学研究院工作论文(No. C2018008).
[5] 傅勇,张晏,2007.中国式分权与财政支出结构偏向:为增长而竞争的代价[J].管理世界(3):4-12.
[6] 龚锋,卢洪友,2009.公共支出结构、偏好匹配与财政分权[J].管理世界(1):10-21.

[7] 郭庆旺,贾俊雪,2010.财政分权、政府组织结构与地方政府支出规模[J].经济研究(11):59-72.

[8] 郭志仪,姚慧玲,2011.中国工业水污染的理论研究与实证检验[J].审计与经济研究(5):97-103.

[9] 韩楠,2016.产业结构调整对环境污染影响的系统动力学仿真预测[J].中国科技论坛(10):53-58+71.

[10] 黄寿峰,2017.财政分权对中国雾霾影响的研究[J].世界经济(2):127-152.

[11] 贾俊雪,郭庆旺,2008.政府间财政收支责任安排的地区经济增长效应[J].经济研究(6):37-49.

[12] 阚大学,吕连菊,2016.要素市场扭曲加剧了环境污染吗——基于省级工业行业空间动态面板数据的分析[J].财贸经济(5):146-159.

[13] 冷艳丽,杜思正,2016.能源价格扭曲与雾霾污染——中国的经验证据[J].产业经济研究(1):71-79.

[14] 李飞跃,林毅夫,2011.发展战略、自生能力与发展中国家经济制度扭曲[J].南开经济研究(5):3-19.

[15] 李锴,齐绍洲,2011.贸易开放、经济增长与中国二氧化碳排放[J].经济研究(11):60-72.

[16] 李猛,2009.财政分权与环境污染——对环境库兹涅茨假说的修正[J].经济评论(5):54-59.

[17] 李小平,2010.国际贸易中隐含的 CO_2 测算——基于垂直专业化分工的环境投入产出模型分析[J].财贸经济(5):66-70.

[18] 林伯强,杜克锐,2014.理解中国能耗强度的变化:一个综合的分解框架[J].世界经济(4):69-87.

[19] 林伯强,蒋竺均,林静,2009.有目标的电价补贴有助于能源公平和效率[J].金融研究(11):1-18.

[20] 林毅夫,刘志强,2000.中国的财政分权与经济增长[J].北京大学学报(哲学社会科学版)(4):5-17.

[21] 林毅夫,2012.新结构经济学:反思发展与政策的一个理论框架[M].北京:北京大学出版社.

[22] 刘建民,陈霞,吴金光,2015.财政分权、地方政府竞争与环境污染——基于272个城市数据的异质性与动态效应分析[J].财政研究(9):36-43.

[23] 刘建民,王蓓,陈霞,2015.财政分权对环境污染的非线性效应研究——基于中国272个地级市面板数据的PSTR模型分析[J].经济学动态(3):82-89.

[24] 陆旸,2009.环境规制影响了污染密集型商品的贸易比较优势吗?[J].经济研究(4):28-40.

[25] 马晓钰,李强谊,郭莹莹,2013.中国财政分权与环境污染的理论与实证——基于省级静态与动态面板数据模型分析[J].经济经纬(5):122-127.

[26] 毛晖,杜小娟,张佳希,2014.财政分权、政府竞争与环境污染[J].财政经济评论(2):115-122.

[27] 彭水军,张文城,曹毅,2013.贸易开放的结构效应是否加剧了中国的环境污染——基于地级城市动态面板数据的经验证据[J].国际贸易问题(8):119-132.

[28] 曲如晓,江铨,2012.人口规模、结构对区域碳排放的影响研究——基于中国省级面板数据的经验分析[J].人口与经济(2):10-17.

[29] 谭志雄,2015.财政分权与环境污染关系实证研究[J].中国人口·资源与环境(4):110-117.

[30] 许和连,邓玉萍,2012.外商直接投资导致了中国的环境污染吗?——基于中国省际面板数据的空间计量研究[J].管理世界(2):30-43.

[31] 闫文娟,2012.财政分权、政府竞争与环境治理投资[J].财贸研究(5):91-97.

[32] 张军,2008.分权与增长:中国的故事[J].经济学(季刊)(1):21-52.

[33] 张军,吴桂英,张吉鹏,2004.中国省际物质资本存量估算:1952—2000[J].经济研究(10):35-44.

[34] 张克中,王娟,崔小勇,2011.财政分权与环境污染:碳排放的视角[J].中国工业经济(10):65-75.

[35] 张欣怡,2015.财政分权下地方政府行为与环境污染问题研究——基于我国省级面板数据的分析[J].经济问题探索(3):32-41.

[36] 张晏,龚六堂,2005.分税制改革、财政分权与中国经济增长[J].经济学(季刊)(4):75-108.

[37] Anselin L, 1988. Spatial Econometrics: Methods and Models[M]. Dordrecht: Springer Netherlands.

[38] Besley T, Coate S, 2003. Centralized versus decentralized provision of local public goods: A political economy approach[J]. Journal of Public Economics, 87(12): 2611-2637.

[39] Bruvoll A, Medin H, 2003. Factors behind the environmental Kuznets curve. A decomposition of the changes in air pollution[J]. Environmental and Resource Economics, 24(1): 27-48.

[40] Bruvoll D I, 2002. Explaining changes in global sulfur emissions: An econometric decomposition approach[J]. Ecological Economics, 42(1-2): 201-220.

［41］Cole M A, Neumayer E, 2004. Examining the impact of demographic factors on air pollution[J]. Population and Environment, 26(1): 5-21.

［42］Dogan E, Seker F, 2016. Determinants of CO_2 emissions in the European Union: The role of renewable and non-renewable energy[J]. Renewable Energy, 94: 429-439.

［43］Faguet J P, 2004. Does decentralization increase government responsiveness to local needs? Evidence from Bolivia[J]. Journal of Public Economics, 88(3-4): 867-893.

［44］Feltenstein A, Iwata S, 2005. Decentralization and macroeconomic performance in China: Regional autonomy has its costs[J]. Journal of Development Economics, 76(2): 481-501.

［45］Grossman G M, Krueger A B, 1991. Environmental impacts of a North American free trade agreement[Z]. National Bureau of Economic Research Working Paper #3914.

［46］Grossman G M, Krueger A B, 1995. Economic growth and the environment[J]. The Quarterly Journal of Economics, 110(2):353-377.

［47］Helland E, Whitford A B, 2003. Pollution incidence and political jurisdiction: Evidence from the TRI[J]. Journal of Environmental Economics & Management, 46(3): 403-424.

［48］Holmstrom B, Milgrom P, 1991. Multitask principal-agent analyses: Incentive contracts, asset ownership, and job design[J]. Journal of Law Economics & Organization, 7(Special Issue): 24-52.

［49］Keen M, Marchand M, 1997. Fiscal competition and the pattern of public spending[J]. Journal of Public Economics, 66(1): 33-53.

［50］Kunce M, Shogren J F, 2007. Destructive interjurisdictional competition: Firm, capital and labor mobility in a model of direct emission control[J]. Ecological Economics, 60(3): 543-549.

［51］Lin J Y, 2003. Development strategy, viability, and economic convergence[J]. Economic Development and Cultural Change, 51(2): 277-308.

［52］Ljungwall C, Linde-Rahr M, 2005. Environmental policy and the location of foreign direct investment in China[Z]. China Center for Economic Research Working Papers No. E2005009, 1-25.

［53］López R, 1994. The environment as a factor of production: The effects of economic growth and trade liberalization[J]. Journal of Environmental Economics & Management, 27(2): 163-184.

［54］Martinez-Vazquez J, McNab R M, 2003. Fiscal decentralization and economic growth[J].

World Development, 31(9): 1597-1616.

[55] Martínez-Zarzoso I, Maruotti A, 2011. The impact of urbanization on CO_2 emissions: Evidence from developing countries[J]. Ecological Economics, 70(7): 1344-1353.

[56] Millimet D L, 2003. Assessing the empirical impact of environmental federalism[J]. Journal of Regional Science, 43(4): 711-733.

[57] North D, 1981. Structure and Change in Economic History[M]. New York: W.W. Norton & Company.

[58] Oates W E, 1999. An essay on fiscal federalism[J]. Journal of Economic Literature, 37(3): 1120-1149.

[59] Oates W E, 2002. A reconsideration of environmental federalism[J]. Environmental Economics and Policy, 56(1): 171-197.

[60] Qian Y, Roland G, 1998. Federalism and the soft budget constraint[J]. American Economic Review, 88(5): 1143-1162.

[61] Sigman H, 2004. Transboundary spillovers and decentralization of environmental policies[J]. Journal of Environmental Economics & Management, 50(1): 82-101.

[62] Sigman H, 2014. Decentralization and environmental quality: An international analysis of water pollution levels and variation[J]. Land Economics, 90(1): 114-130.

[63] Silva E C D, 1997. Decentralized and efficient control of transboundary pollution in federal systems[J]. Journal of Environmental Economics & Management, 32(1): 95-108.

[64] Silva E C D, Caplan A J, 1996. Transboundary pollution control in federal systems[J]. Journal of Environmental Economics & Management, 34(2): 173-186.

[65] Stein E, 1999. Fiscal decentralization and government size in Latin America[J]. Public Choice, 62(1): 63-69.

[66] Stern D I, 2002. Explaining changes in global sulfur emissions: An econometric decomposition approach[J]. Ecological Economics, 42(1-2): 201-220.

[67] Stigler G J, 1957. Perfect competition, historically contemplated[J]. Journal of Political Economy, 65(1): 1-17.

[68] Tiebout C M, 1956. A pure theory of local expenditures[J]. Journal of Political Economy, 64(5): 416-424.

[69] Zhang T, Zou H F, 1998. Fiscal decentralization, public spending, and economic growth in China[J]. Journal of Public Economics, 67(2): 221-240.

6

财政分权与环境治理：分权在发展阶段中的治理效应[①]

6.1 引 言

经典分权理论认为，分权能够提高环境公共品的供给效率，从而有利于环境治理。其影响机制主要是：一方面，居民可以通过"用脚投票"的方式来显示自身的环境偏好，若居民对本地政府提供的环境治理结果不满意，则可以搬离该区域，搬至满足自身偏好的地区居住。因此，财政分权可以激励地方政府通过财政等手段提供符合居民偏好的环境治理等公共品和服务，这种地区间的竞争有利于公共品的供给与居民偏好相匹配（Tiebout，1956）。另一方面，相比于中央政府，地方政府具有信息优势，能够更准确地把握地方的环境和居民偏好，即使不考虑"用脚投票"引发地方竞争的机制，分权仍然能更有效率地提供环境公共品（Oates，1972，1999）。

由于经典分权理论中居民能够完全自由流动、信息完备性以及政府天然提供公共品等假设过于脱离现实（Qian et al.，1997），大量研究开始关注财政分权对环境治理的负面影响。特别是在中国式财政分权体制下，已有研

[①] 本章内容曾以《财政分权与环境治理——基于动态视角的理论与实验分析》为题发表于《中国人口·资源与环境》2020 年第 1 期（作者：郑洁、付才辉、刘舫）。

究认为,中国式财政分权对环境治理产生了负面影响。其影响机制如下:一是财政分权赋予地方政府更大的自由度,地方政府在以 GDP 作为主要考核指标的晋升激励下,为了促进经济增长和扩大财政收入,会更加倾向于将财政支出等资源配置到基础设施等生产性领域,而更少地配置到环境治理等公共品方面(周黎安,2007),从而使得环境治理不足。与此同时,地方政府为了吸引外资,也会进一步放松环境准入和规制,导致环境治理不足(Qian et al.,2010)。二是由于环境污染具有负外部性,在财政分权状态下,各地方政府没有足够的激励去治理环境污染。因为污染物可以通过"搭便车"的方式转移到其他地区,而且即使进行治理,其收益也不会全部由本地区获得,博弈的结果就是整体环境治理低效、供给不足。例如,杨海生等(2008)采用工业污染治理投入和环境监管强度来度量环境治理,研究发现财政分权和以 GDP 作为政绩考核指标的体制使得地方政府相互竞争,导致我国环境状况逐年恶化。闫文娟(2012)以环境治理投资为研究对象,发现财政分权通过政府竞争显著减少环境治理投资,但财政分权本身并不会降低环境治理投资。不过,也有少量研究发现,中国式财政分权有利于地区环境的改善(谭志雄,2015;张平淡,2018)。

第一代财政分权理论是以 Tiebout 和 Oates 为代表的学者们通过观察发达国家的经验现实总结出的结果,发达国家已经处于高收入阶段,政府的目标函数中居民社会福利所占的权重更大,因此政府更多地表现出所谓的"利他性"行为。而第二代财政分权理论是以 Qian 为代表的学者们通过观察中国等发展中国家的经验现实总结出的结果,发展中国家的首要目标是发展经济,其评价体系也更加偏向于促进经济发展,地方政府的目标函数中经济发展所占的权重更大,因此政府更多地表现出所谓的"理性经济人"行为。

本章认为,不论是第一代财政分权理论还是第二代财政分权理论,都具有阶段的合理性,它们是总结于不同发展阶段经济体的理论。政府本身都是理性的,只是目标函数不同,面临的约束和可利用的资源不同,从而导致行为和结果不同。对于发达国家政府来说,除了经济增长,居民的社会福利最大化也是重要目标,因此在环境治理问题上,财政分权所形成的信息优势等机制能够得到有效发挥,从而整体上有利于环境治理。而发展中国家政府的目标函数中经济发展所占权重偏大,居民社会福利所占权重偏小,因此政府理性选择的结果就是优先发展经济。

相比于已有文献,本研究的创新之处在于从动态的视角重新审视了财政分权与环境治理的关系。在理论层面,本章阐述了财政分权在不同的经济发展阶段对环境治理的影响。在实证层面,本章基于中国省级面板数据,识别财政分权对环境治理影响的经济发展阶段特征,并利用面板门槛模型,估算财政分权影响环境治理的拐点。

6.2 财政分权与环境治理的理论分析

6.2.1 理论分析

本小节主要阐述经济发展阶段、财政分权与环境治理的逻辑关系。本章对财政分权的定义与已有文献的定义一致,是指中央政府向地方政府下放一部分财政管理与决策权的过程(Martinez-Vazquez et al.,2003;Feltenstein et al.,2005),因此一定程度的财政分权总是对应于某一级政府实际拥有的财政自主度(陈硕等,2012)。本章所分析的环境治理聚焦于政府的环境治理行为,特别是地方政府的环境治理行为。

图 6-1 显示了在动态的情况下财政分权对环境治理的影响机理。其中横坐标表示地方政府的环境治理投入水平,纵坐标表示地方政府在基础设施投资等其他领域的投入水平。基于新古典经济学的方法论,假定地方政府是理性经济人,为实现其效用最大化,在面临预算约束的情况下,地方政府进行理性选择。

假定 A 点表示在经济发展初期(I_1),此时处于财政集权时期,地方政府的环境治理投入水平为 X_1。由于在该阶段地方政府的财政收入主要来自中央政府的转移支付,且缺乏财政自由,环境治理等公共服务水平基本由中央计划。这一阶段类似于中华人民共和国成立初期和"第一个五年计划"时期,实行统收统支的财政管理体制,中央政府在财政收支上具有统一调度的权力;相应地,各级地方政府仅仅是作为中央政府的执行机构。这一时期显示出中央财政的高度集权,此时环境治理等公共服务支出存在一定的刚性。

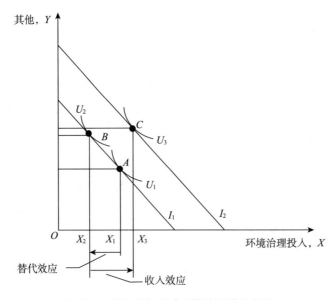

图 6-1 财政分权影响环境治理的分析图

B 点表示在经济发展初期(I_1)但实施财政分权制度后,环境治理投入达到均衡时的水平。一方面,在实施财政制度改革后,中央政府和地方政府的关系发生了变化,此时地方政府拥有了较大的财政自主权。地方政府在财政分权和政治晋升机制的作用下,对发展地方经济具有较大的积极性。但是由于处于经济发展初期,地方政府拥有的财力有限,在面临财政约束的情况下,地方政府的理性选择是把更多的财政资金投入基础设施建设等能够创造财政收入的领域(陈思霞等,2014;蔡嘉瑶等,2018),从而造成环境治理投入的减少。此时,环境治理投入水平可能减少到 X_2,这些减少的部分,本章称之为财政分权对环境治理的替代效应。B 点代表了目前我国大部分地区所实现的环境治理均衡点。由于我国大部分地区仍处于中等收入阶段,财政分权通过中央转移支出、产业结构、财政支出结构以及地方政府竞争等机制影响环境治理投入水平,使得环境治理不足(闫文娟,2012;刘琦,2013;张欣怡,2015)。

C 点表示当经济发展进入高收入阶段(I_2)时,地方政府实现的环境治理均衡点。此时,由于经济发展水平较高,地方政府拥有充足的财政资金,为了实现经济的可持续发展和满足人们对生态环境的需求,地方政府对环境问题更加重视,从而会选择把更多的财政资金投入环境治理。此时,环境治理投入水平得到进一步提高,达到 X_3,这些提高的部分,本章称之为财政分权对环境治理的收入效应。

因此,财政分权对环境治理的影响结果取决于替代效应和收入效应的大小。当替代效应大于收入效应时,财政分权的环境治理效应为负;反之,当替代效应小于收入效应时,财政分权的环境治理效应为正。而替代效应和收入效应的大小在很大程度上又取决于经济体所处的经济发展阶段。尽管改革开放四十多年来,我国创造了经济增长的奇迹,东部省份已经达到高收入经济体的水平,但是大部分中西部省份仍处于中低收入经济体的水平。在此背景下,财政分权对环境治理的影响可能仍以替代效应为主。因此,针对现阶段我国经济发展的整体水平,我们提出以下研究假说:

研究假说 1:总体上看,财政分权不利于环境治理。

基于以上理论分析,我们还可以提出以下研究假说:

研究假说 2:财政分权在不同的经济发展阶段对环境治理的影响不同。一般而言,在经济发展初期,财政分权不利于环境治理;当经济发展进入高收入阶段时,财政分权整体上有利于环境治理。

6.2.2 特征性事实

基于中国的省级数据,图 6-2 显示了财政分权与环境治理关系的散点图。可以看出,整体上看,财政分权与环境治理呈负相关关系,财政分权程度越高,越不利于环境治理,初步验证了研究假说 1。进一步地,我们以东部地区和西部地区粗略地作为不同经济发展阶段的代表,考察财政分权与环境治理的关系,散点图如图 6-3 和图 6-4 所示。可以发现,东部地区的财政分权与环境治理呈正相关关系,而西部地区的财政分权与环境治理呈明显的负相关关系。这大体可以反映出处于不同经济发展阶段地区的财政分权对环境治理的影响不同,初步验证了研究假说 2。

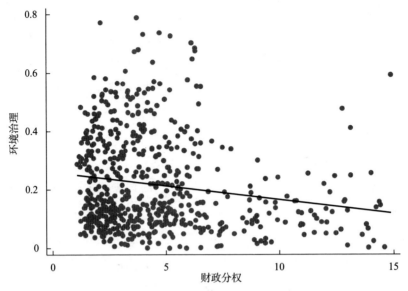

图 6-2 财政分权与环境治理关系的散点图

注:财政分权是支出指标,环境治理是综合指数,具体指标构建见下文。

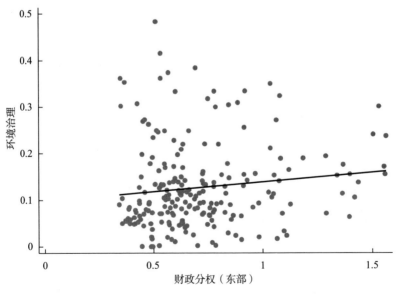

图 6-3 东部地区财政分权与环境治理关系的散点图

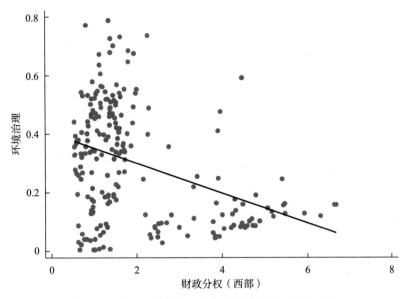

图 6-4　西部地区财政分权与环境治理关系的散点图

6.3　财政分权与环境治理的实证设计

6.3.1　计量模型设定

首先,为了检验研究假说 1(即总体而言,财政分权不利于环境治理),我们构建计量模型如下:

$$\text{EGOV}_{it} = \alpha_1 \text{FDEC}_{it} + \sum_{m=1}^{M} \alpha_m X_{it} + \sigma_i + \delta_t + \varepsilon_{it} \quad (6.1)$$

其中,EGOV_{it} 表示 i 地区第 t 期环境治理变量;FDEC_{it} 表示 i 地区第 t 期财政分权程度,理论预期其估计系数为负,表示财政分权程度越大,越不利于环境治理;X_{it} 是其他控制变量;σ_i 表示地区固定效应,用来控制地区间持续存在的个体差异;δ_t 表示时间固定效应,用来控制随时间变化的因素所产生的影响;ε_{it} 是随机误差项。

为了检验研究假说 2(即经济发展阶段会影响财政分权的环境治理效应),我们在模型(6.1)的基础上引入财政分权与经济发展阶段的交互项,构建如下拓展模型:

$$\text{EGOV}_{it} = \alpha_1 \text{FDEC}_{it} + \alpha_2 \text{FDEC}_{it} \times \text{RGDP}_{it} + \sum_{m=1}^{M} \alpha_m X_{it} + \sigma_i + \delta_t + \varepsilon_{it}$$
(6.2)

其中,$\text{FDEC}_{it} \times \text{RGDP}_{it}$ 表示财政分权与经济发展阶段的交互项,其估计系数理论预期为正,表示经济发展水平越高,财政分权对环境治理的收入效应越大。

进一步回答经济发展水平达到多高时,财政分权对环境治理的影响发生转变,这对财政分权与环境治理之间关系的探讨具有重要的现实意义。为此,我们借鉴 Hansen(1999)的面板门槛模型来识别财政分权与环境治理间的非线性关系。

$$\text{EGOV}_{it} = \alpha_1 \text{FDEC}_{it}(\text{RGDP} < \gamma_1) + \alpha_2 \text{FDEC}_{it}(\gamma_1 \leqslant \text{RGDP} < \gamma_2) + \cdots +$$
$$\alpha_n \text{FDEC}_{it}(\text{RGDP} > \gamma_n) + \sum_{m=1}^{M} \alpha_m X_{it} + \sigma_i + \delta_t + \varepsilon_{it} \quad (6.3)$$

其中,RGDP 为门槛效应变量,代表经济发展阶段;γ_n 为待估计的门槛值;其他变量的含义与上述一致。

6.3.2 变量及数据说明

(1)环境治理的指标选取

大部分文献采用单一或综合的环境污染物去除率来度量环境治理。例如,朱平芳等(2011)利用废水、废尘与 SO_2 的排放量构造相对指标来度量环境规制;沈坤荣等(2017)利用 SO_2 去除率和工业烟(粉)尘去除率构造环境规制综合指数;张彩云等(2018)选择 SO_2 去除率作为环境治理指标。这类指标存在的问题是环境污染物去除率是众多因素共同作用的结果,而不仅仅是环境治理的结果。例如,经济发展水平、企业生产规模、生产技术清洁度等都会影响污染物的去除率(包群等,2013),从而难以确定环境治理的作用。另外,若采用单一的环境污染物去除率来度量环境治理也会出现较大偏差,可能存在高估或低估环境治理效果的问题。例如,采用 SO_2 去除率作为衡量环境治理绩效的指标,会存在高估环境治理效果的问题,因为自"十一五"期间起我国就将 SO_2 和化学需氧量这两项明确为约束性指标,地方政府可能会对这类指标对应的污染物加强治理,对其他污染物则不加强治理,从而可能高估环境治理效果;同样,采用其他污染物去除率作为衡量环境治理绩效的指标,则存在低估环境治理效果的问题。除此之外,已有研究还采用地方性环保法规数、环保系统人员数、环境污染治理投资额、工业污染治理投资额、排污费收入、地方政府对环境问题的关注程度、能源消耗强度等作为环境治理指标(Levinson,1996;杨海生等,2008;王兵等,2010;包群等,2013;张华,2016)。

本章的环境治理主要是指政府对企业污染行为作出的治理。根据污染产生过程,可以分为事前、事中和事后治理;根据政府环境治理手段,可以分为法律手段、行政手段和经济手段。为此,基于已有研究和指标的可获得性,本章选取地方性环保法规数、排污费、行政处罚案件数、环保系统人员数和环境污染治理投资总额等五类指标,利用熵权法构造环境治理综合指数来度量环境治理,并利用这五类指标对环境治理的异质性进行稳健性检验。

(2) 财政分权的指标选取

已有的度量财政分权的指标大体可以分为财政分权支出指标(省本级人均支出/中央本级人均支出)、财政分权收入指标(省本级人均收入/中央本级人均收入)和财政分权自主度指标(省本级预算内财政收入/省本级预算内财政支出)。陈硕等(2012)对各类度量指标进行了详细的综述和评估,研究发现不同指标所反映的财政分权维度不同,其作用机制也存在差异,各指标适用于不同阶段,彼此不能混用。基于此,本章认为财政分权支出指标更能体现财政分权对环境治理的替代效应,而财政分权收入指标更能体现财政分权对环境治理的收入效应。同时,鉴于现阶段我国仍处于中等收入水平的经济发展阶段,财政分权对环境治理的影响主要表现为替代效应,因此我们选取财政分权支出指标作为财政分权的度量指标,并以财政分权收入指标作为参照系。

(3) 经济发展阶段的指标选取

根据环境库兹涅茨曲线的分析,环境治理会受到经济发展阶段的影响(张文彬等,2010;张华,2016)。在经济发展水平较低时,人们更加关注经济增长,而弱化环境治理;当经济发展达到一定阶段后,环境治理会受到人们的更多关注。因此,我们采用人均GDP表示经济发展阶段。

(4) 控制变量的指标选取

① 政府竞争(GCOM)。已有研究表明,地方政府竞争越激烈,导致环境治理越弱。基于已有研究,我们选择各省份人均实际利用外商直接投资来衡量政府竞争程度(张军等,2007;闫文娟,2012);与此同时,外商直接投资可能存在"污染避难所效应",理论预期其估计系数为负。② 政绩考核指标(GGROWTH)。已有研究认为,对经济绩效的追求促使地方政府致力于能够带来晋升的领域,从而挤占环境保护的资源投入,弱化地方性环境管制标准,从而损害地区的环境质量(于文超等,2014)。我们参照张彩云等(2018),选择 GDP 增长率作为经济绩效指标,理论预期其估计系数为负。③ 公众环保诉求(EPUBLIC)。公众环保诉求是"政府—市场—社会"多元共治的现代环境治理体系中的重要组成部分。已有研究表明,公众环保诉求能够有效地推动地方政府进行更多的环境治理(郑思齐等,2013;于文超等,2014)。根据已有研究,我们选取环保来信总数并以人口规模进行标准化处理,作为反映公众环保诉求的度量指标,理论预期其估计系数为正。④ 环境压力(POLL)。已有研究表明,环境治理与当地的环境质量状况密切相关,环境污染程度越严重的地区,越有动机采取更加严苛的环境管制,可能倒逼地方政府加强环境治理(包群等,2013)。我们选取 SO_2 排放量占 GDP 的比重作为度量环境压力的指标,理论预期其估计系数为正。⑤ 产业结构(STRU)。已有研究认为,产业结构与环境治理存在正相关,第二产业占比越高,需要的环境治理投资越多,我们用第二产业增加值与第三产业增加值之比来衡量产业结构,理论预期其估计系数为正。⑥ 经济开放程度(OPEN)。已有研究认为,现阶段我国的经济开放程度越高,可能越不利于环境治理,因为贸易对地方经济发展的促进作用可能是通过生产和出口资源消耗多、污染排放严重的产品实现的(李胜兰等,2014)。因此,我们选取进出口贸易总额占 GDP 的比重来度量经济开放程度,理论预期其估计系数为负。⑦ 国有企业比重(SOE)。已有研究认为,国有企业讨价还价能力较强、环境责任感较弱以及管理者激励不相容等问题,会导致环境治理不足(卢现祥等,2012),因此,我们选取国有及国有控股企业工业总产值占工业总产值的比重来度量国有企业比重,理论预期其估计系数为负。

(5) 数据来源及说明

本章的样本由 1997—2016 年 30 个省级层面[①]的面板数据组成。各变量原始数据来源于历年的《中国统计年鉴》《中国环境统计年鉴》《中国环境年鉴》《中国工业经济统计年鉴》《中国能源统计年鉴》以及各省份统计年鉴。表 6-1 给出了各变量的描述性统计，可以看出有些变量存在离群值问题，为此，下文的实证检验均进行了离群值处理。

表 6-1　变量的描述性统计

变量名	含义/度量指标	观察值	平均值	标准差	最小值	最大值
EINDEX	环境治理综合指数	600	0.22	0.16	0.00	0.79
ELAW	地方性环保法规数（件）	600	2.61	4.48	0.00	47.00
PFEE	排污费（亿元）	600	4.48	4.46	0.03	28.73
PCASE	行政处罚案件数（起）	600	2 999.12	4 605.34	1.00	38 434.00
ESTAFF	环保系统人员数（人）	600	5 691.06	4 423.93	337.00	27 122.00
EIT	环境污染治理投资总额（亿元）	420	177.01	179.08	3.60	1 416.20
RGDP	人均 GDP（元/人）	600	25 809.67	22 395.23	2 234.58	118 127.60
FDEC	财政分权	600	0.53	0.18	0.15	0.95
GGROWTH	GDP 增长率（%）	600	13.27	6.22	-22.40	32.27
GCOM	人均实际利用外商直接投资（元/人）	600	782.54	1 096.87	4.13	8 508.97
EPUBLIC	环保来信总数（件/万人）	600	5.28	6.28	0.01	42.75
OPEN	经济开放程度	600	0.32	0.61	0.03	12.05
POLL	环境压力	600	119.57	131.08	0.73	992.03
STRU	产业结构	600	1.27	0.71	0.23	6.48
SOE	国有企业比重	600	0.45	0.21	0.09	0.90

6.4　实证结果及分析

6.4.1　基准回归

表 6-2 报告了研究假说 1 和研究假说 2 的基准回归结果。列（1）采用

---

① 受数据限制，不包括港澳台地区和西藏自治区。

OLS估计财政分权（FDEC）对环境治理的影响，结果显示其估计系数显著为负，说明财政分权不利于环境治理，初步验证了研究假说1。考虑到遗漏变量的影响，列（2）加入控制变量进行OLS估计，结果显示财政分权对环境治理的估计系数仍然为负，支持了研究假说1。考虑到模型设定的影响，列（3）采用固定效应（FE）模型进行检验①，结果仍然符合理论预期，进一步验证了研究假说1。为了检验经济发展阶段对财政分权的环境治理效应的影响，列（4）至列（6）加入财政分权与经济发展阶段的交互项（FDEC_RGDP），采用相似的估计思路检验研究假说2，可以发现，财政分权的估计系数依然显著为负，说明在样本期内，财政分权对环境治理的总效应是显著为负的。但是，我们更关注财政分权与经济发展阶段交互项的估计结果，从列（4）至列（6）中可以发现，其估计系数均显著为正，这说明经济发展阶段会影响财政分权的环境治理效应，符合研究假说2的理论预期。进一步地，对财政分权求一阶偏导数后，我们可以发现，随着经济发展水平的不断提高，财政分权对环境治理的负效应会逐渐减小，且当经济发展达到一定阶段后，财政分权对环境治理的效应将由负转正。

表6-2 基准回归结果

变量	(1) OLS	(2) OLS	(3) FE	(4) OLS	(5) OLS	(6) FE
FDEC	−0.009***	−0.017***	−0.003*	−0.031***	−0.028***	−0.004
	(−4.219)	(−6.178)	(−1.844)	(−7.332)	(−7.316)	(−0.987)
FDEC_RGDP				0.003***	0.002***	0.002***
				(5.952)	(4.095)	(3.289)
GCOM		−0.015**	−0.003		−0.004	−0.020**
		(−2.040)	(−0.406)		(−0.433)	(−2.126)
GGROWTH		−0.003***	−0.001		−0.003***	−0.001
		(−3.705)	(−0.782)		(−2.837)	(−0.135)
EPUBLIC		0.003	0.002		0.003	0.002
		(1.480)	(1.577)		(1.578)	(1.354)

---

① Hausman检验表明，相比于随机效应模型，固定效应模型更优。

（续表）

变量	(1) OLS	(2) OLS	(3) FE	(4) OLS	(5) OLS	(6) FE
POLL		0.001	0.001		0.012	0.014
		(0.171)	(0.028)		(1.479)	(1.422)
STRU		0.020**	0.032**		0.022***	0.027*
		(2.415)	(2.205)		(2.777)	(1.857)
OPEN		−0.056***	−0.018**		−0.062***	−0.020**
		(−5.562)	(−2.082)		(−6.152)	(−2.330)
SOE		−0.334***	−0.020		−0.359***	−0.069
		(−9.919)	(−0.482)		(−10.625)	(−1.576)
常数项	0.260***	0.443***	0.268***	0.308***	0.419***	0.235***
	(21.626)	(11.324)	(4.885)	(21.630)	(10.714)	(4.260)
N	600	600	600	600	600	600
R^2	0.029	0.300	0.336	0.083	0.319	0.354
F	17.803	31.666	32.589	27.127	30.762	33.543

注：*、**和***分别表示在10%、5%和1%水平上通过显著性检验，括号内为t值。

从控制变量的估计结果来看，政府竞争(GCOM)的估计系数基本显著为负，说明地方政府竞争不利于环境治理，该结果与理论预期一致。政绩考核指标(GGROWTH)的估计系数显著为负，说明地方政府对于经济考核指标的追求确实不利于环境治理，该结果与张彩云等(2018)的研究结果一致。公众环保诉求(EPUBLIC)的估计系数为正但未通过显著性检验，说明我国目前公众环保诉求对环境治理的作用较弱。已有研究也发现，尽管公众环保诉求会促使地方政府颁布更多的环保法规，但是企业未必会执行(于文超等，2014)，公众对环境治理的话语权还较弱。环境压力(POLL)的估计系数为正但未通过显著性检验，说明环境压力对环境治理的倒逼机制尚未形成，该结果与公众环保诉求的估计结果是一致的，因为环境压力的增加主要也是通过公众环保诉求这一途径起作用。产业结构(STRU)的估计系数显著为正，说明产业结构的优化有利于环境治理。经济开放程度(OPEN)的估计系数显著为负，说明目前经济开放对我国的环境治理是不利的，原因可能就在于我国生产和出口的是资源消耗多、污染排放严重的产品(李胜兰等,2014)。国有企业比重(SOE)的估计系数为负,说明国有企业占比越高的地区,越不利于环境治理。

6.4.2 稳健性检验

为了检验研究假说1和研究假说2的稳健性,本章从环境治理指标选取、财政分权指标选取、模型滞后性以及内生性问题等角度进行检验。表6-3报告了稳健性检验的估计结果。列(1)和列(2)将被解释变量替换为环境污染治理投资总额,作为环境治理的度量指标,结果显示相比于基准回归,财政分权的估计系数为负且显著性更强,说明现阶段财政分权对环境污染治理投资总额的影响很明显。同时,财政分权和经济发展阶段的交互项也高度显著为正,支持研究假说2。本章还将被解释变量替换为排污费、行政处罚案件数和环保系统人员数等进行估计,结果基本支持研究假说。列(3)和列(4)将财政分权的度量指标替换为收入指标,结果显示财政分权的估计系数为正但显著性较弱,这一看似与研究假说相悖的结果,恰恰可能反映出经济发展水平对财政分权的环境治理效应的影响。我们认为,财政分权收入指标在更大程度上反映的是财政分权的收入效应,支出指标在更大程度上反映的是财政分权的替代效应。随着我国经济的高速发展、地方政府财政收入水平的不断提高,财政分权对环境治理的积极影响逐渐显现,财政分权收入指标能更有效地传导这一效应。考虑到宏观经济变量普遍存在滞后性,列(5)和列(6)将各解释变量均滞后一期进行估计,结果显示各变量的估计结果未发生较大变化,符合理论预期。同时,考虑到模型的内生性问题,本章遵循已有文献的一般做法,采用财政分权支出指标的滞后一期和滞后二期作为工具变量进行稳健性检验,估计结果分别如列(7)和列(8)所示。可以发现,财政分权的估计系数依然高度显著为负,说明内生性问题不会对本章的结果产生根本性影响,进一步支持了研究假说1;财政分权和经济发展阶段的交互项也高度显著为正,进一步支持了研究假说2。

表 6-3 稳健性检验的估计结果

变量	环境污染治理投资总额		财政分权收入指标		解释变量滞后一期		滞后项作为工具变量	
	(1)	(2)	(3)	(4)	(5)	(6)	(7)	(8)
FDEC	−0.123***	−0.176***	0.024	0.027*	−0.004**	−0.002**	−0.019***	−0.033***
	(−6.942)	(−7.799)	(1.555)	(1.808)	(−2.054)	(−2.555)	(−6.382)	(−7.666)
FDEC_RGDP		0.009***		0.007***		0.002***		0.003***
		(3.704)		(4.126)		(2.679)		(4.682)
GCOM	−0.004	−0.070*	−0.004	−0.030***	−0.005	−0.020**	−0.008	−0.017*
	(−0.114)	(−1.775)	(−0.483)	(−2.930)	(−0.587)	(−2.035)	(−1.029)	(−1.831)
GGROWTH	−0.002	−0.001	−0.001	−0.001	−0.002**	−0.001	−0.003***	−0.003***
	(−0.687)	(−0.217)	(−0.471)	(−0.002)	(−2.270)	(−1.621)	(−3.705)	(−2.726)
EPUBLIC	0.007**	0.005*	0.002**	0.002**	0.003***	0.003***	0.003***	0.003***
	(2.200)	(1.674)	(2.524)	(2.291)	(3.686)	(3.454)	(2.943)	(2.930)
POLL	0.488***	0.574***	0.004	0.017*	0.012	0.022**	0.001	0.011
	(9.612)	(10.419)	(0.549)	(1.834)	(1.218)	(2.124)	(0.166)	(1.300)
STRU	0.191***	0.214***	0.035**	0.027*	0.020	0.015	0.019**	0.023***
	(3.085)	(3.495)	(2.351)	(1.861)	(1.300)	(0.994)	(2.259)	(2.765)
OPEN	−0.438**	−0.195	−0.017**	−0.019**	−0.001	−0.001	−0.113***	−0.125***
	(−2.337)	(−0.995)	(−2.055)	(−2.307)	(−0.058)	(−0.063)	(−5.646)	(−6.334)
SOE	−1.789***	−1.238***	−0.019	−0.070*	−0.007	−0.028	−0.321***	−0.354***
	(−6.131)	(−3.829)	(−0.472)	(−1.713)	(−0.162)	(−0.648)	(−8.932)	(−9.881)
常数项	6.713***	6.839***	0.273***	0.175***	0.175***	0.151**	0.449***	0.424***
	(24.271)	(24.941)	(6.829)	(3.784)	(2.918)	(2.510)	(11.079)	(10.623)
FE	是	是	是	是	是	是	否	否
N	420	420	600	600	570	570	540	540
R^2	0.826	0.832	0.038	0.067	0.051	0.064	0.305	0.333
F	225.912	209.020	22.810	34.460	23.581	44.017		

注:*、**和***分别表示在10%、5%和1%水平上通过显著性检验,括号内为 t 值。

6.4.3 分组检验

为了更加充分地体现财政分权对环境治理的影响具有经济发展阶段的特征，本小节进一步将研究样本进行分组检验。我们的分组策略有两种：一是将样本分为东部、中部和西部地区。理由是：我国东部大部分地区已经达到发达经济体的收入水平，以广东省为例，其 2016 年的人均 GDP 达到 73 290 元，与之相匹配的经济体如土耳其；而中部和西部地区的经济发展水平相对偏低，例如，青海省的人均 GDP 为 43 718 元，与之相匹配的经济体如土库曼斯坦。二是根据研究样本的人均 GDP 平均值，将其划分为高收入地区的样本和低收入地区的样本。具体做法是，首先计算各地区历年人均 GDP 的平均值，然后在此基础上计算各地区人均 GDP 的平均值，最后根据该平均值将样本区域划分为高收入地区和低收入地区。

表 6-4 报告了分组检验的估计结果。列(1)采用东部地区的样本进行估计，结果显示财政分权的估计系数为正且显著。这说明在东部高收入地区，财政分权对环境治理的影响以收入效应为主。作为参照系，列(2)和列(3)分别以中部和西部地区作为样本，其财政分权的估计系数均为负。这说明在中西部低收入地区，财政分权对环境治理的影响仍然是以替代效应为主。综合对比分析表明，处在不同经济发展阶段的地区，财政分权对环境治理的影响效果可能是不同的：在经济发展水平较高的地区，财政分权对环境治理的影响以收入效应为主；在经济发展水平较低的地区，财政分权对环境治理的影响以替代效应为主。列(4)和列(5)则是按照第二种分组方式进行估计的结果，同样可以发现，低收入地区样本中财政分权的估计系数为负，高收入地区样本中财政分权的估计系数为正，进一步验证了研究假说 2。

表 6-4 分组样本的估计结果

变量	(1) 东部	(2) 中部	(3) 西部	(4) 低收入地区	(5) 高收入地区
FDEC	0.067***	−0.002	−0.010***	−0.017***	0.022***
	(3.131)	(−0.227)	(−3.907)	(−5.968)	(3.560)
GCOM	−0.037*	−0.082	−0.057**	−0.003	−0.018
	(−1.703)	(−1.607)	(−1.993)	(−1.120)	(−1.489)

(续表)

变量	(1) 东部	(2) 中部	(3) 西部	(4) 低收入地区	(5) 高收入地区
GGROWTH	−0.008**	−0.003*	−0.002**	−0.003***	−0.004**
	(−2.482)	(−1.761)	(−2.285)	(−2.908)	(−2.142)
EPUBLIC	0.005*	0.008*	0.002	0.002	0.003*
	(1.875)	(1.825)	(1.353)	(1.310)	(1.777)
POLL	0.192***	0.070***	0.023**	0.007	0.076***
	(3.820)	(3.458)	(2.305)	(0.743)	(3.730)
STRU	0.302**	0.004	0.005	0.024***	0.207***
	(2.506)	(0.140)	(0.721)	(3.393)	(2.862)
OPEN	−0.194***	−0.151	−0.147	−0.379***	−0.037***
	(−2.843)	(−0.501)	(−1.075)	(−3.467)	(−2.863)
SOE	−0.166	−0.179**	−0.084*	−0.257***	−0.014
	(−0.696)	(−2.450)	(−1.838)	(−6.658)	(−0.131)
常数项	0.897***	0.023	0.364***	0.454***	0.570***
	(4.725)	(0.186)	(6.215)	(7.803)	(6.212)
N	220	160	220	400	200
R^2	0.363	0.179	0.155	0.251	0.345
F	15.625	14.125	14.852	16.416	12.582

注:*、**和***分别表示在10%、5%和1%水平上通过显著性检验,括号内为 t 值。

6.4.4 进一步讨论:财政分权影响环境治理的拐点在何处?

尽管上述实证结果已经表明财政分权对环境治理的影响确实存在经济发展阶段特征,但是我们更想知道的是,当经济发展达到什么阶段时,财政分权对环境治理的影响会发生转变? 对于这个问题的研究具有重要的现实意义和政策启示。尽管上述分组检验能够大体上识别出经济发展阶段,但是这种分组方式仍然过于主观,且难以更加精确地估算。为此,本小节借助Hansen(1999)的面板门槛模型,通过数据进行自动识别来确定门槛值,以内生地划分经济发展阶段。

在进行面板门槛模型的估计之前,我们需要进行必要的门槛效应检验。

为了检验是否存在门槛效应，本章采用已有文献的自抽样法进行估计，结果如表6-5所示。可以发现：单一门槛效应显著，相应的自抽样 P 值为0.080；而双重门槛和三重门槛效应不显著，自抽样 P 值分别为0.364和0.268。因此，下面我们将基于单一门槛模型进行分析。

表6-5 门槛效应检验（门槛变量：人均GDP）

模型	门槛估计值	F 值	P 值	临界值		
				1%	5%	10%
单一门槛	$\gamma_1 = 3.123$	7.272*	0.080	14.216	9.114	6.999
双重门槛	$\gamma_1 = 3.769$ $\gamma_2 = 3.123$	1.887	0.364	19.249	8.341	6.610
三重门槛	$\gamma_3 = 0.634$	2.896	0.268	15.884	9.117	6.505

注：P 值和临界值均为采用自抽样法反复抽样500次得到的结果；*表示在10%水平上通过显著性检验。

确认存在门槛效应后，本章进一步对门槛的估计值是否等于真实值进行检验。似然比函数图（见图6-5）清晰地显示了门槛值的估计与置信区间的构造过程，在5%的置信水平下，可以认为门槛的估计值等于真实值。

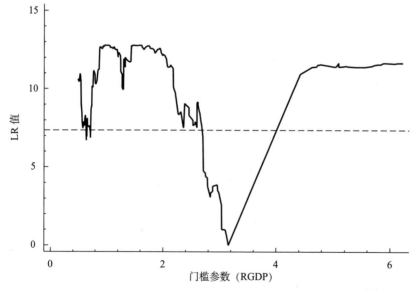

图6-5 似然比函数图

根据单一门槛模型确定的门槛值为3.123,这意味着当人均GDP达到3.123万元时,财政分权对环境治理的影响可能会产生结构性变化。基于本章的样本数据,可以发现人均GDP超过3.123万元的观察值仅有196个,占总样本的32.67%。人均GDP的核密度图如图6-6所示。从各年份的情况（见表6-6）来看,2002年之前,我国各地区的人均GDP均没有达到门槛值（3.123万元）；到2002年,仅一个地区（上海）的人均GDP达到门槛值；到2003年,两个地区（上海、北京）的人均GDP达到门槛值。随着经济的发展,我国人均GDP达到门槛值的地区数量呈现逐年增加的趋势,但是由于各地区达到门槛值的时间短,因此整体而言,财政分权对环境治理的影响仍以替代效应为主,这与前文的实证结果相吻合。

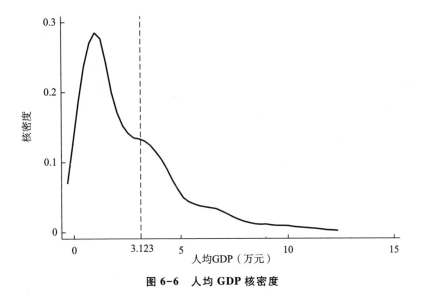

图6-6　人均GDP核密度

注：kernel = epanechnikov, bandwidth = 0.5238

表6-6　人均GDP达到门槛值的地区情况

年份	1997	1998	1999	2000	2001	2002	2003	2004	2005	2006
地区个数	0	0	0	0	0	1	2	2	3	3
年份	2007	2008	2009	2010	2011	2012	2013	2014	2015	2016
地区个数	6	9	10	11	18	23	26	27	27	28

资料来源：作者计算整理所得。

表 6-7 报告了采用面板门槛模型对研究假说 2 进行估计的结果。列(1)为测算门槛值时以环境治理综合指数作为被解释变量的估计结果：当人均 GDP 低于门槛值 3.123 万元时，财政分权对环境治理影响的估计系数为负，且通过 10% 的显著性检验，说明这个阶段财政分权的环境治理效应以替代效应为主；当人均 GDP 高于门槛值 3.123 万元时，财政分权对环境治理影响的估计系数显著为正，说明这个阶段财政分权的环境治理效应以收入效应为主。该结果与前文的估计结果均支持研究假说 2。另外，考虑到环境治理各维度指标间的异质性，列(2)和列(3)分别以环境污染治理投资总额和行政处罚案件数作为被解释变量进行门槛模型的估计，得到的门槛值分别为人均 GDP4.379 万元和 6.276 万元。由此可见，财政分权对环境污染治理投资总额和行政处罚案件数影响的拐点，需要达到更高的经济发展阶段才可能实现。

表 6-7 面板门槛模型的估计结果（门槛变量：人均 GDP）

变量	环境治理综合指数 (1)	环境污染治理投资总额 (2)	行政处罚案件数 (3)
FDEC($RGDP \leq \gamma_1$)	−0.248*	−0.027*	−0.104**
	(−1.691)	(−2.501)	(−2.231)
FDEC($RGDP > \gamma_1$)	0.040**	0.041*	0.248***
	(−2.131)	(1.771)	(4.541)
GCOM	−0.318	−0.041	−0.142
	(−1.071)	(−1.325)	(−1.263)
GGROWTH	−0.107***	−0.001*	−0.016*
	(−4.264)	(−1.781)	(−1.871)
EPUBLIC	0.018	0.028***	0.005
	(1.164)	(2.831)	(1.527)
POLL	1.315***	1.077***	1.811***
	(4.016)	(6.667)	(14.843)
STRU	1.460***	0.547***	0.407**
	(2.783)	(2.853)	(2.134)

（续表）

变量	环境治理综合指数 （1）	环境污染治理投资总额 （2）	行政处罚案件数 （3）
OPEN	−0.509*	−0.194	−0.181*
	（−1.694）	（−1.323）	（−1.659）
SOE	−3.261***	−0.395	−0.698
	（−2.217）	（−1.423）	（−1.263）
常数项	8.541***	6.843***	1.476***
	（4.362）	（7.942）	（20.603）
FE	是	是	是
N	600	600	600
R^2	0.108	0.512	0.517
F	16.324	34.40	163.55

注：*、**和***分别表示在10%、5%和1%水平上通过显著性检验，括号内为t值。

6.5 结论性评述

本章基于动态视角，对财政分权与环境治理的关系进行了理论分析，从而提出研究假说；与此同时，利用1997—2016年的省级面板数据，对两者的关系进行了实证检验。理论研究认为：财政分权在不同的经济发展阶段对环境治理的影响不同。当经济发展水平较低时，财政分权对环境治理的影响以负向的替代效应为主；而当经济发展水平较高时，财政分权对环境治理的影响以正向的收入效应为主。实证研究表明：①在样本期内，总体而言，我国的财政分权不利于环境治理。这一结论在通过模型设定、指标选取以及内生性控制等一系列检验后仍然成立。②随着经济发展水平的不断提高，财政分权对环境治理的负向效应不断减弱。③基于面板门槛模型的估计结果显示，以环境治理综合指数作为环境治理指标，只有人均GDP达到3.123万元时，财政分权对环境治理的影响才有可能出现拐点；以环境污染治理投资总额和行政处罚案件数作为被解释变量，只有人均GDP分别达到4.379万元和6.276万元时，拐点才有可能出现。

以上发现有着重要的政策启示。首先,尽管现阶段我国的财政分权对环境治理存在负向影响,但是这种负向影响仅是阶段性的,不能因为这种阶段性特征而否定财政分权制度本身,这种思路的确立是十分重要的。其次,由于我国大部分地区仍处于经济发展的中等收入阶段,财政分权对环境治理的影响机制大多被扭曲,为了缓解财政分权在这方面的负向影响,并考虑到环境治理本身的外部性问题,可能还需要中央政府进行适当的干预以消除地方政府在环境治理方面的扭曲。最后,也是最为重要的是,要想实现环境治理的最优,根本的路径还是经济的可持续发展。按照新结构经济学的观点,地方政府遵循比较优势的发展思路,不仅能够实现经济的快速发展,在有为政府的作用下还能实现环境治理的优化。

尽管本章探讨了财政分权影响环境治理的经济发展阶段特征,但是对于其中的机制尚未展开研究。下一步可能的工作是,从新结构经济学视角分析在不同的经济发展阶段下,财政分权影响环境治理的作用机制。

参考文献

[1] 包群,彭水军,2006.经济增长与环境污染:基于面板数据的联立方程估计[J].世界经济(11):48-58.

[2] 包群,邵敏,杨大利,2013.环境管制抑制了污染排放吗?[J].经济研究(12):42-54.

[3] 蔡嘉瑶,张建华,2018.财政分权与环境治理——基于"省直管县"财政改革的准自然实验研究[J].经济学动态(1):53-68.

[4] 陈硕,高琳,2012.央地关系:财政分权度量及作用机制再评估[J].管理世界(6):43-59.

[5] 陈思霞,卢盛峰,2014.分权增加了民生性财政支出吗?——来自中国"省直管县"的自然实验[J].经济学(季刊)(4):1261-1282.

[6] 李胜兰,初善冰,申晨,2014.地方政府竞争、环境规制与区域生态效率[J].世界经济(4):88-110.

[7] 林毅夫,刘志强,2000.中国的财政分权与经济增长[J].北京大学学报(哲学社会科学版)(4):5-17.

[8] 刘琦,2013.财政分权、政府激励与环境治理[J].经济经纬(2):127-132.

[9] 卢现祥,许晶,2012.企业所有制结构与区域工业污染——基于我国 2003—2009 年的省级面板数据研究[J].中南财经政法大学学报(1):79-84+144-145.

[10] 沈坤荣,金刚,方娴,2017.环境规制引起了污染就近转移吗?[J].经济研究(5):44-59.

[11] 谭志雄,2015.财政分权与环境污染关系实证研究[J].中国人口·资源与环境(4):110-117.

[12] 王兵,吴延瑞,颜鹏飞,2010.中国区域环境效率与环境全要素生产率增长[J].经济研究(5):95-109.

[13] 闫文娟,2012.财政分权、政府竞争与环境治理投资[J].财贸研究(5):91-97.

[14] 杨海生,陈少凌,周永章,2008.地方政府竞争与环境政策——来自中国省份数据的证据[J].南方经济(6):15-30.

[15] 于文超,高楠,龚强,2014.公众诉求、官员激励与地区环境治理[J].浙江社会科学(5):23-35.

[16] 张彩云,苏丹妮,卢玲,等,2018.政绩考核与环境治理——基于地方政府间策略互动的视角[J].财经研究(5):4-22.

[17] 张华,2016.地区间环境规制的策略互动研究——对环境规制非完全执行普遍性的解释[J].中国工业经济(7):74-90.

[18] 张军,高远,傅勇,等,2007.中国为什么拥有了良好的基础设施?[J].经济研究(3):4-19.

[19] 张平淡,2018.地方政府环保真作为吗?——基于财政分权背景的实证检验[J].经济管理(8):23-37.

[20] 张文彬,张理芃,张可云,2010.中国环境规制强度省际竞争形态及其演变——基于两区制空间 Durbin 固定效应模型的分析[J].管理世界(12):34-44.

[21] 张欣怡,2015.财政分权下地方政府行为与环境污染问题研究——基于我国省级面板数据的分析[J].经济问题探索(3):32-41.

[22] 张晏,龚六堂,2005.分税制改革、财政分权与中国经济增长[J].经济学(季刊)(4):75-108.

[23] 郑思齐,万广华,孙伟增,等,2013.公众诉求与城市环境治理[J].管理世界(6):72-84.

[24] 周黎安,2007.中国地方官员的晋升锦标赛模式研究[J].经济研究(7):36-50.

[25] 朱平芳,张征宇,姜国麟,2011.FDI 与环境规制:基于地方分权视角的实证研究[J].经济研究(6):133-145.

[26] Feltenstein A, Iwata S, 2005. Decentralization and macroeconomic performance in China: Regional autonomy has its costs[J]. Journal of Development Economics, 76(2): 481-501.

[27] Hansen B E, 1999. Threshold effects in non-dynamic panels: Estimation, testing, and inference[J]. Journal of Econometrics, 93(2): 345-368.

[28] Levinson A, 1996. Environmental regulations and manufacturers' location choices: Evidence from the census of manufactures[J]. Journal of Public Economics, 62(1-2): 5-29.

[29] Martinez-Vazquez J, McNab R M, 2003. Fiscal decentralization and economic growth[J]. World Development, 31(9): 1597-1616.

[30] Oates W E, 1972. Fiscal Federalism[M]. Cheltenham and Northampton: Edward Elgar Publishing.

[31] Oates W E, 1999. An essay on fiscal federalism[J]. Journal of Economic Literature, 37(3): 1120-1149.

[32] Qian Y, Weingast B R, 1997. Federalism as a commitment to perserving market incentives[J]. Journal of Economic Perspectives, 11(4): 83-92.

[33] Qian Y, Xu C, 2010. Why China's economic reforms differ: The M-form hierarchy and entry/expansion of the non-state sector[J]. Economics of Transition, 1(2): 135-170.

[34] Tiebout C M, 1956. A pure theory of local expenditures[J]. Journal of Political Economy, 64(5): 416-424.

7

中国的"双碳"战略路线图：新结构环境经济学的解读

7.1 中国碳达峰、碳中和的战略路线图

2020年9月22日，习近平主席在第七十五届联合国大会上提出"中国将提高国家自主贡献力度，采取更加有力的政策和措施，二氧化碳排放力争于2030年前达到峰值，努力争取2060年前实现碳中和"。2021年3月11日，十三届全国人大四次会议通过的《中华人民共和国国民经济和社会发展第十四个五年规划和2035年远景目标纲要》（简称"十四五"规划）中，进一步明确我国2030年前实现碳达峰、2060年前实现碳中和目标。2021年3月15日，习近平主席在中央财经委员会第九次会议上强调，实现碳达峰、碳中和是一场广泛而深刻的经济社会系统性变革，要把碳达峰、碳中和纳入生态文明建设整体布局。

为了实现碳达峰、碳中和这一重大战略目标，我国在国家、部委、地方各个层面以及产业、能源、交通、建筑等各个领域均出台了一系列政策举措。①

---

① 关于各个层面的政策举措，在网络上有较系统的梳理：按国家、部委和地方汇总的政策文件可以参考 https://mp.weixin.qq.com/s/ZHgLIV0UwqNnMmh-qOt-Ug（访问日期：2021年11月30日）；按各个领域汇总的政策文件可以参考 https://mp.weixin.qq.com/s/jUYSFWBuo2bzLEJS1wG11w（访问日期：2021年11月30日）。

其中,中央层面专门成立了碳达峰碳中和工作领导小组,作为指导和统筹做好碳达峰、碳中和工作的议事协调机构(由国家发展改革委履行领导小组办公室职责),按照统一部署,正加快建立"1+N"政策体系,立好碳达峰、碳中和的"四梁八柱"。例如,2021年10月24日,《中共中央 国务院关于完整准确全面贯彻新发展理念做好碳达峰碳中和工作的意见》(以下简称《意见》)发布;2021年10月26日,《国务院关于印发2030年前碳达峰行动方案的通知》(以下简称《方案》)发布。《意见》与《方案》共同构成贯穿碳达峰、碳中和两个阶段的顶层设计,是指导做好碳达峰、碳中和这项重大工作的纲领性文件(何立峰,2021)。《意见》坚持系统观念,提出10方面31项重点任务[①],至此我国的碳达峰、碳中和战略(以下简称"双碳"战略)路线图日益清晰。为了更加完整、准确、全面地认识理解我国的"双碳"战略路线图,有必要对其进行全方位的解读,搞清楚背后的基本规律。

新结构经济学作为以马克思的辩证唯物主义和历史唯物主义为指导、用现代经济学方法研究经济体的经济结构及其变迁的决定因素和影响的一门学科,是总结中国及其他发展中国家的发展经验进行的自主理论创新。将新结构经济学的研究范式结合环境领域的研究对象,便可以形成新结构环境经济学。新结构环境经济学是以马克思主义为指导、以新结构经济学"一个中心、三个基本点"的视角来研究一个经济体的环境结构及其变迁的决定因素和影响的一门子学科,与习近平总书记所指出的"实现碳达峰、碳中和是一场广泛而深刻的经济社会系统性变革"的思想是一致的。因此,本章试图运用前面章节的相关理论与实证研究成果和新结构环境经济学对我国的"双碳"战略进行解读,为我国"双碳"战略提供基础理论支撑,勾勒需要各方加强研究的重大战略问题,为进一步完善"双碳"战略政策体系提供思路,从而更好地指导高质量发展下的"双碳"实践。

---

① "10方面31项重点任务"是指《意见》中的第三条到第十二条,共10个方面及其所含的31项具体任务。

7.2 高质量发展过程中的"双碳"战略框架

绿色是高质量发展的底色。"实现高质量发展,要在碳达峰碳中和框架下,逐步和有序实现我国生产生活方式全面绿色低碳转型,这是一场广泛而深刻的经济社会系统性变革。"(刘鹤,2021)要完整、准确、全面地贯彻新发展理念,做好碳达峰、碳中和工作,必须要有一个分析"双碳"战略的系统性框架。在第1章中,我们已经初步构建了新结构环境经济学的理论分析框架(见图1-3和图1-4),该框架更侧重学理性和一般性,而缺少针对某类环境政策的具体性和操作性。为此,我们在第1章理论分析框架的基础上,针对"双碳"战略构建新结构环境经济学视角下高质量发展的"双碳"战略框架,如图7-1所示。该战略框架遵循新结构经济学的分析范式,以"一个中心、三个基本点"展开。具体而言,就是以禀赋结构作为"双碳"战略的起点,主要包括以资本和劳动为主的要素禀赋结构、以能量资源为主的能源禀赋结构和以生物资源为主的生态禀赋结构,这也是立足我国的新发展阶段。禀赋结构内生决定了对"双碳"目标具有决定性的生产方式(包括产业体系结构和技术体系结构)、生活方式和生态环境;在这一基础上进一步内生出与之相适应的绿色教育体系结构、绿色金融体系结构、绿色开放体系结构、绿色空间体系结构、绿色基础设施体系结构和绿色制度体系结构等,从而构成了支撑高质量发展下"双碳"战略的经济系统的整体结构和运行安排;与此同时,"有效市场"与"有为政府"贯穿始终和各个方面,以促进系统结构绿色升级和高效运行。从基于新结构环境经济学视角的"双碳"战略框架来看,中央顶层设计的"四梁八柱"大体完成,后续也将陆续建立"1+N"政策体系,各地、各行业、各领域将结合自身实际加以落实。

按照上述"双碳"战略框架,当把碳达峰、碳中和作为我国需要如期实现的重大战略目标时,既需要考虑各个阶段的客观条件和结构特点,也需要积极有为地促进经济社会系统性绿色低碳转型。首先,需要从处于第一位的禀赋结构开始,促进要素禀赋结构、能源禀赋结构和生态禀赋结构的转型升级,例如,通过发展遵循要素禀赋结构的比较优势来促进要素禀赋积累,通

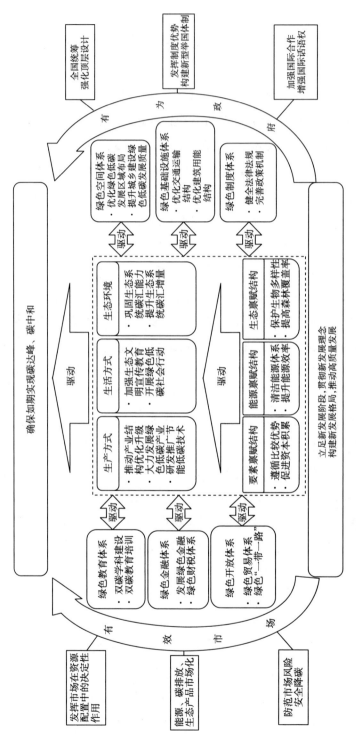

图7-1 新结构环境经济学视角下高质量发展的"双碳"战略框架

过优化能源结构和提升能源利用效率来促进能源禀赋结构的绿色低碳转型,以及通过保护生物多样性和提高森林覆盖率等策略手段来提高生态禀赋。其次,禀赋结构的升级将内生地驱动生产方式、生活方式和生态系统环境的结构升级,例如,驱动生产方式中产业体系结构和技术体系结构向绿色低碳转型升级以起到减排作用,驱动生态系统增强固碳等生态系统服务能力以起到增汇作用,特别是要在我国现阶段以煤为主的能源结构下走出实现绿色低碳发展的道路。再次,生产方式、生活方式和生态环境的绿色低碳转型还需要其他经济子系统相配套,从而内生驱动教育体系结构、金融体系结构、开放体系结构、空间体系结构、基础设施体系结构和制度体系结构等的绿色低碳转型,例如内生出绿色教育培训、绿色金融、绿色贸易、绿色空间布局、绿色基建、绿色制度安排等。同时,上述经济系统的整体绿色低碳变迁需要充分发挥有效市场和有为政府的绿色低碳作用。最后,经过上述一系列经济系统的绿色低碳变革,如期实现我国的"双碳"战略目标。

需要特别注意的是,上述"双碳"战略框架是实现"双碳"战略目标的理想路径,在实践过程中要尽可能地避免过度偏离,否则就会产生各种结构扭曲和错误配置。根据第1章新结构环境经济学基本原理中的企业环境自生能力原理,如果出现这种状况就可能引发底层结构的扭曲和上层结构的扭曲,从而导致经济社会绿色低碳转型缺乏自生能力而不可持续,严重时还可能会引发系统性风险。其中,底层结构的扭曲是指生产方式、生活方式和生态环境与要素禀赋结构、能源禀赋结构和生态禀赋结构等禀赋结构不匹配。以生产方式中的产业体系结构和技术体系结构为例,如果为了实现"双碳"战略目标,操之过急过度,片面地追求绿色低碳技术而违背禀赋结构决定的比较优势,产生"碳赶超"行为,则不仅无法实现"双碳"目标,而且还会阻碍经济发展,从而无法实现高质量发展。[①] 因此,高质量发展过程中的"双碳"

[①] 例如,2021年9月以来,我国多地出现拉闸限电现象,特别是对高耗能企业在"能耗双控"下相继出现了一些限电现象。正如中国工程院院士杜祥琬在2021中关村论坛上所指出的,实现"双碳"目标是一个复杂的系统工程,也是一个科学的转型过程,政策性很强,需要把握好节奏,积极且稳妥地发展,既要防止一刀切简单化,比如以为简单地拉闸限电就是低碳,同时也要防止转型不力带来的落后和无效投资。

战略也需要以遵循每个地区、每个行业、每个领域所处发展阶段的禀赋结构决定的比较优势作为基本原则。与此同时,如果经济系统中的其他子系统没有与生产方式、生活方式和生态环境相匹配,就会造成上层结构扭曲,也会阻碍经济系统的绿色低碳转型,例如,教育体系结构、金融体系结构、开放体系结构、空间体系结构、基础设施体系结构和制度体系结构等上层结构与生产方式、生活方式和生态环境不匹配,上层结构的扭曲也会阻碍"双碳"战略目标的实现和高质量发展。因此,亦需要加强改革以消除这些扭曲,比如由于能源体制机制障碍导致的"弃风弃水弃光",以及地方保护主义导致的对使用清洁能源的阻碍(林毅夫等,2021)。因此,中央将"稳妥有序、安全降碳"作为重要原则,《意见》也明确指出,要"处理好减污降碳和能源安全、产业链供应链安全、粮食安全、群众正常生活的关系,有效应对绿色低碳转型可能伴随的经济、金融、社会风险,防止过度反应,确保安全降碳"。要实事求是地立足我国"富煤贫油少气"的能源禀赋特征,坚持先立后破,稳住存量,拓展增量,以保障国家能源安全和经济发展为底线,争取时间实现新能源的逐渐替代,推动能源低碳转型平稳过渡。因此,既要切忌"运动式降碳",又不能无所作为,各地区要准确把握自身发展定位,结合本地区经济社会发展实际和资源环境禀赋,坚持分类施策、因地制宜、上下联动,梯次有序推进碳达峰。

按此原则,《方案》控制了合理的节奏,提出以下目标:"'十四五'期间,产业结构和能源结构调整优化取得明显进展,重点行业能源利用效率大幅提升,煤炭消费增长得到严格控制,新型电力系统加快构建,绿色低碳技术研发和推广应用取得新进展,绿色生产生活方式得到普遍推行,有利于绿色低碳循环发展的政策体系进一步完善。到 2025 年,非化石能源消费比重达到 20% 左右,单位国内生产总值能源消耗比 2020 年下降 13.5%,单位国内生产总值二氧化碳排放比 2020 年下降 18%,为实现碳达峰奠定坚实基础。'十五五'期间,产业结构调整取得重大进展,清洁低碳安全高效的能源体系初步建立,重点领域低碳发展模式基本形成,重点耗能行业能源利用效率达到国际先进水平,非化石能源消费比重进一步提高,煤炭消费逐步减少,绿色低碳技术取得关键突破,绿色生活方式成为公众自觉选择,绿色低碳循环发展政策体系基本健全。到 2030 年,非化石能源消费比重达到 25%左右,单位国内生产总值二氧化碳排放比 2005 年下降 65%以上,顺利实现 2030 年前碳达峰目标。"

7.3　各个领域的绿色低碳转型

7.3.1　能源体系结构的绿色低碳转型

鉴于我国能源禀赋结构和生产结构的能耗特性,能源体系结构的绿色低碳转型是实现"双碳"战略目标的主战场,因此《意见》中关于能源结构转型的着墨最多,从能源结构的供给与需求面协同发力推动绿色低碳转型对实现"双碳"战略目标至关重要。《意见》提出要加快构建清洁低碳安全高效能源体系:强化能源消费强度和总量双控;大幅提升能源利用效率;严格控制化石能源消费;积极发展非化石能源;深化能源体制机制改革。《意见》还提出以下目标:到 2025 年,"单位国内生产总值能耗比 2020 年下降 13.5%","非化石能源消费比重达到 20%左右";到 2030 年,"单位国内生产总值能耗大幅下降","非化石能源消费比重达到 25%左右,风电、太阳能发电总装机容量达到 12 亿千瓦以上";到 2060 年,"能源利用效率达到国际先进水平,非化石能源消费比重达到 80%以上"。

现阶段,我国能源禀赋的供给结构特征是"富煤贫油少气",能源消费结构中煤炭、石油、天然气消费比重仍然较高。根据国家能源局发布的数据,2020 年,我国煤炭消费比重在 56.5%左右,石油消费比重在 19.1%左右,天然气消费比重在 8%左右,水电、核电、风电等清洁能源消费比重在 16%左右,我国风、光累计装机总容量超过 5.3 亿千瓦,占同期全国电力总装机容量(22 亿千瓦)的 24%,距离 2030 年目标尚有 6.7 亿千瓦的缺口。且根据国家能源局发布的数据,我国碳排放中化石能源燃烧占比约为 84%,因此能源体系结构的绿色低碳转型势在必行。由于能源结构中能源禀赋供给结构的调整相对比较缓慢,短期内能源消费结构的调整相对更快,因此,提高能源利用效率,加快构建供需匹配的清洁能源体系成为主要途径。而在能源消费结构转型中,由于生产工艺的转型、升级势必需要追加更多资金的投入,因此要素禀赋结构水平是转变能源消费结构的关键。这一点与第1章中新结构能源结构理论的观点一致。实证研究发现,在长期中能源结构内生于经济体的禀赋结构,即资本深化是决定能源结构的因素,中国的能源转型是由资本深化驱动技术进步偏向于资本密集型的新能源所导致的(Wang et al., 2019)。《方案》提出,到2030年,风电、太阳能发电总装机容量达到12亿千瓦以上;"十四五""十五五"期间分别新增水电装机容量4 000万千瓦左右,西南地区以水电为主的可再生能源体系基本建立;到2025年,新型储能装机容量达到3 000万千瓦以上;到2030年,抽水蓄能电站装机容量达到1.2亿千瓦左右,省级电网基本具备5%以上的尖峰负荷响应能力。

7.3.2 产业体系结构的绿色低碳转型

产业结构是能源需求结构和碳排放结构的决定性因素。推动产业体系结构的绿色低碳转型是实现"双碳"战略目标的重中之重。《意见》指出要深度调整产业结构:推动产业结构优化升级,坚决遏制高耗能高排放项目盲目发展,大力发展绿色低碳产业。进一步地,2021年10月29日,国家发展改革委等部门印发《"十四五"全国清洁生产推行方案》等配套政策文件。

产业结构变迁的基本规律与碳排放的关系本质上是第1章中新结构环境库兹涅茨曲线理论阐述的经济发展与环境污染的关系。新结构环境库兹涅茨曲线理论表明,在不同的经济发展阶段,由于产业结构的变迁,环境污染会呈现"倒U形"的变迁规律。也就是说,随着经济发展阶段的变化,即便在能源技术相对稳定的情况下,一个经济体通过产业结构的变迁也会实现碳达峰,进而实现碳中和。随着我国进入新发展阶段,要素禀赋结构水平的提高为产业结构的绿色低碳转型提供了条件。2012年我国第三产业规模已经稳定性地超过第二产业,2019年高技术制造业占规模以上工业增加值的比重为12.7%,比2005年提高了2.6个百分点;2017—2019年规模以上战略性新兴服务业营业收入年均增长14.9%,明显快于规模以上服务业营业收入;农业现代化水平也不断提高,2019年农业科技进步贡献率达到59.2%。

工业是产生碳排放的主要领域之一,对全国整体实现碳达峰具有重要影响。工业领域要加快绿色低碳转型和高质量发展,力争率先实现碳达峰。改革开放以来高速的工业化进程使得我国成为"世界工厂"和制造业大国。改革开放初期,我国的工业以劳动密集型的一般加工制造业为主。随着工业化的快速发展,我国的工业逐步从结构简单向门类齐全、从以劳动密集型工业为主导向劳动、资本、技术密集型工业共同发展转变。我国已成为拥有联合国产业分类中全部工业门类的国家,200多种工业品产量居世界第一,制造业增加值自2010年起稳居世界首位。然而,工业特别是重化工业既是传统用能"大户"(能源消费占总终端能源消费的三分之二左右),又是我国二氧化碳排放的主要领域(排放量占全国总排放量的80%左右),因此,工业碳减排是"双碳"目标的重中之重。工业产业中,钢铁、有色金属、建材、石化化工等传统产业的能源密集度、碳排放量相对较高。因此,实现"双碳"战略目标既要严格控制上述传统高耗能、重化行业新增产能,优化存量产能,推动其进行节能改造,又要加快高技术产业、先进制造业、数字产业等新兴产业的发展。以"双碳"战略目标作为硬约束,要推动传统产业的绿色低碳转型,大力发展新型绿色低碳经济,推进产业结构调整和升级,降低工业产业的能源消费和碳排放,逐步实现经济增长和碳排放的脱钩。《方案》也对重点工业行业碳达峰制定了有针对性的行动方案:针对钢铁行业碳达峰,要"促进钢铁行业结构优化和清洁能源替代,大力推进非高炉炼铁技术示范,提升废钢资源回收利用水平,推行全废钢电炉工艺。推广先进适用技术,深挖节能降碳潜力,鼓励钢化联产,探索开展氢冶金、二氧化碳捕集利用一体化等试点示范,推动低品位余热供暖发展"。针对有色金属行业碳达峰,要"加快再生有色金属产业发展,完善废弃有色金属资源回收、分选和加工网络,提高再生有色金属产量。加快推广应用先进适用绿色低碳技术,提升有色金属生产过程余热回收水平,推动单位产品能耗持续下降"。针对建材行业碳达峰,要"加快推进绿色建材产品认证和应用推广,加强新型胶凝材料、低碳混凝土、木竹建材等低碳建材产品研发应用。推广节能技术设备,开展能源管理体系建设,实现节能增效"。针对石化化工行业碳达峰,要"引导企业转变用能方式,鼓励以电力、天然气等替代煤炭。调整原料结构,控制新增原料用煤,拓展富氢原料进口来源,推动石化化工原料轻质化。优化产品结构,促进石化化工与煤炭开采、冶金、建材、化纤等产业协同发展,加强炼厂干气、液化气等副产气体高效利用。鼓励企业节能升级改造,推动能量梯级利用、物料循环利用"。

7.3.3 技术体系结构的绿色低碳转型

技术体系结构的绿色低碳转型是实现"双碳"战略目标的重要驱动力。《意见》指出要加强绿色低碳重大科技攻关和推广应用:强化基础研究和前沿技术布局,加快先进适用技术研发和推广。2019年4月15日,国家发展改革委、科技部印发了《关于构建市场导向的绿色技术创新体系的指导意见》,明确了构建绿色技术创新体系的总体要求和具体措施;2020年12月31日,国家发展改革委等四部门印发了《绿色技术推广目录(2020年)》等政策文件来加快绿色技术推广。《方案》设定的目标是,到2025年,"单位国内生产总值能源消耗比2020年下降13.5%,单位国内生产总值二氧化碳排放比2020年下降18%,为实现碳达峰奠定坚实基础"。

绿色技术是经济和环境问题发展到一定阶段的产物。20世纪60年代以来,欧美国家随着工业发展出现不同程度的环境污染问题,与环境相关的末端治理技术应运而生。随着全球环境问题的恶化和气候变化科学共识的达成,绿色技术的概念随之被提出,绿色技术的发明应用也与日俱增。从图7-2所示的全球绿色技术领域专利申请量变化趋势来看,2000年以来绿色技术的发展经历了快速增长、缓慢下降、逐渐回升三个阶段。2000—2013年,全球绿色技术领域的专利申请量呈现快速上升趋势,从2000年的6 919项增加到2013年的27 249项,年均增长11%;2013—2015年,全球绿色技术领域的专利申请量略有所下降,降至2015年的24 361项;2015年以后,全球绿色技术专利申请量又重新出现上升趋势,2018年达到25 212项。从中国绿色技术领域的专利申请量来看,中国绿色技术的专利申请量呈现逐年上升趋势,从2000年的908项增加到2017年的3 050项,增加了约236%。全球绿色技术领域的专利申请总量为373 702项,其中中国申请量总量为21 337项,约占全球的6%。尽管我国的绿色技术随着经济发展而不断发展,但总体还比较弱,绿色技术领域的专利申请总量与美国专利申请总量102 660项(占比约27%)、日本专利申请总量72 547项(占比约19%)还相差甚远。而且绿色技术大多属于资本密集型,对资本投入要求较高,现阶段大多数绿色技术的经济可行性还较弱。例如,二氧化碳捕集、利用与封存(CCUS)技术是指将二氧化碳从工业排放源中分离后直接加以利用或封存,以实现二氧化碳减排的工业过程。作为唯一能够实现减少钢铁、水泥等主要工业领域和新建燃煤发电厂碳排放的清洁技术,CCUS技术是未来中国履行"碳中和"承诺、保障能源安全、构建生态文明和实现可持续发展的重要手段。然而,现阶段CCUS技术成本偏高,暂不具备大规模推广应用的经济可行性。根据《中国二氧化碳捕集、利用与封存(CCUS)报告(2019)》的相关测算结果,中国当前的二氧化碳平均捕集成本为300~900元/吨,罐车运输成本约为0.9~1.4元/吨公里,封存技术的成本因技术水平、气源来源、源汇距离等的不同而差异较大(林伯强,2021)。

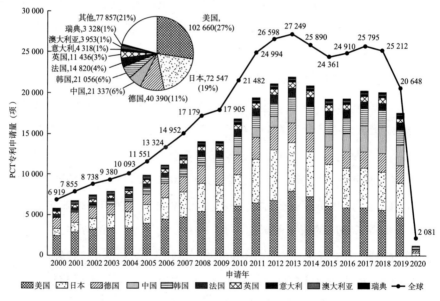

图7-2 全球绿色技术领域专利申请量变化趋势

资料来源:秦阿宁等(2021)。

注:(1)饼状图为截至检索日期,各优先权国家在绿色技术领域PCT(专利合作条约)专利申请总量中的占比;由于部分专利的优先权国家是2个或多个,因此各优先权国专利申请量总和(373 702项)大于各年份的专利申请量总和(361 116项)。(2)由于PCT专利申请公开时间具有30个月的滞后,以及专利数据库的数据收集和录入有一定的延迟,故2018—2020年的统计指标仅供参考。

在新结构经济学看来,技术创新可以分为自主性技术创新和模仿性技术创新,现阶段的绿色技术大多属于前沿自主性技术创新,美国和日本等发达经济体在绿色技术创新上处于主导地位。考虑到我国所处的发展阶段,在绿色技术创新领域还处于前沿内部,因此,我国的绿色技术创新应该以模仿性技术创新为主,通过引进、消化、吸收前沿性的绿色技术,发挥后来者优势,来实现我国技术体系结构的绿色低碳转型。不仅如此,技术体系结构的绿色低碳转型还有可能带来新的经济增长点和技术红利,正如在第 1 章新结构绿色创新理论中所讨论的,适当的碳约束,通过技术结构的调整,可能激发出"波特效应",从而抵消碳约束带来的规制成本。

7.3.4 生态系统结构的优化升级

碳中和不仅需要碳减排还需要碳增汇,"减排"和"增汇"是实现国家碳中和战略的根本路径。《意见》指出要持续巩固提升碳汇能力:巩固生态系统碳汇能力,提升生态系统碳汇增量。《意见》还提出以下目标:到 2025 年,"森林覆盖率达到 24.1%,森林蓄积量达到 180 亿立方米";到 2030 年,"森林覆盖率达到 25% 左右,森林蓄积量达到 190 亿立方米"。2019 年 6 月中共中央办公厅、国务院办公厅印发的《关于建立以国家公园为主体的自然保护地体系的指导意见》,2020 年 6 月国家发展改革委、自然资源部印发的《全国重要生态系统保护和修复重大工程总体规划(2021—2035 年)》,2021 年 9 月中共中央办公厅、国务院办公厅印发的《关于深化生态保护补偿制度改革的意见》等也做了相应的政策部署。

联合国政府间气候变化专门委员会发布的《全球碳收支报告 2020》(Global Carbon Budget 2020)中的数据显示,2010—2019 年化石能源以及土地利用变化导致的碳排放分别是 84.6% 和 15.4%,陆地生态系统和海洋生态系统累积吸收了 57% 的人为碳排放。其中森林生态系统是陆地生态系统中最大的碳库,森林植物中的碳含量约占生物量干重的 50%,全球森林生物量碳储量达 2 827 亿吨二氧化碳,平均每公顷森林的生物量碳储量为 71.5 吨二氧化碳,如果加上土壤、粗木质残体和枯落物中的碳,平均每公顷森林的碳储量将达 161.1 吨二氧化碳。可见,森林增加或减少都将对二氧化碳产生重要影响。根据中国第四次、第九次森林资源清查估算,中国森林碳汇能力从1990年的185.5亿吨二氧化碳上升至2016年的321.4亿吨二氧化碳,净增加135.9亿吨二氧化碳,占世界森林碳汇总量的比重由1990年的1.8%提高至2016年的3.2%(如表7-1所示)。同期世界森林碳汇能力处于下降趋势,从1990年的10 248亿吨二氧化碳降至2016年的10 193亿吨二氧化碳,减少55亿吨二氧化碳。若扣除中国的森林碳汇增加量,世界森林碳汇量将从1990年的10 062.5亿二氧化碳碳下降至2016年的9 871.9亿吨二氧化碳,共计减少190.6亿吨二氧化碳。因此,1990—2016年中国对世界森林碳汇能力的实际贡献率高达247.1%。可以预计,对于到2060年中国实现碳中和的目标,森林碳汇还将做出重大贡献,保守估计,我国新增碳汇能力将超过150亿吨二氧化碳。可以说,我国不仅创造了经济增长的奇迹,也创造了森林的绿色奇迹(刘珉等,2021)。

表7-1 中国和世界的森林碳汇能力(1990—2016)

	1990年	2016年	1990—2016年	1990—2016年贡献率(%)
中国森林碳汇能力(亿吨二氧化碳)	185.5	321.4	135.9	247.1
世界森林碳汇能力(亿吨二氧化碳)	10 248	10 193	−55	—
世界森林碳汇能力(不包括中国)(亿吨二氧化碳)	10 062.5	9 871.9	−190.6	—
中国占世界森林碳汇总量的比重(%)	1.8	3.2	—	—

资料来源:刘珉等(2021)。

新结构经济学的核心思想认为,禀赋结构的多样性决定了生产结构的多样性,生产结构的多样性进一步决定了上层建筑结构的多样性(林毅夫等,2019)。在生态学中存在如下观点:生物的多样性决定了生态系统的不同,生态系统的不同进而决定了其提供的生态系统服务的不同。从新结构环境经济学的角度,可以把上述两方面的观点贯通,即生物多样性代表了生态禀赋(生态资本),生态禀赋内生决定了生态系统的结构和功能,或者说内生决定了生态生产力,生态生产力进而决定了能够为人类提供的生态系统服务(或者称为生态产品)。由此看来,新结构经济学揭示的基本规律与生态学所揭示的基本规律是相通的,大道至简。因此,从新结构环境经济学角度来看,要想提高生态系统的碳汇能力,更为根本的是要促进生态禀赋(生态资本)的积累,保护生物多样性,推动"生态产业化、产业生态化"(孙献贞,2018;廖洪泉等,2014),从而提高生态系统的固碳功能,实现碳中和的目标。

7.3.5　金融体系结构的绿色低碳转型

上面提到的能源、产业、技术和生态在实现"双碳"战略目标中起到中流砥柱的作用("主干"作用),但正所谓"经济基础决定上层建筑,上层建筑反作用于经济基础",仅仅依靠"主干"也很难有效地完成战略目标,还需要经济系统中的上层子系统提供相应的配套措施。其中金融体系结构所提供的融资和防范风险等服务就是一项很重要的制度安排。《意见》中提出要积极发展绿色金融:"有序推进绿色低碳金融产品和服务开发,设立碳减排货币政策工具,将绿色信贷纳入宏观审慎评估框架,引导银行等金融机构为绿色低碳项目提供长期限、低成本资金。鼓励开发性政策性金融机构按照市场化法治化原则为实现碳达峰、碳中和提供长期稳定融资支持。支持符合条件的企业上市融资和再融资用于绿色低碳项目建设运营,扩大绿色债券规模。研究设立国家低碳转型基金。鼓励社会资本设立绿色低碳产业投资基金。建立健全绿色金融标准体系。"在此之后,2021年11月10日,国务院办公厅印发了《关于鼓励和支持社会资本参与生态保护修复的意见》等配套政策文件。

自2016年中国人民银行等部门联合印发《关于构建绿色金融体系的指导意见》以来,我国的绿色金融取得快速发展。据中国人民银行统计,截至2019年年末,全国绿色贷款余额达10.22万亿元,存量规模居世界第一。[①]

---

① 2019年我国绿色贷款的结构如下:分用途来看,绿色交通运输项目和可再生能源及清洁能源项目贷款余额分别为4.47万亿元和2.49万亿元;分行业来看,基础设施行业企业绿色贷款余额为8.50万亿元,占绿色贷款的83.2%;分地区来看,东部地区绿色贷款余额为4.72万亿元,中部地区绿色贷款余额为2.40万亿元,西部地区绿色贷款余额为2.53万亿元;分机构来看,中资大型银行绿色贷款余额为7.18万亿元,中资中型银行绿色贷款余额为1.67万亿元,中资小型银行绿色贷款余额为6 746亿元,但小型银行绿色贷款增长速度快,比年初增长了32.8%。

2019年,全年境内主体共发行贴标绿色债券(含资产证券化)约3 849亿元。截至2019年年末,全国累积发行绿色债券1.1万亿元,存量规模居全球第二。2019年,31个省(自治区、直辖市)开展环境污染责任保险试点,涉及重金属、石化、危险化学品、危险废物处置、电力、医药、印染等20余个高环境风险行业。环境污染责任保险服务企业1.57万家,提供风险保障531.11亿元,同比增长32.23%。截至2019年年末,市场共有74只绿色主题公募基金,基金规模为607.72亿元。PPP(政府和社会资本合作)项目在公共交通、供排水生态建设和环境保护、水利建设、可再生能源、教育、科技、文化、养老、医疗、林业、旅游等多个领域发挥了支持污染防治和推动经济绿色低碳发展的作用。按以上口径,截至2019年年末,PPP综合信息平台项目管理库中累计有污染防治与绿色低碳项目5 416个,投资额为5.2万亿元,分别占管理库项目总量和总投资额的57.4%和35.9%;累计落地项目3 447个,投资额为3.4万亿元。

尽管我国的绿色金融是在2016年才提出的,但已取得快速发展。之所以会出现这一现象,是因为环境污染和气候变化带来的金融风险复杂多变、影响广泛,可能通过多种渠道导致经济金融体系发生结构性变化,使得各国央行和金融监管部门必须高度重视这一风险点,从而内生出绿色金融这一新维度。林毅夫等将金融结构定义为金融体系内部各种不同金融制度安排的比例和相对构成(林毅夫等,2009)。可以从不同的角度对金融结构进行考察。传统上,一般根据金融活动是否需要金融中介,将金融体系分为金融市场与金融中介,等等。① 随着环境因素与金融体系的关系日益紧密,根据金融活动是否考虑环境因素,可以将金融体系分为绿色金融与棕色金融,绿色金融这一新的金融体系结构维度由此内生出来。绿色金融的变迁过程与第1章中阐述的新结构环境金融理论不谋而合。在新结构环境金融理论中,我们提出了一个基本的理论假说,即在不同的经济发展阶段,金融与环境的关系不同,上述中国绿色金融快速发展的现象正好支持了这一理论假说。

---

① 例如,传统上还根据金融交易的期限长短,将金融体系分为货币市场与资本市场,根据金融活动是否受到政府金融监管部门的监管,将金融体系分为正规金融与非正规金融。就银行业结构本身而言,可以分析银行业的竞争程度和不同规模的银行的分布。

在我国经济发展的早期阶段,由于产业技术结构的能耗和污染排放特性,金融与环境的关系不大。随着我国的工业特别是重工业的发展,能耗和污染问题日益严重,使得金融体系必须重视由此带来的环境风险,而金融体系也需要根据产业技术结构的变化来调整其金融结构,从而使得金融与环境的关系变得紧密。特别是到了现阶段,我国的生产方式急需绿色低碳转型,从而对绿色金融的服务需求也相应增加,如果此时金融体系能够有效提供相应的绿色金融服务,例如对 CCUS 技术进行融资等,那么就可以促进我国的生产方式绿色低碳转型,有利于实现"双碳"战略目标。据中国银保监会统计,截至 2019 年年末,国内 21 家主要银行机构节能环保项目和服务贷款每年可支持节约标准煤 2.82 亿吨,减排二氧化碳当量 5.67 亿吨,减排化学需氧量 580.17 万吨、氨氮 44.73 万吨、二氧化硫 745.12 万吨、氮氧化物 760.17 万吨,节水 15.04 亿吨。

7.3.6 教育体系结构的绿色低碳转型

与其他经济活动不同,环境活动不但具有极强的人际外部性和搭便车问题,而且还面临很强的代际可持续性问题,除了使用激励手段,通过绿色教育塑造人们的观念进而改变人们的行为也至关重要。更重要的是,绿色人力资本也需要通过教育积累。《意见》中指出,"建设碳达峰、碳中和人才体系,鼓励高等学校增设碳达峰、碳中和相关学科专业"。《方案》也明确要求,"增强全民节约意识、环保意识、生态意识,倡导简约适度、绿色低碳、文明健康的生活方式,把绿色理念转化为全体人民的自觉行动"。除推广绿色低碳生活方式外,引导企业履行社会责任也至关重要,要引导企业主动适应绿色低碳发展要求,强化环境责任意识,加强能源资源节约,提升绿色创新水平。重点领域的国有企业特别是中央企业要制定和实施企业碳达峰行动方案,发挥示范引领作用。

另外,值得注意的是,随着生产生活方式的绿色低碳转型,所需要的劳动和人力资本也将发生变化。世界资源研究所研究估计,到 2030 年,煤炭发电、石油开采和其他行业的 600 万个工作岗位可能消失,而新的绿色工作将需要不同于以往的技能,如果不以公正公平的方式做好过渡,将给受影响的工人及社区造成巨大困难。为此,在2018年欧盟提出"2050愿景"(A Clean Planet for All)(European Commission,2018)后,碳中和行动中的"社会公平转型"从强调绿色就业的可能性转向强调关注转型过程中经济社会利益可能受损的民众,解决利益分配问题。以欧盟为首的欧洲国家在这些方面进行了积极探索,如提出通过建立包括公平转型基金在内的公平转型机制来纾解绿色低碳转型过程潜在的就业困境和结构性失业问题,为受转型影响最大的公民提供就业再培训计划,以提高绿色经济环境下民众的就业能力。2020年,欧洲理事会已批准绿色复苏计划中的175亿欧元用于公平转型基金(后更改为100亿欧元的公平转型基金基本预算拨款)(Balkan Green Energy News,2020)。美国2020年发布了《美国零碳行动计划》,提出2020—2050年将总计投入3.2万亿美元用于碳减排,每年将新增就业岗位54.6万~152.1万个。欧盟2019年出台了《欧洲绿色协议》,制定了实现《巴黎协定》碳减排目标的战略方案,每年将额外投入约2 600亿欧元、2020—2030年将总计投入约2.6万亿欧元用于碳减排,估计每年至少新增就业岗位10.4万个,每年减少生态系统服务功能损失3.5万亿~18.5万亿欧元。日本2020年出台的《绿色增长战略》确定了2050年实现碳中和目标,构建"零碳社会",并设立一个2万亿日元的绿色投资基金,从风电、燃料电池、氢能等14个方面提出了重点任务,预计到2030年将实现每年90万亿日元的额外经济增长,到2050年将实现约190万亿日元的额外经济增长。为此,中国在推进经济社会发展全面绿色转型时,也需要注意对劳动体系结构的调整。这种劳动体系结构变化的观点与第1章中阐述的新结构环境劳动理论的观点一致。根据新结构经济学的基本原理可知,随着经济发展阶段的变迁,要素禀赋结构将发生变迁,与此对应的最优产业技术结构也将发生变迁,从而最优产业技术结构对劳动的需求将发生变化,进而对应的最优劳动结构也将发生变化。因此,当产业技术结构向绿色低碳转型时,其对劳动和人力资本的需求也就不同,因此就有必要培训和培养与之相匹配的劳动人才。因此,《意见》中指出的"建设碳达峰、碳中和的人才体系"是十分科学和具有前瞻性的举措。

7.3.7　空间体系结构的绿色低碳转型

国土空间是生产生活生态方式的空间载体,空间体系结构的绿色低碳转型对于"双碳"战略目标的实现也至关重要。《意见》指出要"优化绿色低碳发展区域布局","构建有利于碳达峰、碳中和的国土空间开发保护新格局",并"提升城乡建设绿色低碳发展质量"。2021年10月21日中共中央办公厅、国务院办公厅印发的《关于推动城乡建设绿色发展的意见》做了详细的部署。由于不同的国土空间具有的资源禀赋不同,资源环境承载能力不同,各地区的比较优势不同,因此适合各地区发展的生产生活方式也应该有所不同。早在2010年,我国就发布了《全国主体功能区规划》,该规划就是根据不同区域的资源环境承载能力、现有开发强度和发展潜力,统筹谋划人口分布、经济布局、国土利用和城市化格局,将国土空间划分为优化开发、重点开发、限制开发和禁止开发四类区域,确定不同区域的主体功能,并据此明确开发方向,完善开发政策,控制开发强度,规范开发秩序,逐步形成人口、经济、资源环境相协调的国土空间开发格局。现阶段,生产生活方式需要绿色低碳转型,就需要进一步强化国土空间规划和用途管控,科学划定和落实生态保护红线、永久基本农田、城镇开发边界以及各类海域保护线,以国家重点生态功能区、生态保护红线、国家自然保护地等为重点,实施生态系统保护和修复工程,加强基于流域的生态文明建设,进一步巩固和完善我国的生态安全屏障。我国的国土空间规划的思想与第1章中阐述的新结构环境空间理论的观点一致,都是强调需要根据空间的资源禀赋,来发挥各地区的比较优势,只有生产生活方式对空间结构的需求与空间体系对空间的供给相匹配时,其空间体系结构才是最优的,也是对生态环境最好的。同时,随着进入新发展阶段以及生产生活方式的绿色低碳转型,空间体系结构也需要相应变迁,以适应新的绿色低碳生产生活方式。目前国家和地方层面正在推进"多规合一"的国土空间规划,"双碳"规划也需要纳入其中。

7.3.8 开放体系结构的绿色低碳转型

我国不仅是世界上最大的能耗与碳排放国家,而且环境问题本身就是具有全球外部性的问题,因此我国的"双碳"战略必须置于世界"双碳"战略之中予以考虑。以2018年数据为例,全球温室气体排放量约为556亿吨二氧化碳当量,碳排放量前五的国家(地区)排放了全球59%的温室气体,依次为中国(26%)、美国(13%)、欧盟27个国家(8%)、印度(7%)和俄罗斯(5%)。我国正在加快构建"双循环"的新发展格局,也将有利于实现碳达峰行动目标。《意见》也将"内外畅通"作为主要原则,强调提高对外开放绿色低碳发展水平:加快建立绿色贸易体系,推进绿色"一带一路"建设,加强国际交流与合作。按照《方案》的部署,我国要深度参与全球气候治理,主动参与全球绿色治理体系建设,坚持共同但有区别的责任原则、公平原则和各自能力原则,坚持多边主义,维护以联合国为核心的国际体系,推动各方全面履行《联合国气候变化框架公约》及《巴黎协定》,积极参与国际航运、航空减排谈判;加强与共建"一带一路"国家的绿色基建、绿色能源、绿色金融等领域合作,提高境外项目的环境可持续性,打造绿色、包容的"一带一路"能源合作伙伴关系,扩大新能源技术和产品出口。如表7-2所示,目前世界上不少国家和地区已经实现或承诺碳中和,要加大绿色技术合作力度,推动开展可再生能源、储能、氢能、二氧化碳捕集利用与封存等领域的科研合作和技术交流,积极参与国际热核聚变实验堆计划等国际大科学工程。我国也是贸易隐含碳排放量的最大净出口国,自身基于消费的碳排放量比基于生产的碳排放量低14%。因此,调整国际经贸关系结构也是促进实施"双碳"战略的重要抓手。要深化绿色金融国际合作,积极参与碳定价机制和绿色金融标准体系国际宏观协调,与有关各方共同推动绿色低碳转型。对我国而言,尤其要优化贸易结构,大力发展高质量、高技术、高附加值绿色产品贸易,加强绿色标准国际合作,推动落实合格评定合作和互认机制,做好绿色贸易规则与进出口政策的衔接,加强节能环保产品和服务进出口。

表 7-2 已经实现与承诺碳中和的部分国家与地区

承诺类型	国家和地区（承诺年份）
已实现	不丹、苏里南
已立法	瑞典（2045）、英国（2050）、法国（2050）、丹麦（2050）、新西兰（2050）、匈牙利（2050）
立法中	韩国（2050）、欧盟（2050）、西班牙（2050）、智利（2050）、斐济（2050）、加拿大（2050）
政策宣示	乌拉圭（2030）、芬兰（2035）、奥地利（2040）、冰岛（2040）、美国加州（2045）、德国（2050）、瑞士（2050）、挪威（2050）、爱尔兰（2050）、葡萄牙（2050）、哥斯达黎加（2050）、马绍尔群岛（2050）、斯洛文尼亚（2050）、南非（2050）、日本（2050）、中国内地（2060）、新加坡（21世纪下半叶尽早）、中国香港（2050）

资料来源：ECIU（Energy and Climate Intelligence Unit），http：//eciu.net/netzerotracker（访问日期：2021年11月30日）。

7.3.9 基础设施体系结构的绿色低碳转型

《意见》中指出要"持续优化重大基础设施"，并强调要"加快推进低碳交通运输体系建设"，包括优化交通运输结构，推广节能低碳型交通工具，积极引导低碳出行。根据新结构经济学的基本原理，不同的生产生活方式对基础设施的需求不同。随着经济的发展和生产生活方式的变化，与之对应的基础设施也需要不断完善以符合生产生活方式的需求；若基础设施体系结构的供给跟不上生产生活方式的变化，就会阻碍生产生活方式的转型升级，成为生产生活方式升级的瓶颈。现阶段，我国的生产生活方式亟待绿色低碳转型，其对运输、电力等基础设施的需求就会有所不同，因此，需要对重大的基础设施进行优化，调整交通运输结构，推广节能低碳的交通工具。针对运输工具装备低碳转型，《方案》提出"到2030年，当年新增新能源、清洁能源动力的交通工具比例达到40%左右，营运交通工具单位换算周转量碳排放强度比2020年下降9.5%左右，国家铁路单位换算周转量综合能耗比2020年下降10%。陆路交通运输石油消费力争2030年前达到峰值"。对于构建绿色高效交通运输体系，《方案》也明确提出"'十四五'期间，集装箱铁水联运量年均增长15%以上。到2030年,城区常住人口100万以上的城市绿色出行比例不低于70%"。针对绿色交通基础设施建设,《方案》也明确提出"到2030年,民用运输机场场内车辆装备等力争全面实现电动化"。

7.3.10 制度体系结构的绿色低碳转型

《意见》中关于制度体系建设的内容比较丰富,包括健全法律法规标准和统计监测体系,完善政策机制,切实加强组织实施等。与硬的基础设施类似,新结构经济学认为,随着生产生活方式的变化,对软的制度安排的需求也将发生明显改变。由于制度安排涉及经济系统的方方面面,上述各个经济子系统均需要特定的制度安排。经济系统的全面绿色转型,也就意味着制度体系结构也需要做出全面调整,正所谓"牵一发而动全身"。例如,能源体系结构的绿色低碳转型需要能源制度安排的调整,正如《意见》中指出的,需要"深化能源体制机制改革";产业体系结构的绿色低碳转型也需要产业制度安排的优化,正如《意见》中指出的,需要"出台煤电、石化、煤化工等产能控制政策";金融体系结构的绿色低碳转型也需要特定的绿色金融的制度安排,正如《意见》中指出的,需要"建立健全绿色金融标准体系";劳动体系结构的绿色低碳转型也需要相应的培训和教育等制度安排的完善,正如《意见》中指出的,需要"建设碳达峰、碳中和人才体系";空间体系结构的绿色低碳转型也需要相应的区域规划等制度调整,正如《意见》中指出的,需要"构建有利于碳达峰、碳中和的国土空间开发保护新格局";开放体系结构的绿色低碳转型也需要相应制度的调整,宏观上正是1978年的开放政策使得我国经济实现快速发展,对世界环境的影响也越来越大,正如《意见》中指出的,需要"积极参与国际规则和标准制定,推动建立公平合理、合作共赢的全球气候治理体系"。这一系列制度体系结构的优化思想与第1章新结构环境制度理论所阐述的理论思想是一致的。《方案》也明确提出要"构建有利于绿色低碳发展的法律体系,推动能源法、节约能源法、电力法、煤炭法、可再生能源法、循环经济促进法、清洁生产促进法等制定修订。加快节能标准更新,修订一批能耗限额、产品设备能效强制性国家标准和工程建设标准,提高节能降碳要求。健全可再生能源标准体系,加快相关领域标准制定修订。建立健全氢制、储、输、用标准。完善工业绿色低碳标准体系。建立重点企业碳排放核算、报告、核查等标准，探索建立重点产品全生命周期碳足迹标准。积极参与国际能效、低碳等标准制定修订，加强国际标准协调"。

7.4 推动有效市场与有为政府更好结合，实现"双碳"战略目标

新结构经济学强调有效市场和有为政府，即"市场有效以政府有为为前提，政府有为以市场有效为依归"。十九届五中全会将"有效市场"和"有为政府"的表述纳入《中共中央关于制定国民经济和社会发展第十四个五年规划和二〇三五年远景目标的建议》中，提出"坚持和完善社会主义基本经济制度，充分发挥市场在资源配置中的决定性作用，更好发挥政府作用，推动有效市场和有为政府更好结合"。为了实现"双碳"战略目标，《意见》也将"双轮驱动"，即"政府和市场两手发力"作为工作原则之一，并强调"发挥市场机制作用"，"推进市场化机制建设"，政府需要"健全法律法规标准"，"完善政策机制"，"切实加强组织实施"。

有效市场作为一只"看不见的手"，体现在经济系统的各个方面，不仅在资源配置中起决定性作用，而且在经济系统结构变迁中也作为决定性机制，支配着经济系统的结构和运行。为了实现"双碳"战略目标，需要发挥有效市场机制在优化经济系统结构和提高资源配置效率方面的作用来促进减排和增汇，从而达到碳达峰、碳中和，既形成有效的激励约束机制，又尊重市场，确保"安全降碳"。具体而言，需要通过有效市场机制的调节驱动经济系统中的能源体系结构、产业体系结构、技术体系结构、金融体系结构、劳动体系结构、空间体系结构、开放体系结构、基础设施体系结构等的绿色低碳转型升级，并引导资源配置到绿色低碳的各个领域中以维持绿色低碳系统的有效运行，同时确保绿色产业和绿色技术符合禀赋结构所决定的比较优势。例如，碳交易是碳减排和碳增汇的重要市场化机制，《意见》中强调"加快建设完善全国碳排放权交易市场，逐步扩大市场覆盖范围，丰富交易品种和交易方式，完善配额分配管理。将碳汇交易纳入全国碳排放权交易市场，建立健全能够体现碳汇价值的生态保护补偿机制"。目前全球碳市场的交易量

已经覆盖了全球16%的碳排放,是推动企业自愿减排的重要方式。我国在碳排放权交易市场试点基础上,于2021年7月启动发电行业全国碳排放权交易市场上线交易,预计可覆盖全国40%的碳排放。同时,在能源市场化方面,《意见》中有较多着墨,例如,"完善用能权有偿使用和交易制度,加快建设全国用能权交易市场。加强电力交易、用能权交易和碳排放权交易的统筹衔接。发展市场化节能方式,推行合同能源管理,推广节能综合服务","推进电力市场化改革,加快培育发展配售电环节独立市场主体,完善中长期市场、现货市场和辅助服务市场衔接机制,扩大市场化交易规模;推进煤炭、油气等市场化改革,加快完善能源统一市场"。总之,碳中和是一个非常复杂的系统工程,需要通过多种技术渠道及各种努力去减碳,但是哪种技术具有经济可行性则必须尊重市场规律。

有为政府是市场机制有效的前提,只要存在市场的地方就需要有为政府与其相结合,因此,政府作为一只"看得见的手",其作用也体现在经济系统的各个维度,在资源配置和结构优化方面都需要充分发挥政府的有为作用。在实现"双碳"战略目标中,由于碳排放等环境问题具有典型的外部性和公共物品属性,仅依靠市场机制无法有效解决,需要政府发挥协调、补偿外部性等作用,进行"全国统筹,顶层设计"。同样,在经济系统结构和运行的绿色低碳转型升级过程中,需要政府配合市场机制构建绿色低碳的经济系统结构和运行体系,包括"构建清洁低碳安全高效能源体系"等,从而实现"经济社会发展全面绿色转型"。如《意见》中提出的,具体措施包括"充分发挥政府投资引导作用,构建与碳达峰、碳中和相适应的投融资体系,严控煤电、钢铁、电解铝、水泥、石化等高碳项目投资,加大对节能环保、新能源、低碳交通运输装备和组织方式、碳捕集利用与封存等项目的支持力度"以及"各级财政要加大对绿色低碳产业发展、技术研发等的支持力度",等等。与此同时,也需要政府"有效应对绿色低碳转型可能伴随的经济、金融、社会风险,防止过度反应,确保安全降碳",即避免政府"乱为"。从全球来看,各国政府都通过颁布法律法规等方式推动减碳工作,如欧盟在2020年通过了《欧洲气候法》,以法律的形式来推动欧盟碳中和工作,利用法律法规的强制性保障碳达峰、碳中和工作的有序推进;美国出台了《环境收入税法案》《美国复苏与再投资法案》等政策法案,从税收、投资等方面支持降碳工作的开展。过去我国的节能减排工作的主要法律依据是《中华人民共和国节约能源法》,缺少针对碳排放的专项法律,也缺乏与降碳工作相配套的税收、投资等政策体系,为此《意见》指出,要"全面清理现行法律法规中与碳达峰、碳中和工作不相适应的内容,加强法律法规间的衔接协调。研究制定碳中和专项法律",使法律法规更具针对性,更有效地从法律层面推进"双碳"工作。

7.5 结　语

"双碳"战略目标提出以来,我国在国家、部委、地方各个层面以及产业、能源、交通、建筑等各个领域均出台了一系列政策举措,将构建完整的"1+N"政策体系,使得我国的"双碳"战略路线图日益清晰,特别是《意见》从10方面31项重点任务做了详细的顶层设计,涉及经济社会系统的各个维度,包括能源、产业、技术、生态、金融、劳动、空间、开放、基础设施建设、制度、市场和政府等。未来有待应用新结构环境经济学对这些内容展开更详细的理论研究和政策研究并予以实践,以达到"知成一体"的目标。

参考文献

[1] 何立峰,2021.完整准确全面贯彻新发展理念 扎实做好碳达峰碳中和工作[N].人民日报,10-25(06).

[2] 廖洪泉,李朝远,2014.生态生产力与西部民族地区经济发展——基于新结构经济学的视角[J].生态经济(9):91-95+99.

[3] 林伯强,2021.中国碳中和视角下二氧化碳捕集、利用与封存技术发展[N].第一财经日报,06-17(A11).

[4] 林毅夫,付才辉,2019.新结构经济学导论[M].北京:高等教育出版社.

[5] 林毅夫,付才辉,郑洁,2021.新结构环境经济学:一个理论框架初探[J].南昌大学学报(人文社会科学版)(5):25-43.

[6] 林毅夫,孙希芳,姜烨,2009.经济发展中的最优金融结构理论初探[J].经济研究(8):4-17.

[7] 刘鹤,2021.必须实现高质量发展[N].人民日报,11-24(06).

[8] 刘珉,胡鞍钢,2021.中国创造森林绿色奇迹(1949—2060年)[J].新疆师范大学学报(哲学社会科学版)(1):91-102.

[9] 秦阿宁,孙玉玲,王燕鹏,等,2021.碳中和背景下的国际绿色技术发展态势分析[J].世界科技研究与发展(4):385-402.

[10] 孙献贞,2018.基于新结构经济学的产业结构生态化演进研究[D].天津:天津商业大学.

[11] Balkan Green Energy News,2020. EU cuts just transition fund to EUR 10 billion in COVID-19 recovery deal[EB/OL].[2021-11-18]. https://balkangreenenergynews.com/eu-cuts-just-transition-fund-to-eur-10-billion-in-covid-19-recovery-deal/.

[12] European Commission,2018. A clean planet for all:A European strategic long-term vision for a prosperous, modern, competitive and climate neutral economy[R/OL]. [2021-11-18]. https://eur-lex.europa.eu/legal-content/EN/TXT/?uri=CELEX:52018DC0773.

[13] Wang D, Mugera A, White B,2019. Directed technical change, capital intensity increase and energy transition:Evidence from China[J]. The Energy Journal,40(1):1-20.

[14] Word Climate Research Programme,2020.Global Carbon Budget 2020[R/OL].(12-11)[2021-11-18]. https://www.wcrp-climate.org/news/wcrp-news/1633-global-carbon-budge-2020.

8

中国要以发展的眼光应对环境和气候变化问题[①]

8.1 引 言

众所周知,经济发展的表现之一就是人们的收入水平不断提高。而收入水平的不断提高,依赖劳动生产率的不断提高。劳动生产率要不断提高,其基础就是不断升级技术和产业结构。比如一个低收入国家,其产业主要是农业;当它进入中等收入阶段后,主要产业会变为制造业;当它进入高收入阶段后,产业将以服务业为主(Kuznets,1966)。

现代化过程不仅体现为上述产业结构的变化,也体现为每个产业所使用技术的不断变化。比如农业,传统农业一般使用农户自留的种子和农家肥,而现代农业则升级为使用改良的品种、化肥、农机等。再比如制造业,传统制造业是手工作坊,使用简单的工具,而现代化制造业使用的机器设备更多,对电力、交通等基础设施的要求也更高(林毅夫,2012)。

总体而言,农业的能源使用密度和污染排放密度低于制造业,服务业的能源使用密度和污染排放密度也低于制造业。传统技术的能源使用密度和污染排放密度都接近于零,但现代化技术在农业、制造业、服务业中的能源使用密度和污染排放密度越来越高。美国经济学家库兹涅茨在 20 世纪 50 年代

[①] 本章内容曾以《中国要以发展的眼光应对环境和气候变化问题:新结构经济学的视角》为题发表于《环境经济研究》2019 年第 4 期(作者:林毅夫)。

就提出,在经济发展过程中收入分配存在"倒 U 形"曲线趋势:在低收入阶段,收入分配较平均;在中等收入阶段,收入分配状况恶化;到高收入阶段,收入分配状况又得到改善(Kuznets,1955)。在经济发展过程中环境的变化也存在同样的"倒 U 形"曲线趋势:一个国家开启现代化发展前以传统农业为主,到处都是青山绿水,但非常穷;进入中等收入阶段,主导产业转向制造业,同时农业开始使用现代化技术,能源使用密度和污染排放密度提高,但环境随之恶化;随着一国逐渐进入高收入阶段,主导产业变为服务业,服务业不需要用太多的机器设备,以人力投入为主,对电力、交通等基础设施的要求下降,单位产值的能源使用密度和排放密度又开始下降,环境相应得到改善。而且,随着收入水平的提高,一个国家也有更多的资源和手段可以用来治理环境。本章将从新结构经济学的角度阐释中国经济结构转型及能源革命、气候变化与环境保护战略中几个关键词的内部逻辑,并提出相应的政策建议。

8.2 厘清经济发展与环境污染的逻辑关系

改革开放之后,中国的经济发展速度非常快。根据世界银行的数据,中国 2018 年 GDP 比 1978 年增长 33.19 倍,年均增长 9.68%,远高于同期世界经济 2.98% 的年均增速。然而,中国的环境恶化程度也相当严重,比如空气污染、水污染等。国内理论界和舆论界还由此产生一个说法,把中国环境问题的严重性归因于改革开放以后的经济发展速度太快,是以牺牲环境换取的经济快速发展(刘晓林,2006)。

这个说法未必正确。环境恶化当然与经济发展有关。改革开放初期,我国 81% 的人口生活在农村,产业以农业为生,采用的也是传统技术,比如耕地大多是使用人力和畜力,对环境的污染较少。后来,随着经济的发展,制造业崛起,农村也开始使用拖拉机和化肥,污染排放密度提高,导致环境恶化。

但是不是就可以得出结论:因为牺牲了环境,所以才取得了超快速的发展?为了回答这一问题,我们不妨比较一下中国与印度的经济和环境情况(如图 8-1 所示)。根据世界银行发布的数据,1978 年印度的人均 GDP 比中国高 30%,而 2018 年其人均 GDP 只有中国的 20% 左右。也就是说,在过去四十多年,印度的经济发展速度比中国慢得多,如果按照以环境换取发展速度的逻辑,印度的环境就应该比中国好得多才对,但事实并非如此。无论按世界银行还是其他国际组织的标准,印度的环境指标都比中国差很多。① 从图 8-1(b)可以看出,2010—2017 年,印度的 PM2.5 浓度一直高于中国的 PM2.5 浓度。此外,根据国际能源署(IEA)的报告,印度 2018 年的碳排放增速为 4.8%,远高于中国同期 2.5%的碳排放增速(IEA,2018);同时,在 2015年全球因污染而死亡的 900 万人中,中国有 180 万人,而印度有 250 万人,居全球首位(Landrigan et al.,2018)。因此,上述简单的归因逻辑未必科学。

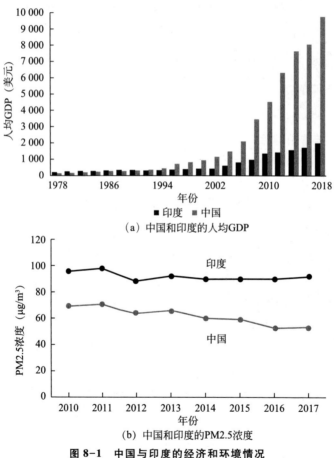

(a) 中国和印度的人均GDP

(b) 中国和印度的PM2.5浓度

图 8-1　中国与印度的经济和环境情况

---

① 资料和数据来源于 https://www.forbes.com/sites/leezamangaldas/2017/10/25/india-and-china-both-struggle-with-deadly-pollution-but-only-one-is-fighting-it/#3225a7ad707(访问日期:2019 年 3 月 31 日)。

如果中国为保护环境而放慢经济发展速度，则意味着中国会放慢进入高收入阶段的速度，延迟进入以服务业为主的低耗能、低排放阶段，结果恰恰是将使得中国在以制造业为主的中等收入阶段停留更长的时间，延长重污染阶段的时间。不仅如此，如果中国延缓进入高收入阶段，收入水平就会相对低，用来治理环境的能力也会相对弱。因此，我们首先要认清经济发展、结构变迁与环境之间的关系和规律；否则，良好的愿望可能使治理的代价更高，问题存在的时间更长。

8.3 认清全球气候变暖问题的根源与责任

随着经济快速发展，环境污染问题最终会减轻，甚至得到彻底解决。但从国内和国际两方面的新情况来考虑，中国政府都不可以放手不管，单靠经济发展、产业结构变化来自发解决环境问题。

首先，随着中国收入水平不断提高，人民的需求在变化。过去很长一段时间内，中国社会的主要矛盾是人民日益增长的物质文化需要与落后的社会生产力之间的矛盾。如今进入中国特色社会主义新时代，社会主要矛盾已经转化为人民日益增长的美好生活需要和不平衡不充分的发展之间的矛盾。美好的生活环境是美好生活需要的重要组成部分。因此，解决环境恶化的问题是化解新时代社会主要矛盾的一个重要方面。

其次，和环境恶化同根同源的全球气候变暖是当前国际社会需要解决的一个主要问题。气候变暖一方面造成海平面升高，侵蚀很多沿海耕地和城市，给有些国家带来重大影响；另一方面导致极端天气增多，个别地区出现大雨、洪水、连续干旱，给当地人民的生产生活带来重大影响。

气候变暖的根源在于大气层里二氧化碳累积过多，而二氧化碳的累积肇始于18世纪中叶的工业革命。发达国家率先从农业经济进入以制造业为主的阶段，能源使用密度大幅提高，加上生活方式的改变，包括使用更多的汽车、轮船、飞机等高能耗的交通工具，进一步加大了碳排放。这是全球气候变暖的历史成因和主要原因。

全球气候变暖主要是由少数国家和地区造成的，非洲等仍处于低收入阶段的国家对此问题的"贡献"微乎其微,但其危害是由全世界共同承担的,尤其是发展中国家应对海平面上升和极端天气的能力相对较弱,受害更严重。在这个问题的解决上,应该继续坚持1992年《联合国气候变化框架公约》规定的发达国家和发展中国家要承担共同而有区别责任的原则(United Nations,1992)。

发展是每个人的权利,也是每个国家的权利。不应该为了应对全球气候变暖而要求发展中国家不再进入制造业阶段,长期停留在低收入、低能耗、低排放的农业社会,因为这是不公平的。而且,这样会使全球的贫富差距越来越大,进而带来其他一系列经济社会政治问题,对全世界产生的冲击和伤害未必小于气候变暖。法国国家人口研究所(INED)发布的研究结果显示,非洲在未来几十年将成为世界人口增长最快的地区,到2050年,非洲人口预计将会翻倍,由2019年的12.5亿人增加到25.7亿人,同时,10~24岁的人口比例将会超过30%。① 如果非洲不进入工业化阶段、不提高收入水平,就难以维持社会和政治稳定,会引发更多的人道主义危机。当地人口一旦在非洲本土生存不下去,必然出现大量向欧洲流动的合法和非法移民,造成欧洲国家的民族和文化的冲突,以及政治和社会的不稳定。不只是非洲,南亚、中亚、拉美都有同样的问题。尊重发展中国家的发展权利是全球必须共同承担的责任。

因此,我们不仅要关注全球气候变暖,还要考虑发展中国家以经济发展结构变迁应对人口爆炸冲击的需要,并在两者之间找到平衡。本章认为,国际社会首先必须承认发展中国家拥有发展的权利,承认并包容它们在发展过程中碳排放和能源使用密度会有所提高是难以避免的这一事实。同时,在应对气候变暖问题上,各国要勇于肩负共同而有区别的国际责任,发达国家有责任率先减少碳排放且帮助发展中国家在发展过程中降低每单位人均GDP增加的碳排放并提高能源使用效率。

---

① 资料和数据来源于https://yn.people.com.cn/n2/2017/1009/c378441-30808538.html(访问日期:2019年1月31日)。

8.4 中国要勇于担负更多的国际责任

中国还是发展中国家,但在应对全球气候变暖问题上可以比其他发展中国家做得更多一点,甚至成为一个领导者。这有以下几个方面的原因:

第一,中国是大陆型国家,环境污染或气候变暖的后果以中国自己承受为主,外部性较其他国家小。中国需要防止东部沿海的海平面上升太多,以致对胡焕庸线以东的地区(中国主要的经济活动区)造成恶劣影响。中国还要抵御极端天气的冲击。中国在应对气候变暖方面的举措给自身带来的好处远大于一般国土面积小的其他发展中国家。因此,中国有理由比其他发展中国家承担更多的应对气候变暖的责任。

第二,化解全球气候变暖问题的关键不在于放缓经济发展,而在于节能减排技术的突破。因为中国社会的主要矛盾已发生变化,为继续推动经济发展并满足人民日益增长的对美好环境的需求而率先在节能减排技术上取得突破,这些新技术设备的生产可以成为我国经济的新增长点,甚至可以形成在出口方面的竞争优势。如果中国能走出一条以新技术推动经济发展与环境和谐的新道路,作为一个大国,中国将可以为其他发展中国家解决发展问题和应对气候变暖问题提供新经验、新技术。

基于以上两个理由,在应对环境污染和气候变暖问题上,中国既要在国际上继续坚持共同而有区别责任的原则,同时也可以做得更多一些,起到表率作用。

8.5 解决全球气候变暖问题的措施

解决全球气候变暖问题的措施主要有两种:一种措施是进行能源革命。气候变暖和环境污染的主要原因是二氧化碳排放,因此中国应该转变现在"煤炭+石油"的能源结构,逐渐发展可替代的新能源,包括水力、天然气、太阳能、风能、地热、潮汐、核能等。这些能源中既有可再生能源,也有清洁能源。另一种措施是进行技术革命,发展节能减排技术,并普及到每个家庭、每个企业。这是面对全球气候变化应有的认识。

解决全球气候变暖问题的方向是明确的,但是单靠市场很难实现,需要政府有可行且有效的环保政策。

对内,首先要认识到发展是硬道理,不要错误地把发展与环境对立,因为发展本身就是解决环境问题的手段之一。其次是要从供给侧和需求侧的政策方面下功夫。在供给侧,可以通过税收、产业发展基金等手段来促进能源革命、技术革命,支持新能源技术或新节能减排技术的创新研究。在需求侧,可以用税收或者碳交易等手段让污染付出代价,让节能减排有更大的收益,以鼓励企业与家庭更多地使用替代能源,主动节能减排。

对外,中国可以站在道德制高点上,强调在应对全球气候变暖问题上各国共同而有区别的责任。一方面,发达国家必须承担更多的责任;另一方面,中国作为发展中大国,也要勇于承担更多的责任,在帮助发展中国家呼吁它们的发展权利和发展空间的同时,也为它们提供相应的新技术。

8.6 结 论

本章的分析总结如下:

第一,发展是结构变迁的过程,环境变化会出现库兹涅茨研究发现的"倒U形"曲线趋势,这是发展中不可改变的规律,与发展速度的关系不大,而与发展水平高度相关。

第二,不论是从国内人民需求的变化,还是从应对全球气候变暖的挑战出发,中国都需要在供给侧发挥有为政府的作用,以政策引导新能源革命和新技术革命,同时也需要在需求侧更主动、更大力度地推动节能减排,而不是全部依赖于市场自发的力量。

第三,在认知上,气候变暖问题和环境恶化问题同根同源,对内不要把发展与环境对立起来;对外应该站在道德制高点上帮助发展中国家呼吁发展的权利和空间,同时提供可行的新技术,让它们在发展的过程中尽量不重复发达国家的老路,至少尽量以更低的环境代价实现发展。

参考文献

[1] 林毅夫,2012.新结构经济学[M].北京:北京大学出版社.

[2] 刘晓林,2006.中国的发展再不能以牺牲环境为代价了[J].观察与思考(6):21-26.

[3] IEA(International Energy Agency), 2018. Global Energy & CO_2 Status Report[R/OL]. [2019-03-31]. https://www.iea.org/reports/global-energy-CO_2-status-report-2019.

[4] Kuznets, S, 1955. Economic growth and income inequality[J]. American Economic Review, 49: 1-28.

[5] Kuznets, S, 1966. Modern Economic Growth: Rate, Structure and Spread[M]. New Haven and London: Yale University Press.

[6] Landrigan P J, Fuller R, Acosta N J R, et al., 2018. The lancet commission on pollution and health[J]. The Lancet, 391(10119): 462-512.

[7] United Nations, 1992. United Nations Framework Convention on Climate Change[R].